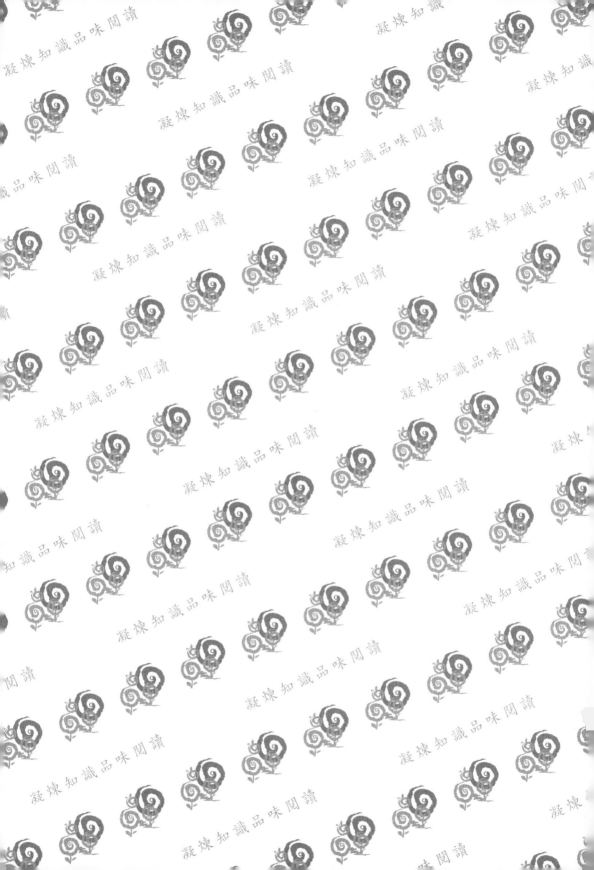

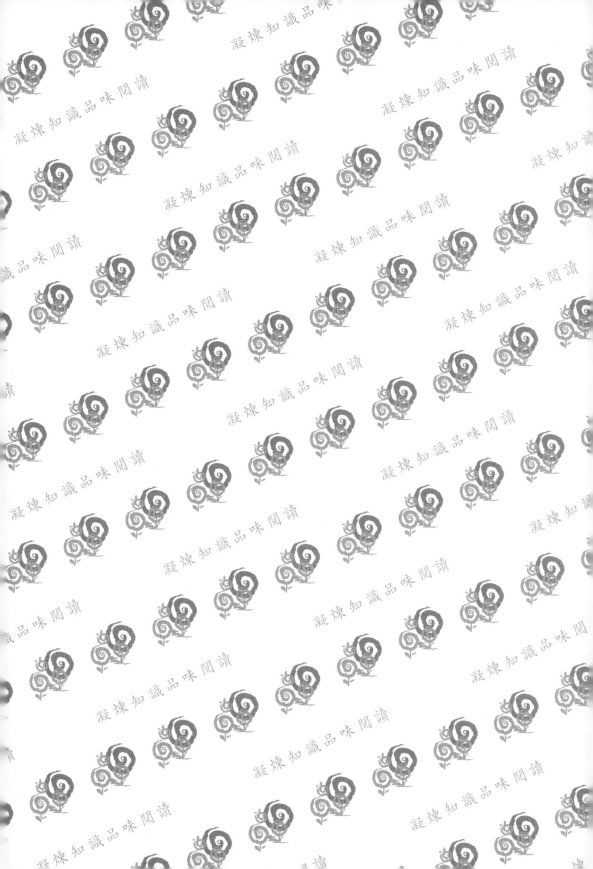

Unscientific Psychology:

A Cultural-Performatory Approach to Understanding Human Life

非科學的心理學
理解人類生活的後現代路徑

五南圖書出版公司 印行

批判心理學叢書序文

實踐感知的相識與參看——
叢書作者們之間的關係發展

　　知識之間是怎麼發生關聯性的？知識工作者是如何探求與生產知識的？這篇序文對批判心理學叢書的介紹不由論述內涵來引介，而由叢書總編夏林清與作者們關係發生與發展的歷史性來給予讀者一個觀看參讀的視角。

　　心理學在臺灣已發展數十年，坊間對歐美心理學各種各類的理論與方法亦均多有傳播，唯獨尚未有對批判心理學有所介紹與探討的書籍。2021年春天我偶然與五南圖書王俐文主編交談了我這20年往來兩岸，感慨臺灣出版業在市場壓力下發展的不易，我自己多年與學生們累積的譯稿在中國已陸續出版，王俐文主編當即邀約我選出幾本在臺灣出版。於是，我就快速選編了這一套批判心理學的叢書，這一突然增加的差事並不輕，但能在五南圖書的支援下，快馬加鞭地趕工卻是喜悅的！一來，在輔仁大學心理系任教時，曾卯力投入工作的《應用心理研究》期刊，一直也是蒙受著五南圖書的支援，此種只問耕耘不計收穫的心胸帶給我再次投入工作的力量。二來，由35年前知道批判心理學的這支路線迄今，我是在持續著的社會實踐的田野中與歐美批判心理學的思想與做法參照，沒想過要出書介紹他們，但我又確實與他們多次交流友情甚篤，能有機會幫他們的書出繁體中文版，十

分高興。

　　我們將陸續出版下列6本書：《心理學的迷思》（已出版）、
《精神分析與革命：解放運動的批判心理學》、《非科學的心理學：
理解人類生活的後現代路徑》、《心理的探尋考察：社會治療的實務
指南》、《平民角落：自身處境的抵抗與轉化》、《一盞夠用的燈：
兩岸參看的振動》。前四本是英國與美國批判心理學的著作，後兩本
則是臺灣在地的發展路徑、實踐經驗與論述討論。如序文題目所示，
我想說明我自己與叢書作者們認識的小歷史，而我之所以會認識他們
又是與臺灣的社會變化局勢中我的處境與作用的位置有什麼樣的關
係；用這樣的角度來寫篇序文是希望讀者能思辨一個主題：自己在心
理學這一門幾乎完全移用來自歐美的知識方法中學習時，又是如何發
展自身？我的一個根本立場是：即便在現代性全球知識傾銷傳播的
傾斜關係的政勢中，要能辨識出自身立足於在地的一方基石，始能有
接地氣的創新力。

1.張開的左眼與行走著的地

　　1970年代，因保釣運動、夏潮雜誌與鄉土文學論戰而張開左翼
眼睛的我，在後續10年分兩個時段在美國碩、博心理諮詢專業學習
的機會裡，探尋著在歐美心理治療與諮詢發展光譜中的左翼思考與實
踐。在美國心理諮詢這一行的研究所課程中缺失了世界的左翼思想似
乎很正常，我是在課堂外的幾個巧遇拾讀中知道美國學院少有但歐陸
有，而美國非學院的成人教育實踐中亦存在著。如星子般引導我行路
的事件和人物依發生的時序是：1976年初我初步了解了1968年歐洲

學生運動對大學體制與70年代思潮的衝擊，但因保釣運動美國校園內臺灣學生右派左派鬥爭的攪動，只待在賓州州立大學11個月就回臺工作，故根本不知道歐洲特別是德國，心理學發生了什麼爭論；這一對德國批判心理學的進一步閱讀則到了1984-1987年間才發生。會有感有知地搜尋式的閱讀推動力，則來自於實際生活中具體的經驗與實作。

　　1977-1982年間，我自己下工廠也帶學生跑廣慈博愛院雛妓收容所，對工業勞動與階級處境開始有了體悟。1983-85年在哈佛教育學院讀博時，兩件課堂外的事發生了。那兩年中國改革開放後第一批到美國的留學生陸續到達哈佛教育學院，我因為當時已在臺灣實務界工作數年，稍具專業運作能力且比多數中國同學早一年到校園，所以用課餘時間邀集了數位中國同學進行了一段成長分享的友伴小團體，在日常學習生活中彼此也成了好朋友。我對中國建國後的政經制度變革與兩代人日常社會生活方式的改變第一次有了直接的聽聞；我開始正視中國社會在世界左翼的體制變革實驗的視野裡，有著重要且不容被簡化粗暴對待的位置，但這都只停留在校園同學生活的互動中，少數兩三筆被我轉代入課堂報告中，授課教師有欣賞亦有大表不解的否定訊息。另一意外的發現則是因為我已在臺灣啟動過工廠女工的工作方案，所以暑假期間跑到教育學院Gutman圖書館樓上的成人教育中心翻讀美國成人教育歷史材料，意外讀到田納西高地學校（Highlander School）的建立與結束；高地學校是1932年Myles Horton為培養工人組織幹部而成立的學校，但被麥卡錫主義攻擊而關閉了；美國為排除勞動階級的力量無所不用其極是有具體事例的！也正在此時，保

羅・弗萊雷（Paulo Freire）到哈佛演講，我沒趕上去現場但視野中有了巴西農民成人教育豐沛的樣態！

是這些具體的經歷，讓我接上對德國批判心理學的閱讀，這說明了我對缺了的知識的補讀動能來自生活的具體經驗。1985年修完課程，徵得哈佛教育學院與臺北榮總醫院精神科的同意，我把一年的實習課放到榮總去完成了[1]。

1986、1988年是我在臺灣實踐田野的重要拐點，我開始了與中小學老師的協作[2]與因鄭村棋的投入而跟進了中國時報的工會運動。原先我寫的博士資格小論文（相當於博士資格考試）的題目，是《臺灣社會的歷史變遷與成人學習》，1987年秋天去交完後回到臺灣，1988年轉入中時工會成立抗爭的現場，參與到工會成立與組織建立過程的複雜與動態中，我幾乎決定放棄論文工作了！某日在疲勞繁重工作中意識到拿到哈佛的博士會是把好用的劍，是腳踩在地上的鬥爭性讓我決定完成論文書寫工作。

2.歷史中的社會活動與社會關係

中時工會成立的抗爭是臺灣解嚴歷史拐點上的一頁篇章，那兩三年我見證了各式社會活動是怎樣地提供了機會，促使著原本的社會關

1　見《鑲嵌於地景中的花徑-與吳就君老師相識相熟的 10 年記事 (1975-1986)》，刊於《台灣心理劇學刊》2021年8月專刊，頁97-101）。

2　成立基層教師協會，見李文英《教師「群」像與主體生成—回顧基教社群發展與自身教育歷程交織成型》2021.08.28，尚未出版。

係的既定方式的被挑戰與變化，所謂成年人的學習與發展當然是要看他們在所參與的活動（任何活動都是社會活動）中與他人和環境的互動，互動中發生了什麼作用以及這些作用是如何發生的。1990年，帶著一箱材料（那時還沒USB，我在讀博過程中最貴的投資就是換了臺電動打字機）到哈佛寫完論文，搜尋與閱讀到蘇聯與東歐的活動理論是在此時，初識弗雷德‧紐曼（Fred Newman）也在這一年。

依憑能找到、有限的對蘇聯集體農場與東歐活動理論介紹的英文文章，我得以在心理學範疇中，放置了我們在臺灣自主工會運動脈絡中，對個人、集體與社會體制變革的想像；那幾年當然同步知道一些大陸解放前後的實踐者的歷史材料，如王凡西與張聞天，但中國的心理學界則尚剛剛走上另一條再出發，拼命與西方接軌的路上。「實踐者的行動理論」是我在哈佛師從Donald A. Schön與Chris Argyris的主軸，我開始運用這一實踐認識論的方法橫軸，在歷史時間的縱軸上下移動。必須看見的是，我會因在進出Gutman圖書館玻璃大門時注意到貼在門上的弗雷德‧紐曼的社會治療活動傳單，是有其前述我這名實踐者的實踐與知識關聯發展的歷史緣由的[3]，美國內部竟然有一支馬克思主義者的哲學、心理與教育等專業工作者由70年代初走到現在，怎能不去一探究竟！應是1991年春天，我只遠遠於群聚的對話場中參與觀看了Fred，並未深入。五月論文一通過，沒等畢業典禮就回臺了。再見社會治療這群美國的實踐者們則是在2002年了！

3　見Fred Newman《心理學的迷思》一書中夏林清的中文版跋，頁250-251，五南圖書。

當然這中間的十年亦是在臺灣全力拼搏工作著。2002年，申請了到Columbia Teacher's College研修半年，大部分時間則在紐約東邊中心參與活動；見識到了Fred與Lois Holzman的知識解讀批判能力不是只在文章中，更落實在群體中的對話活動、非裔街區文化教育方案與政黨政治活動中，思維的意識型態形構方式、情緒產生的社會控制路徑、精神樣態被問題化病理化，無一不與美國資本主義的社會機制纏繞運作；她們所為和我在臺灣與日日春協會的協作[4]所實驗的做法，得到了參看的交流的機會，此一機緣翻轉了當時的疲憊身心。由2003年後到2017年，Lois與其同志們不只來臺交流了三次，且與我共同參加了大陸的理論心理學與馬克思研究學會的兩次活動，社會關係是在例行化或有意識發動或無意但偶發促動的社會活動中或不變或變化著的。我與王波的關係[5]是在我為促進美國馬克思主義實踐者與大陸馬克思主義研究者認識的行動中發生的。

3.心理學與馬克思思想

即便在過去三十年，美國、中國和臺灣在資本主義全球化發展過程中，各自在全然差異的政勢格局中，但行動者的作為仍可能讓不同社會歷史時空裡的體悟認識，得到相互衝擊的辨識學習。2009年的

---

4 王芳萍《差異美學、關係跨界、底邊連線：妓權運動的文化實踐》，輔仁大學博士論文，2016。

5 見王波的《知識返身解殖與去心理學化同行──夏林清教授訪談》
https://mp.weixin.qq.com/s/C_8iRoPHofUDmBMuA0v3GA

某天，陳光興老師打電話給我說他的歐洲左翼學者朋友要他推薦一人能到南京師範大學即將舉辦的第13屆國際理論心理學大會上發言，他推薦了我；我去參加的同時便也邀了Lois一起參加。我想應要讓大陸同行也認識這位美國的馬克思主義者與發展心理學家。那時王波剛由南師大心理研究所畢業，且正在思索科學實驗室心理學的哲學與倫理的問題。稍後，王波選擇跟隨張異賓老師去南京大學讀博了。王波的此一選擇也牽引了我與Lois在2011年於杭州參加了馬克思的哲學學會所舉辦的「第三屆當代資本主義研究國際學術研討會」；我因此機緣認識了先前只知其文與名的Ian Parker。Parker給我的第一個印像是個怪怪的、不喜多言的獨行俠；研討會後主辦方請大家在西湖某處晚宴，大家都是坐車去的，唯不見Parker，等到我們快吃完了，Parker走來了，他自個走路找來餐廳！2015年4月，我邀約他來參加輔仁大學社科院「2015 社會治療・治療社會研討會」[6]，我知道他是不需主辦方太照顧他的！他只告訴我他兒子會與他相會並要去花東自駕旅遊；於是我們就幫忙買票、租車與保險，他與家人就自由行去了。Lois與Parker都知道2017年發生在我身上的被不實臉文誣陷的網路攻擊事件，兩人都傳遞了支援關切；2021年年初，Parker寄來了他最新的書稿《心理分析與革命：解放運動的批判心理學》，盼我們能翻譯並要我寫中文版的序文。Lois、Parker與後起之秀的大陸年輕學者王波都讓我充滿讚歎地讀著他們對馬克思思想與心理學的解析與批

---

6 從3月18日到5月13日計8個場次的系列研討，Ian Parker參加的是4月30日第6場：
  社會思想論壇~在歷史中反思社會科學。

判，相信讀者會在陸續出版的書中讀到；然而，前述互動何以發生在大陸呢？

要看見的一個脈絡背景是，2000年後，大陸心理學界努力與國際接軌的快速發展，而大陸馬克思哲學與西方哲學的研究更是老幹新枝地對西方心理分析詳加探究；邀約Lois同去是我主觀企圖，在坐聽大陸馬哲學人與教育者的報告中，還遇見Parker以及大衛·哈維則是意外收穫。這一點呼應了前段1984年於哈佛初遇大陸改革開放後留學生的感悟。除了對德國、英國和美國的批判心理學有所介紹外，這套叢書中有一本是夏林清與王波的文章合集，一本是廉兮、林香君與龔尤倩等人的文章集子，我與臺灣作者群的關係，可借用王波下面所陳述的分辨來放置：

「一般而言，英語世界區分了兩種批判心理學，大寫的批判心理學特指K. Holzkamp等學者於1970年代在柏林自由大學開創的德國心理學派；小寫的複數批判心理學指接續了馬克思批判議程預言的對傳統心理學不信任的各種激進左派話語的鬆散結合……這裡要強調『批判心理學事業』和『批判心理學學科』的區分。德國批判心理學一度有試圖補充傳統心理學使之更完善的傾向，但小寫批判心理學基本都反對將自身作為心理學的二級學科。可以說，批判心理學家在從事『批判心理學』這項事業，但是反對有一個學術建制上的批判心理學。」（王波，《德國批判心理學：歷史語境與核心問題》）。

4. 平民角落的實踐者

《平民角落》一書的書名納入了廉兮與香君各自表達她們多年踐

行的用語[7]。在臺灣，1947-1950年代初期國民黨因恐共而埋葬地掃蕩島內左的力量，1997年後政黨輪替更確立了統獨坐標為宗，左右的思想分類便以此坐標為準，服務於政治權力和資源的集中了。然而，我們一直走在自己認定的志業道路上，並不孤單！

2001年與1996年與廉兮和香君相識，彼此對實踐落地的感通如同長途跋涉各自登山，行至半山處，三人於路邊茶寮喝著大碗茶、邊聊著天，通氣潤身是我們協作關係的質地。林香君可說是翻牆而出拓地實驗的臺灣師大心理人，她翻了牆但從未忘本且反哺有道，廉兮則是在與其父母1950年赴臺生活的生命歷史由脫落（赴美深造）到接續，她是透過自己對美國批判教育學的反思，做下了踐行入花蓮的生命選擇，而後始與老年父母再相逢！這幾年她所逐漸地知曉了父母年輕時的某些生命碎片般的訊息，碎片已難整全，但是歷史碎片已俱足藉之返身的力道，廉兮正琢磨著呢。龔尤倩等其他諸位作者，則均於不同時期與我們三人是亦師亦友的同行者。我之所以決定要有「平民角落」的文集，就是要彰顯吾道不孤，山路縱崎曲且會遇險境，但腳走在地上抬頭見明月，踏實的！

夏林清

2021/9/21中秋節於四川成都龍泉驛隔離旅館中完稿

---

7 「平民」取自廉兮《庶民視角的教習踐行：邊界文本與抵殖民的家園政治》一文，見台灣文學研究第六期，2014年6月；「角落」則取自香君於宜蘭創設的「中華角落關懷互助協會」。

獻給我們的老師：勒諾拉・弗拉尼（Lenora Fulani）、肯尼斯・格根(Kenneth Gergen)、列維・維果茨基(Lev Vygotsky)、路德維希・維根斯坦(Ludwig Wittgenstein)，以及我們所有在發展社群中一同工作的同事、學生和朋友們。

作者序

多年來，我們著述不算多。說到底，我們首先是實踐者和行動者。在過去的幾年（以及未來的幾年），雖然我們共同或單獨創作了不少的作品，但在根子上我們仍然是行動者。我們最早的聯合出版物是在1979年出版的《方法的實踐》，選用此標題意味著我們將自己的工作區別於更加正統左派的「實踐的方法」。實踐並非我們的方法，實際上，方法才是我們一直在實踐的。對我們來說，方法並非將一個事物應用於另一個事物上，借用馬克思的話來說，就是「自為」是「自在」的對立面。在維果茨基的語言中，方法作為「工具和結果」而非「為結果的工具」。

我們這些實踐和批判導向的活動在過去的20年裡已發展得超過原初的想像，我們的社群由成千上萬且每天都在增長的成員組成，它超越了地緣限制。我們有時會開玩笑說我們這發展性社群並非那種60年代的「沒有圍牆的大學」，而是後現代式的「沒有大學的圍牆」。社群外有不少人想知道我們在做什麼，想了解得更多一些，而我們必得站定，必得將信念和行動全盤托出，方能確保可以全然不扭曲地說出我們的故事。不過，我們自始至終仍是實踐者和行動者。因此，我們希望讀者諸君將我們的書實踐出來而不僅僅是讀完它。要怎麼去做呢？讓這本書和我們的其他作品幫助你。我們相信，除非一本書多少可以改變人們「生活的形式」，否則它就不值得被書寫。這本書亦是如此。若它改變了你們，我們會非常歡喜。

道阻且長，行則將至──
一部關於心理學的預言書

心理工作者日常遭遇的問題

我與心理學的機緣起源於中國國家教育部要求每所中學都要配置一名心理健康教育老師，我本科就讀的師範大學按照這一要求培養我們這一屆學生，想讓我們畢業後可以去做心理健康教育老師。跟我一個班的同學有些人現在還在做學校心理健康教育老師，但有一些人雖然也進入了學校工作，但在畢業時就已經選擇不做心理健康教育老師，因為他們一早就看到在中小學唯有做語數外（語文、數學、外語）這些主要課程的老師才有更多機會。而我雖然最終並未成為中小學的心理健康教育老師，但卻一直沿著這條路走下去，各種機緣促成之下，我成了一名心理工作者。

每當有人知道我是學心理學的，我總是會被問到兩個問題。一個問題是：「你是學心理學的，那我現在在想什麼你知道嗎？」另一個則是：「那你一定能解決很多人的心理問題，對吧？」前者是一個問題，我只能老實回答說「對不起，我不會讀心術」。而後面一個，其實是一個陳述而並不是一個問題，我只能一笑了之。而當我的孩子邁入青春期，出現很多之前我從未遇到過的問題時，我又被多問了一個

問題：「你不是學心理學的嗎？怎麼連自己的孩子都搞不定？」

面對實質上同樣並非疑問的第三個問題，我只能吐出我那青春期的女兒經常說的兩個字：「啊這……」

小丑竟是我們自己？！

以上三個問題雖然讓我無話可說，但我非常理解提問者的心情，我知道他們並非本著故意刁難的意思，而是心裡真有這些疑問。這三個問題雖然看上去非常不同，但實質是一樣的。它們同樣揭示出在人們心中，心理學已被視為解決心理方面一切問題的工具，而所有的心理領域的問題它都應該做出回答，並必須有效解決。但心理學沒辦法說話，所以在人們眼中，心理工作者便是心理學的替身，無論是讀心，還是解決心理問題，又或是教育小孩，我們心理學/心理工作者都應該手到擒來才對。我們便是解決這些問題的專業人/工具。

但這裡有兩個層次的錯置。第一個層次是人們將心理工作者視為同醫生（準確說是現代醫學的醫生）一樣的工作者，醫生解決身體的問題，心理工作者解決心理的問題，身體的歸於現代醫學，心理的歸於心理學（當然被現代醫學宣布為有精神疾病的不在此間）。第二個層次是將心理工作者視為如管道修理工人、電器修理工人一樣的工作者，既然是「專業」工作者，都應該能解決問題。前一個層次在將身心作二元分割的同時，又暗戳戳地將身體和心理在性質上劃等號，但千人千顆心，心理的主觀性如何能與身體的客觀性相等？第二個層次在第一個層次基礎上生長出來，學科的實用價值直接化身為學科的工具性，而「專業」一詞在現代話語體系中指代的往往是「解決實際問

題的能力」，也就是作爲工具的能力。

　　這樣的錯置從何而來？諷刺的是，《非科學的心理學》告訴我們，塑造出這種普遍不正確認識的不是別人，恰恰是心理工作者自己。爲了在現代社會的專業體系中找到一個生存的位置，心理工作者多番努力，終於把心理學整容成了現今的專業面孔。這副面孔告訴世人，心理方面的問題會有心理學來解決，這個領域必須要有專業的學習，才能有專業的知識和能力來解決心理的問題。它借用了很多的自然科學的論證方式來證明自己有多科學，而「科學」則意味著「專業」，「專業」則意味著「能解決問題」。如果讀者諸君也是心理工作者，相信你們會跟我一樣，站在《非科學的心理學》細緻梳爬的歷史面前，發出「小丑竟是我們自己」的感嘆！

不必專業的人生

　　說起來從本科至今，我竟然已經在心理學領域學習和工作了快25年了。在沒有讀《非科學的心理學》之前，我也對自己有很多質疑，爲何我多年學習卻難以用這些專業知識（無論是學院的還是市場的）「解決」我的婚姻、與母親的關係以及孩子的問題？爲何人生就像一本麻煩書，這個麻煩處理了，翻到下一頁，另外的麻煩又跳出來，爲什麼作爲心理工作者的我沒有「完美」地避免這些情況發生，沒有做到每一天都從容平淡，歲月靜好？而在讀了《非科學的心理學》之後，我終於明白，不管我學得再多，學得再努力，我還是會遇到很多心理問題，而心理學的專業知識恐怕不是解決這些問題的唯一之道（甚至有時根本連不趁手的工具都算不上）。人生本就是一本麻

煩書，而在還屬童年期的心理學尚未出現之前，人類早就翻了這本書上萬年了。沒有心理學的專業知識，他們還不是一樣要把人生這本麻煩書讀下去？為什麼心理學一出現，人類就必須要用心理學去讀人生這本書了呢？

　　拿家庭教育來說，現代社會把父母推上了一個非常尷尬的位置，似乎父母必須通曉教育學和心理學的專業知識，要完美地處理自己的不良情緒，不然就不是合格父母。且不說這樣的「合格父母」得多有錢又得多有閒，即使有這樣的「合格父母」，他們教出來的孩子就一定是健康的嗎？我在養育孩子的過程中，最難受的是對孩子前途的擔憂和焦慮，那種感覺到頂點的時候就是恨不得替她去考試，替她把她的人生過一遍。我想這樣的擔憂和焦慮大概每位家長都會有，只是程度不同而已。而我的父母養育我的時候，也同樣經歷了這樣的擔憂和焦慮。我記得從我很小的時候開始，我的父親大概每隔兩三年就會找人給我算命，然後再把這個算命的結果告訴我，當然只說好的，基本不說壞的。回過頭來看，算命是他作為父親，放置對孩子前途的擔憂、焦慮的一種方式，對他的作用比對我更大。當然，現在的父母們要放置這些焦慮，是要去考「家庭教育指導師」或者「心理諮商師」這些證照，或者去做心理諮詢。好像除了心理學的專業方式，沒有別的選擇。真的是這樣嗎？我們真的必須且只能用所謂的心理學專業來解決人生的諸多麻煩嗎？

被日漸擠壓的工作空間

　　其實，即便是我們真的必須只能用所謂的心理學專業來解決人生

的諸多問題，在現今精神病學日益擴展勢力範圍的趨勢下，心理工作者也不可能全部接招。沒錯，當用同樣的市場眼光來看大陸時，有些人會理所當然地以為「大陸有著很大的心理諮詢市場」因為人口眾多嘛，做什麼都有市場，於是投了很多錢去參加各種培訓，想成為可以在這個市場裡分得一杯羹的「專業人士」。但可惜的是，這個市場正日漸被看上去似乎更專業更科學的精神病學擠壓。2013年，《精神疾病診斷準則手冊》第五版（DSM-V）問世，這本書標定出的精神疾病竟已高達200多種。DSM-V的出版歷經十四年，出版前和出版後都受到很多質疑，其中最猛烈的批評是來自精神病學的專業人士，尤其是DSM-IV版的專委會主席Allen Frances[1]。儘管如此，由於DSM在美國精神疾病診斷系統中有著至高無上的權威地位，DSM-V售價雖高達199美元，但面世不久即衝上亞馬遜圖書銷售排行榜前十。而隨著DSM-V的問世，無論是它的反對者還是支持者，都會面對著同樣一個事實，那就是：沒有「被精神病」的人大概機率會越來越少了。

然而，DSM-V在貼出的精神疾病標籤越來越多的同時，卻並未給出同樣多樣的解決方案。解決方案只有一個，就是吃藥。當然藥物

---

[1] DSM-V出版前後，Allen Frances多次發表關於對DSM-V的批評，主要意見集中於DSM-V無根據地擴大了精神疾病的診斷系統，將普通問題疾病化的傾向，參見：Frances A. Saving normal: An insider's revolt against out-of-control psychiatric diagnosis, DSM-V, big pharma and the medicalization of ordinary life[J]. Psychotherapy in Australia, 2013, 19(3): 14-18，以及2015年由左岸文化出版的《救救正常人：失控的精神醫學》（譯者黃思瑜）一書。

也挺多樣，因為想擠入這個領域的藥商倒是越來越多了。所以，我們看到，DSM-V的盡頭不是患者的治癒，而是每天在更新的精神疾病患者的數量，以及越來越多的精神類藥物被消費的數量。患者是否得到治癒並沒有留下任何後遺症呢？這事恐怕除了所謂的患者及其家人，沒人關心。

在我的身邊，正在聽到越來越多的關於青少年抑鬱被確診的消息。在十年前，這些青少年或者還可以透過心理諮商來處理他們的問題，但現在他們只有一個選擇，那就是吃藥。因為在大眾越來越愛「科學」的今天，精神病學看起來比心理諮商可「科學」多了，就像心理諮商看起來比算命「科學」多了一樣。簡單地說，就是心理學以科學之名將人們處理心理問題的其他方式全部放逐，而精神病學同樣以科學之名將心理學在日常生活中的工作領域逐漸攻占。真是螳螂捕蟬，黃雀在後！

事情怎麼會變成這樣？在25年前就已經出版的《非科學的心理學》一書中，紐曼和霍茨曼用驚人的洞見，本著對人類前途和命運馬克思式的關懷，撥開心理學身上籠罩著的重重迷霧，將被壓縮的心理學的歷史鋪陳開來，把這一問題的答案放在我們眼前。他們解釋了今天，當然也就預言了明天。雖然全書並未點明這一點，但顯然的是，若照今天的邏輯繼續演變下去，明天會變成一個大家都有精神病、大家都要吃藥的社會。在這樣的社會裡，人們需要的是可以開藥的精神科醫生，而不是只會跟你談話的心理工作者。

還能有什麼選擇？

回想在2009年夏我入中國人民大學拜讀於沙蓮香教授門下，主修「社會心理學」之前，我幾乎已經確定將來要做一個學者型的心理諮商師。爲了達到這個目標，那時我已在心理諮商、學校心理教育領域多番折騰，光學完了該學的大學和研究所開設的課程不算，還通過了華西醫院心理衛生中心主辦的「二級心理諮詢師」培訓，另外自掏腰包學了NLP、家庭系統排列等剛剛進入市場的心理諮商與治療方法，可以說是十八般兵器都帶在身上，不僅學院知識的脈絡摸得清楚，市場上那些從實踐生長出來，打著能夠解決心理問題旗號的手藝也會一些。

其時人大社會心理學所延請夏林清教授爲我們開設「行動研究」這門課程，我自然而然地對從哈佛拿了心理諮商學博士的夏老師產生了濃厚的興趣。

跟著夏老師開始學習「行動研究」之後，2011年、2013年及2016年我曾三次來到臺灣，每次待的時間或長或短，因緣不同，感受亦不同。在這樣一個與我所處的中國既不同又相似的行動空間裡，我以一個訪問者的身分，探訪了多個草根組織。這些組織的很多工作者都與夏老師有著這樣那樣的聯繫，他們身上有著活潑澎湃的動能，更有掘地而行，夾縫中游走的能耐，這些讓我驚嘆。同時，我也對夏老師自我界定的「心理教育工作者」的身分有了更深的理解。由此反觀我自己原有的職業生涯設計，才發現其實我並非只有心理諮詢這一條路可走。也是在臺灣的時候，在夏老師的課堂上，我遇到了《非科學的心理學》這本書。我仍記得2011年5月第一次讀到這本書時那種

醍醐灌頂，似乎全身毛孔一下子全都被打開來，身心暢快的感覺。借用「專業」術語來說，我對作為學科和工具的心理學專業知識的焦慮和抑鬱情緒在這本書裡得到了「療癒」。尤其是當我了解到《非科學的心理學》的兩位作者在紐約所做的社會治療實踐時，我有一種打開了新世界大門的感覺：「哇哦，原來心理工作者也可以做這些事，也可以用這樣的方式去做心理工作，真的很酷！」

未來已來

我們當下的工作和生活正在塑造著未來，因此每一位心理工作者都應該要思考如何才能使心理學的專業知識真正用於正途，造福社會？如果我們僅僅停留在所謂的「科學心理學」的框架內，恐怕只會執著於所謂的專業，而忘記了自己的初心。而紐曼和霍茨曼結合他們的社會治療實踐，在《非科學的心理學》中為我們提供了破除這一框架的途徑，告訴我們要如何破除「科學心理學」的迷思，如何回歸到「生活的形式」。這本書用歷史唯物主義的方式提出問題，並建構出解決問題的途徑。它帶著摧毀的目的而來，但由於想要摧毀的目標過於強大，老實說它在現實中並未完成這一任務。但是，無論怎樣，它都開啟了一個新的批判面向，這個面向值得我們去跟隨。這條路不好走，可以說是阻礙重重，泥濘遍地。不過，只要我們扛起應背負的責任，牢記初心，就會發現「道雖阻且長，但行則將至！」

當然，《非科學的心理學》不是一本完美的書。但毫無疑問，它是一本可能會讓人震撼、驚醒，乃至深思，也可能會讓人感到不習慣或者不舒服的書。有幸作為本書的譯者，最為遺憾的是我的能力有

限，未能將本書的精彩之處完全呈現，甚至有些地方還可能存在錯
誤。但無論如何，所有的稿件都是從我手上交出去的，所以，所有的
錯誤都是我的問題，跟另一名譯者無關。

　　本書能夠順利出版，首先要感謝魏瑄慧的幫助，若沒有她的校
譯，我們走不到今天。感謝陳文賢老師、郭姵妤老師在此書出版過程
中的辛勤勞動。感謝夏林清老師的信任，將翻譯本書的任務交給我，
讓我與這本書有了如此難得的緣分，唯願能不負所托。

祖霞

2022年1月於成都

本書的參考文獻共 10 頁，若以印量 500 本計算，就會產生 5 千頁的參考文獻。

在地球日益暖化的現今與未來，為了少砍些樹，我們應該可以有些改變亦即將參考文獻只放在網頁上提供需要者自行下載。

我們不是認為這些參考資料不重要，所以不需要放在書上，而是認為在網路時代我們可以有更環保的作法，滿足需要查索參考資料的讀者。

我們將本書【參考文獻】放在五南文化事業機構（www.wunan.com.tw）網頁，該書的「資料下載或補充資料」部分。

對於此種嘗試有任何不便利或是指教，請洽本書主編。

目 錄

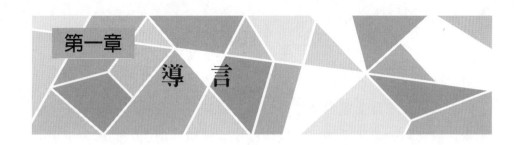

第一章
導言

你不是非得要經由科學式的確證才能去奮鬥、希望以至相信。

—— 路德維希·維根斯坦

▌哲學、科學以及心理學

我們有理由這樣假設：當你閱讀時，是不是一定有**某個對象**是你正在閱讀的呢？比如你正在讀這本書的導言，那麼，這個導言是否一定是關於**某物**的介紹呢？這些看起來既抽象又哲學的問題和其他類似的問題，正是本書關注的實踐主題。在我們看來，正是作為個體的人和作為物種的人類想要不斷成長和發展的意願促使這些問題產生。本書既不是要分析和批判主流心理學那些正當其時的觀念，也不打算對那些在診所、學校、大學和研究機構中流行的非科學的心理學實踐大動干戈。同樣地，本書也不打算在方法論層面和本質上推動心理學向其他科學（如神經學、生物化學、遺傳學和認知科學）靠攏，也不會為心理學變得越來越科學化這一事實辯護。如果說本書確實「有料」（而不只是發起挑戰），那麼我們要讓讀者看到的是：在二十一世紀來臨之際，科學心理學已經卓有成效地讓我們在文化、政治和道德亂

成一團的泥潭中越陷越深。

　　哲學家和心理學家視心理學爲一門主觀的現代學問，認爲它（同科學一樣）脫胎於西方哲學。但甫一落地，它馬上就和這位母親劃清了界限（儘管它身上還帶著哲學母親的大部分信念系統和缺陷），開始在它最崇拜的手足同胞——現代科學面前以「健康」的形象示現，最終以它崇敬的父親——資本主義的方式使自己商品化。但是這些舉動並未使人類進步多少，無論是在個體還是整個群體的層面上來說都是這樣。我們相信，若要發展人文，維根斯坦所說的新的生活形式（而不是新的異化形式），那些各不相同但也不相互排斥的主觀生活的新形式。若以簡化的科學規範來檢視之，它們不會（也不能）被認爲是科學的。我們所能做的，是以一種文化的路徑去理解它們的關聯性、激進民主以及不可言說，這顯然是一種非科學的心理學。實際上，這甚至不是心理學，而是一種全新的展演，一種來自主體性的連綿不斷、非商品化的展演。

　　在《列維・維果茨基：革命的科學家》（*Lev Vygotsky: Revolutionary Scientist, 1993*）一書中，我們反覆提出一個問題：革命的心理學家要做什麼？作爲此書的延續，我們將在你眼前的這本書中從理論上討論維果茨基的貢獻，他創造了一種不斷激勵人發展的革命性的科學活動。我們將他的思想視作是對在人類基本的社會性中潛藏的哲學和政治力量的背書。當然，本書不只是擴大了《列維・維果茨基：革命的科學家》一書的討論範圍，還將維果茨基界定爲一個橋接現代主義的壓倒性（僞）科學心理學與當下的後現代化帶來的可能性的「前—後現代主義者」。在講述心理學如何由哲學脫胎而來，又如何在科學和

資本主義的形象中建構（商品化的）自身的同時，我們也會談談到底是什麼讓建立一個全新的、非科學的心理學的努力如此曲折，難以周全。

　　我們的故事始於（看哦，只有在故事裡我們才會看到「始於……」！）在古代希臘我們找到了現代科學和科學心理學這些大神的老祖宗們——真理、殊相和個體，系統化、解釋和詮釋，此處列舉的只是其中生命力最強的幾個。本書第一部分「哲學的故事」是一系列關於哲學生與死的敘事，算是一種後現代式的哲學導言（實際上是訃告）。古希臘哲學定義了什麼是思考（此外，它還一直堅稱思考是可以定義的），它不但牢固地把二元性確立為地球內（外）的所有生命共有的一個本體論特徵，也將它作為理解的一種認識論特徵。不僅如此，自西方孕育了包含自己獨特的二元論，將信仰、政治、科學與技術，還有心理學包括在內的思想體系以來，這一體系統治世界已久（不管它好還是不好）。

　　在哲學的這些孩子們／故事中，理論上最貧弱的心理學在二十世紀晚期竟擁有了最強大的政治力量。這全是因為，心理學承擔起了將幾千年來哲學對於人類抽象和自我意識能力的苦苦思索轉化為系統的科學研究這一任務，它將自己偽裝成科學的樣子，偽裝成理性的聲音（和聲音的理性，以及其他獨一無二的人類特質）潛入現代社會。第二部分「心理學的那些未曾聽聞的故事」展現了心理學這一新的學科如何成功地延續了許多古代的神話，並創造出許多它自己新的神話；如何構建起新的研究實踐和學科主張，如何毫不害臊、投機取巧地為自己創造了一個市場。看，這是心理學的神話，它雖然啥也沒發現

（本來就沒什麼要它去發現的！），但卻仍大言不慚地排布出學科的架勢來……它蘊含著偽科學更具破壞力的三角：個體、精神疾病和發展的迷思，此三者聚在一起，合力將心理學這個神話築壘成形。

隨著主體性／認知的商品化，科學心理學在二十世紀成為了超級商品化時代滿足市場需求的優勢產品。不過，西方經濟發展史對我們所關心的問題鮮有論述，所以我們覺得有必要寫一本不一樣的書來講述這類腦力產品如何變質的故事。

儘管並不完全同意他們的觀點，但我們仍舊在當今這浩如煙海的社會建構主義、解構主義、活動—理論／文化心理學、女權主義以及心理哲學類論著中找到了啟發和鼓舞我們的後現代的洞見和分析，我們亦將它們編織在本書之中。當代心理學家對維根斯坦的反基要主義頗有興趣，這在我們看來別有一番意味。看起來似乎系統哲學將近2500年形而上的統治（還有現代科學350年來作為人類單一絕對的理解方式典範）已日薄西山。沒有它，世界將會如何？當前心理學中的後現代思潮前所未有地拒絕將科學視為超級力量，拒絕將「科學主義」奉為圭臬，認為若擺脫掉行將就木的哲學、絕對主義的科學和科學化的心理學的禁錮，人類將會走得更遠。

▌行勝於言

德國散文家和評論家華爾特・本傑明（Walter Benjamin）曾說：「在荷馬時代，人類是奧林匹亞眾神凝神關注的對象，而現在，凝神關注人的是人類自己。人類自身的異化已經達到這樣一個程度：

他們能將自身毀滅的經驗視為第一位的審美愉悅。」近來心理學界告別現代主義視知識、理解和意義為絕對的真理指涉之物的觀念，轉而對概念框架作進一步分析，而這一轉向直接將人文學科裡的「講故事」帶到了社會科學思想的中心舞台上。故事、敘述、隱喻和神話是後現代用以認識和理解事物的一些「材料」。真理、理性、邏輯和論證——這些長期與知識、理解和意義一起駐紮在西方思想中的概念似乎正在變成一個逝去時代的遺蹟。這些概念形成了現代科學和技術的方法論基礎，並歷經好幾百年成為了現代主義認識論的典範。不過，解釋無論作為認識世界的唯一甚或其中一種途徑，準確地說都已受到所謂「認識論革命」（我們認為這個術語還挺靠譜）的挑戰（參見McNamee, 1993）。

　　頗有影響力的美國心理學家傑羅姆・布魯納（Jerome Bruner）將此形容為一種從**範式立場**——即尋求解釋（普遍規律，歸類，以及絕對演繹或歸納的真理）——到**敘事立場**的轉向（Bruner, 1984, 1993）。在敘事立場看來，了解和理解是詮釋而非解釋。意義既非出於其理應指涉之事物「那端」，亦非「在我們意識之中」，而是在我們的交談和話語之中，在我們創造和使用的語言之中。我們是製造意義的族類，而並不是僅僅只處理訊息。透過那些我們自己創造（生成、建構）出來的社會所建構的敘述（故事），生活才變得有意義。

　　講故事和敘事作為一種人類現象，並非新近才被發現，過往研究早就注意到它們在文化和自我認同形成方面的作用。若要說關於它們有何新發現，那就是人們認識到它們在**心理上**的重要性和意義，對於發展心理學家和心理治療師來說尤其如此。我們特別感興趣的則是它

們在批判現代社會科學認識論和方法論的潮流中所扮演的角色。

在我們看來，以建構主義和敘事的角度切入人類理解，這是拋棄現代主義的科學專制有價值的一步。更重要的是，以聲音（交流的媒介）的隱喻代替觀看與視覺作爲理解的一種主流隱喻，已經顯露出西方思想（和對思想的思想）的性別本質。我們自身曾被這種年輕傳統生產出來的重要作品啟發並使用之。同時，我們認爲，它目前並未完全脫離現代主義的世界觀，若更進一步，便可超越故事，達成那些我們稱之爲**革命的**、**關係性**的活動——這不僅是必須的，也是可能的。

你可能會覺得奇怪，爲什麼本書接下來做的事情就像在講故事——比如「哲學的故事」或者「心理學的祕事」。這是因爲一方面我們以敘事建構者的立場來告訴大家，那些僅僅是可能的故事，因爲我們要講的既不是歷史（哲學史或者心理學史），更不是眞理。但是，正如現代流行文化反覆告訴我們的那樣（後現代主義也沒有這樣做過），即便故事沒有宣示什麼眞理，它們仍會對我們每一個人施以不同程度的影響。在這個意義上來說（而且毫無疑問地在其他意義上也一樣），一些故事會比其他故事更好。

另一方面，我們想強調的是，故事也罷、敘事也好，甚至所謂的自我闡釋都不是化外之物，而本就是批判傳統的一部分。如我們所見，敘述即批判。而敘事和講故事對於揭示現代科學方法論和認識論的偏見來說是有價值的批判工具。它們不僅自身就是對主流範式的一種更新，而且它們也生產出這種更新。不過，在我們看來，它們並非是（維果茨基意義上的）實踐—批判的、革命的或發展的工具及結

果。個中差異正是本書要旨，越往後走這一點會越清晰。

　　此外，敘說是在話裡話外暗含真相的一類傳統。不少敘說建構主義的理論家和實踐者都曾試圖或者乾脆宣稱他們藉著詮釋將真相棄之如敝屣。舉例來說，敘說—建構主義的治療方法就沒有預設任何真相，這跟用所謂的「真相」（也就是核心、本質、真義之類的）來替換掉來訪者的「故事」的傳統精神治療大不相同。正如該療法的傑出治療師林恩・霍夫曼（Lynn Hoffman）所說：「後現代治療師不相信什麼本質。社會交往形構的知識在每一次互動中都會改變和更新，沒有什麼優先的意義隱藏在故事或文本之後。一個持有此種觀點的治療師會期望一種新的、充滿希望且更有用的敘述在交談中浮出水面，敘說是自發而非計畫好的。談話才是意義的創造者，而不是治療師。」（Hoffman, 1993, p. 18）

　　不管治療師和其他人如何坦誠地表達他們對於真相的理解（比如Anderson and Goolishian 就說過他們的來訪者「所講述的生活故事中有著敘說的、一貫的真相」，1993, p. 30），在我們看來，敘說中似乎早就隱藏了真相在其中的先見，它已內化在謊言、敘述、故事以及解釋之中，這些東西基本上都與真相有關。一種解釋在**某種特定的情況**下是真命題。也可以說，在某個給定的解釋裡，總有東西是真實的。

　　格根（Gergen）和凱（Kaye）指出，只有超越敘事的重構，才能創造一種並非建基於真相的治療取徑。他們認為問題在於我們「對敘事的信奉」，那種將敘事視為男男女女生活在其中或透過其生活的理解系統的認識：「對某個關於自我的敘說故事深信不疑，將其視為

『對現時的我來說是眞實的』，會限制個體某些與之相關的可能性。你們若憑故事就相信某個人是成功的，也會用同樣的方式相信某個人是失敗的。但說到底，它們都只不過是故事而已。」（Gergen & Kaye, 1993, p. 179）如果將一些故事看得比其他故事更眞實，那麼到底眞相在哪裡？這樣一來眞相豈不還是「只在此山中」？說到底，將敘事奉爲圭臬與視眞相爲大不就成了一回事？

格根和凱就治療師如何理解治療中與來訪者一起建構敘事的價值進行了討論。按照一般的理解，敘事要麼是給了來訪者一個看待世界的全新方式，要麼就給了他們一個行動的結構。在格根和凱看來，這種觀點強化了對人類、敘事和治療的那些過於靜止、過於個人主義和去發展性的理解。他們提供了一種更具關係性的看法，來自維根斯坦關於語言遊戲和生活形式的概念，認爲敘事是在鑲嵌於「廣闊的生活形式」中的特定語言遊戲裡生成並發揮效用（Gergen & Kaye, 1993, p. 177）。根據他們的解讀，故事在維根斯坦的理解中是一種「居於行動本身，伴有語言效用的展演」（p. 178）。意義與效用是相關聯的，它們的價值是實際的，源於它們游移在某種特定形式的關係或遊戲中的位置。

我們同意格根和凱的看法，贊同他們試圖超越敘事重構的主張。不過，即便如此，我們仍然認爲這一過程需要溫和地**完成**（用維果茨基的話來說）。在我們看來，超越敘事重構需要越過敘事的立場，這意味著在創造新故事之外，去創造各種新的生活形式（故事說到底也是關於生活的），意味著要越過意義與效用的等式——這在我們看來，是對維根斯坦關於語言以及語言遊戲概念過於實用

主義的理解。我們同其他一些學者（Newman & Holzman, 1993; Shotter, 1991, 1993a; Shotter & Newman, 1995; Van der Merwe & Voestermans, 1995）都曾指出，儘管維根斯坦的理論確實清晰地指出了一種意義—效用的等式，但語言遊戲的價值在於它們讓語言被視為一種活動，一種生活的形式（比如《哲學研究》的第23節這樣寫道：「『語言遊戲』這一術語意在突出言語是活動的一個部分，或者說是生活的一種形式。」（Wittgenstein, 1953）。

我們對維根斯坦的解讀是活動—理論的，而不是實用主義的。我們將他的「生活—主義（life-ism）之形式」（不是指他的生活的形式）視為要創造一種新的理解模式。這種理解模式不僅與真理或真實性無涉，也並不指涉其他事物，因為它本身就是一種關係，唯有使用這種激進的一元論述才能說明活生生的生活（life as lived）所具有的關係性。

經由活動—理論，我們指向當今文化中認知心理學、教育心理學和發展心理學裡的那些行動理論傳統。馬克思早期著作中所定義的「革命的、實踐—批判的活動」（1973）透過維果茨基進入了心理學（Vygotsky, 1978,1987,1993）。學習、發展和更具體的心理過程在這個不斷轉變的辯證統一中是社會—文化—歷史性的活動——而並非個體的特質，也不是內在的心理過程。在我們看來，若要打破二元論和認知的哲學—心理範式，維果茨基式的行動概念比講故事要好得多，因為故事要成為一個故事，必須包含故事以外的東西。故事需要後設的視角，如此一來，故事要表達的東西就與故事本身分離了。這樣，不管它們有沒有被社會性地建構或重構，它們都建立起了一種模

式，在這種模式裡，成長和發展被視為來自理解。而活動則不然，它在創造性中自然而然地產生，全然自我反思，除了自身外別無他物。它是生命的一種社會－歷史的展現形式，理解與發展在這種形式中融為一體，兩者無法分開。

以我們發展性、關係性、活動－理論的視角來看，故事的「所言之物」存在兩個問題。首先，它過於理想主義了。若除了故事再無其他，若像不少持有敘事立場的學者（參見McNamee & Gergen, 1993）那樣認為敘事就是真實，或者敘事可以創造真實，那麼在敘事的框架下，我們如何把一個故事從別的事情（任何事情）裡區分出來呢？難道敘事之外的事物，或者說敘事建構的真實不在另一層敘事結構裡嗎？

不少敘事－建構主義的治療師和其他學者嘗試用「自我」這個概念來解決這個矛盾。敘事的真實性在於這是個人體驗到的真實（此外別無其他類型的真實了）。人們透過多個故事來進行自我認同或認識自我。正如我們之前提到過的，這一般被理解為我們可以這樣理解敘事重構的作用──建構一個更好的故事／自我／身分就等於過上了一個更好的生活。

發展心理學的研究中我們也能看到自我敘事與自我認同形成之間存在的關聯，兒童理解故事、講故事的能力對於自我的形成（也就是將自己與其他人區分開來）至關重要。不過自我－他人的二分並不只見於敘事的研究中，它也是最主流的語言和話語發展研究（故事）的基本框架。嬰幼兒開始與他們的重要他人有對話時，這種情況被描述為嬰幼兒「超越他們自我的世界」或「協同創造互為主體性」，而對

話是一種載體，嬰幼兒透過它可以到達更高層次的「關係」（Dore, 1985; Stern, 1985, 1990; Trevarthen & Hubley, 1978; Wertsch, 1985a, 1991）。語言被視爲用來創造自我、分享個體知識的工具。在年齡很小的孩子身上，透過共同建構的敘事而湧現出來的敘事自我是兒童發展中至關重要的里程碑—是「個案一開始就呈現給治療師，然後漸漸融入他們生命故事的那些自傳」的起點（Stern, 1985, p. 174）。

敘事在創造自我的過程中起著強有力的作用，不過這也給我們帶來了敘事的第二個問題：敘事的「所言之物」。我們同意西方文化中綿延了上千年的講故事傳統與自我認同的建構密切相關，但是若從一個發展的、生成的和實踐的方法論視角來看，正是敘事所言的自我建構大有問題。身分和自我（又甚或是「社會自我」與「關係自我」）不僅不具關係性，反而是反關係性的。自我及構建自我的敘事是現代和後現代異化的主要特徵，它們歌頌殊相本體，在彰顯自我的同時卻並未滅除自我—他者的二元劃分。敘事概念所隱含的他者（在敘事之「外」的那些東西，故事的「弦外之音」）是建立在認同之上，而非建立在關係之上。換句話說，在我們的文化裡，「自我」就像「異化」一樣（還有更普遍的二元論）被頻頻用來解決人類生活的**矛盾性**（paradoxicality）。對比之下，活動—理論的路徑更關注的是突顯這種自我指涉的矛盾性，而不是讓它得到條理分明（科學化）的解決。對我們來說，對理解採取以關係爲基礎的視角，就要從實踐上接受這種矛盾性。

長久以來，我們關注的是人類有能力創造新的生活形式，有能力

去創造發展。正因為深信這一點，故而我們必須對異化採取實踐－批
判的態度。自我——這一異化的始作俑者和主角——必須被解構，而
不是被重構。為著這目的，我們有必要移步於敘事的立場之外。在故
事被物化的傾向裡，敘事的立場掩蓋了「敘述活動」（正如維根斯坦
認為我們日常使用的語言掩蓋了「只有在思維和生活的奔流中語言才
有其意義」的事實，Wittgenstein, 1967, 第173節）。當故事從產生
它的過程（關係性的活動）中分離出來，淪為重構自我和社會適應的
工具，但卻完全置身於歷史演變之外（這就是異化）。正如我們所
見，發展憑藉的並不是只有工具化了的那些東西。如維果茨基所說：
「前提和產出同時也是工具和結果。」（Vygotsky, 1978, p. 65）。
敘事活動是發展性的，因為它是創造新的生活形式的工具和結果（不
是為了實現創造更好的故事這一結果／目標的工具）。而從這種關係
性的活動中，也就是從那些聽到的和未聽到的、已言說和未曾說出的
故事的辯證統合中生發出來的，是更多的行動和更多的歷史。它是去
物化的敘事——邀約我們在不斷創造新的生活形式的活動中實現關
連——這正是我們不斷奮鬥所要創造的。

　　第三部分「方法的實踐：非科學心理學的全新認識論」將提到我
們目前創造的成果。這部分會討論與我們數以千計的同行者共同發展
了差不多四分之一個世紀的有「生態效度」的環境（社群），在此我
們連結維果茨基與維根斯坦，視社群的方法實踐為「工具－結果」；
此外我們發展社會治療——一種顯然是非科學化、非哲學化的文化路
徑，藉此替代科學化的、真理宰制的臨床心理學。維果茨基和維根斯
坦對意義和語言（形成）的認識早已滲透到我們講述的故事、我們的

非科學心理學和我們的社群中了。看起來似乎本書中與邏輯和語言哲學相關的內容並不多，但我們其實是把整本書都視為對語言的一種探討分析。在本書的最後部分，維果茨基幫助我們將維根斯坦在哲學中已經「做」過的事情（讓哲學消失）在心理學中再「做」一次（讓心理學消失）。最終，我們藉由推翻維果茨基創建一個社會文化的、科學的心理學的方案，並且拋棄心理學而追求非科學的文化展演，以實現實踐性—批判性地理解人類生活，來完成維果茨基。

　　我們猜心理學界一定會被我們的言論嚇到，雖然他們未必會對本書加以全盤否定。全不同意本書的所有內容。1995年美國心理學會在紐約召開的學術會議上，上千個與會者基本認可後現代主義、批判—理論對心理學提出的質疑。不過，在公開和私下的交流中，他們很快就意識到，放棄臨床心理學上使用的那些偽科學辭令不僅會損害他們名聲，還會損失掉不少由贊助方支持的金錢。畢竟「科學話語」是臨床治療領域的核心。很多臨床工作者心知肚明，偽科學的辭令雖沒有療效卻有績效。臨床工作者們或許在私底下的聚會中會對《精神疾病診斷準則手冊》（第四版，DSM-IV）大加嘲諷，或者知道它對於幫助個案遠離痛苦只有一丁點作用甚至完全沒有用，但所有人必須要有足夠的「科學說法」才能滿足那些官僚機構製造的體系，符合管理式醫療時代所要求的有效性，而且只有這樣才能拿到報酬。當然，我們不能一竿子打翻所有臨床工作者，但在那些公開表達不滿的人中，大部分人表現得就跟美國傳統的金錢至上的實用主義者一樣。你說他們還能有什麼別的選擇呢？

　　若心理學界不再忍受這種情況而奮起反擊，我們可以預見，科學

界會以他們一貫唯我獨尊的傲慢態度來予以回應。《高級迷信：學術界的左派及其對科學的責難》（*Higher Superstition: The Academic Left and Its Quarrels with Science*, 1994）是近年來我們讀過的最為浮誇不實的書，書中格羅斯（Paul Gross）和勒維特（Norman Levitt）與科學界的左派（後現代主義者、女性主義者、新馬克思主義者、社會建構主義者，以及德里達和福柯的追隨者們等等）「較量」，批評他們對科學真理的無知。這本書編出不少軼事，明顯歪曲了（無論你以什麼標準來看，包括以科學的標準來看也是這樣）那些後現代主義者指出不少科學「過失」（作者原話）、對科學進行批判的作品。雖然格羅斯和勒維特所說猶有可取之處，但他們不自覺地採用了科學標準（科學的認識論和方法論）來批判那些目的主要在質疑科學標準的論著，只能說這種做法既傲慢又不科學。近年來，科學界出現了越來越多類似論調，它們不僅堅持認為自己的方法可以拿來判定世間一切事物的正確性，而且也可以拿來證明它們自己的正確性。而這點早在十九世紀和二十世紀之交，就被形而上學的學者（在他們之前是神父扮演這個角色）、科學家（那時他們可比現在稚嫩多了）和科學哲學家（他們扮演的是發言人的角色）強烈地質疑過了。

不過，以上問題在格羅斯和勒維特這本捍衛科學的書中不算是最糟的，最糟的是他們的索引裡竟然把維果茨基給漏掉了，維根斯坦也僅僅只提到一次，這唯一的一次還是在一個簡短羅列西方重要哲學家的名單裡。這樣的遺漏透露出一個重要問題：兩位作者在很大程度上並沒有將（硬）科學社群對所謂社會科學的嚴肅批判已經失敗這一事

實放在眼裡。徒守著他們（實證）範式核心，（硬）科學對如心理學這般憑著嚴肅的科學方法做出跟物理學同樣努力（也同物理學一樣付出代價）的學科作壁上觀。實際上，正是由科學建立起來的這種範式專制孕育出了後現代主義對科學的大量批判。

　　我們的工作（類似史蒂芬·德伯里（Stephen DeBerry）那很有價值的關於意識和量子物理學的研究《意識的外化與日常生活的精神病理學》（*The Externalization of Consciousness and the Psychopathology of Everyday Life*）並非要著力批判「硬科學」以及隨之產生的諸多技術，而是要批判現代科學的認識論範式應用於對人類生活和關係的理解時擺出的那副唯我獨尊的架勢。除了批判，我們還努力將另外的理解路徑，即一種有意識地拒斥現代科學範式的理解方式的文化路徑展現在讀者面前（透過否認現代主義、科學主義和範式主義自認為的正確無誤）。格羅斯和勒維特的失敗在於他們對社會科學的角色的認識，這使他們對學術左派的批判成了虛偽、不科學的政治爭論（硬科學並不情願對此進行批判，因為一開口就站在了學術右派的政治立場上）。雖然多年來學術左派不受待見，但他們仍努力不懈，致力於批判和解構那些反發展、偽科學以及褪卻人文的作為社會科學的心理學，並對這些工作頗感欣慰。格羅斯和勒維特如此這般的政治算計搞不好更適合用在硬科學社群的投降書上，因為他們的「短板」，也就是所謂的社會科學，已將物理學推入困局。這就是以為有利可圖，而長期對那些招搖撞騙者睜一隻眼閉一隻眼帶來的結果。

　　在學術圈我們常常被這樣質疑：「要是你們這種非科學的方法占了上風，那麼在科學身上會發生什麼事情呢？」我們的第一個答案

是：「什麼也不會發生。」科學作爲研究（及控制）大自然的一種方式已有了驚人的成就，將來也必將繼續服務於人類生活的方方面面。我們希望改變的是過於誇大科學方法（它搖身一變成了形而上學或信仰，以及它錯誤地應用到了對人類生活的研究和我們活法中）的情況。我們的第二個答案是「不知道」，因爲研究與理解人類生活的非科學的、文化的方式的發展和應用必將深刻影響我們生活的所有方面（包括那些硬科學的活動），最終會成爲這個西方主宰的世界的一個重要文化假設（參見Lerner, 1991）。不，格羅斯和勒維特大可不必透過反對我們的工作來捍衛科學，因爲我們挑戰的是現代主義認識論專橫排他的統治。要是硬科學對它過分認同了，那麼它就必須爲此付出代價，就像既「軟」又笨的科學心理學現在做的那樣。而二十世紀左派雖在政治變革中出人意料地失敗了，但他們卻在文化變革中做得非常出色，本書及我們的其他工作很榮幸成爲文化上具有革命性的後現代主義傳統的一部分。

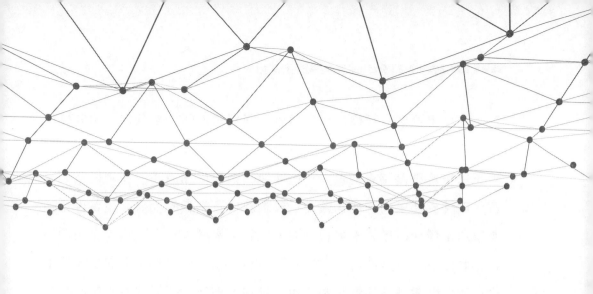

◆ 第一部分

哲學的故事

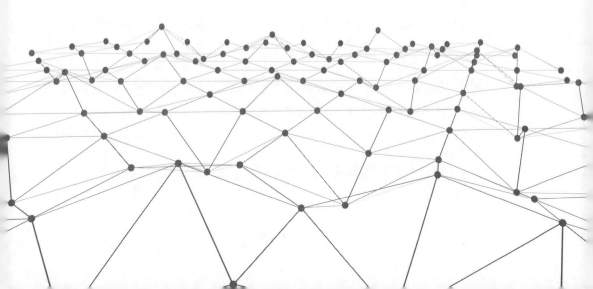

在我們看來，哲學在西方世界的開端離不開古希臘人，尤其是柏拉圖和作爲他的學生兼批判者的亞里士多德[1]。儘管我們絕不會偏執地認爲古希臘人和古希臘文明比其他文明要更加高明一些，但我們確實認爲關於抽象的自我意識（以及關於自我意識的抽象）正是古希臘哲學的精髓。而且，不管它好還是不好，對於人類來說它都是一個不得不肯定的進步。當然，這個進步爲什麼發生在希臘而不是其他地方，這個問題既沒那麼有趣，也不是那麼重要，所以我們不感興趣。不過，它發生在希臘卻是個無法否認的事實。實際上，要是把它僅僅看成是人類發展中許多個特別的延展期中的一個，會削弱了它在道德或智性上卓而不凡的呼求。那時人類第一次在非洲中部、亞洲北部站穩了腳跟，並在北非、印度、中國和美洲建立起了非凡的。而正如美國人未以膚色賦人特權，自我意識抽象也不能使白人比別的人種更高一等。

在孕育和造就西方信仰（經院哲學化的基督教）、政治學（社會

---

[1] 我關於古代哲學史的淺薄知識主要來自我在斯坦福大學的兩位老師：傑出的學者約翰·戈欣（John Goheen）與約翰·馬尼謝德（John Mothershead）。當然了，他們對我在35年後在他們出色的授課內容上動的手腳並沒有什麼應負的責任。

本書所包含的邏輯和數學公式未必精確，但這一切當然不是我們刻意爲之。我曾在大學裡既學習又教授邏輯學，但我從不認爲自己在這個領域有什麼「深度」。然而，偉大的思想家們在數學和邏輯學中的洞見間接地影響了我對相關主題的思考，這不僅體現在這本書中，也體現在我與洛伊絲·霍茨曼一起分別或共同完成的其他著作中。誠然，與我們的讀者誠實地分享這些想法（儘管它們未必很精確）是很重要的事。

總之，露易絲和我對我們的寫作負有全部的責任。——弗雷德·紐曼

契約的國家）、科學和技術（對自然的數學化和客體化），以及心理學（笛卡爾哲學與最終的康德哲學，身心的第三方調解）的同時，西方哲學也統治了世界，迄今已2500年了。滄海桑田之間，像眞理、眞相、確定性、原因、殊相、自我和他人之類的核心概念塑造了我們人類思考和言說的方式，塑造了我們那些有關思考、言說和做夢的如夢之夢，以及在此之外的那些我們所爲、所經歷的事情。然而，時至今日思想連續性的確證——那些老舊的概念框架正在土崩瓦解，在我們看來，系統哲學茂盛發展的時代將要過去。我們相信，哲學已死，二十世紀並非共產主義而是哲學的末日。要是將來我們的曾曾曾孫讀到本書並回看歷史，他們會發現我們這些像紀念牌似的預言竟絲毫不假。

　　西方世界的信仰、政治、科學和技術、心理學都是哲學重要的後人和衍化的故事——幾千年來，它們內裡那些非凡壯麗的東西曾在思想意識上共同決定了人類的歷史和生活。但是，到了我們這個時代，它們的母親和創作者——哲學卻最終屈膝下拜，甘於下風了。在本書第二部分，我們將拿出有力的證據，讓大家看看哲學在最後的日子裡是如何自我傷害，又是如何命喪於她與科學共同創造的那要命又呆蠢的孩子——心理學之手。哲學已死，新的續集將如何寫就？哲學究竟又創造了什麼樣的子子孫孫，寫就了什麼樣的故事呢？這些繼承者們和故事會不會繼續發生變化？如果會，那麼它們將如何變化？在我們看來，後現代主義並非如福山（Francis Fukuyama）所宣稱的那樣是「歷史的終結」（Fukuyama, 1989），恰恰相反，歷史還會繼續前進。只不過，在這個歷史裡，哲學已無容身之地。

第二章

於《伊利亞德》與《奧德賽》之間

在《二分心智的崩塌：人類意識的起源》（*The Origin of Consciousness in the Breakdown of the Bicameral Mind,* 1976）一書中，朱利安·傑恩斯（Julian Jaynes, 1976）認為古代世界人類發展歷經的重大變化大致就在《伊利亞德》與《奧德賽》成書之間。這兩部偉大的史詩據說是由一位名為荷馬（Homer）的詩人約在公元前800年左右完成的。但也有學者認為，這兩部史詩可能是一種口述傳統的產物，歷經長達百年（甚至可能是千年）的時間完成，並不是由荷馬這樣一位歷史人物獨力完成。由此看來，我們最好將這兩部史詩視為同樣發生於古代希臘，卻流傳於不同地區的那些神話和傳說的合集。它們恐怕不僅僅是文學作品，還對歷史學和人類學研究同樣富有意義。神話和傳說的內容會傳遞訊息，它們的形式同樣也會揭示出人類發展歷程中的某些事情。就像傑恩斯認為的那樣，《伊利亞德》與《奧德賽》的不同不僅僅「在故事之中」，也在於「講述這些故事的方式」。

要是這兩部史詩確實是多位言說者的共同成果而非荷馬一人之力，那麼它們便可以更合理地被視為講故事這一人類活動在個別及一

般人類交流意義上實現歷史的、發展的和文化的轉變的證據。這也是傑恩斯看待它們的方式。他提醒我們，要注意在這些言說裡有的一種顯著變化：《伊利亞德》的故事沒有自我意識，缺乏人類的創造力，講故事的人只是複述他們聽來的東西，缺少來自自己內心的另一個聲音；而《奧德賽》則相反，講故事的人就是這個故事的創造者，敘事者的言說構成了整個故事。由此傑恩斯提出，隨著二分心智（bicameral mind）（人的認知功能一分為二，以一種被割裂的狀態運作，兩個部分各司其職，一部分講的是另一部分告訴它的東西）的崩塌與自我意識的喚醒，對於自我的覺知（且不論它是不是有用）以一己之力統整了言說者話語。

　　傑恩斯的觀點頗有意思，它們在某種程度上為我們關於從前蘇格拉底的學者到二十世紀末「心靈理論」的提出者之間人類意識發展的社會—文化—歷史建構工作打下了基礎。傑恩斯對那些以希臘人所言所思為研究對象，卻被科學外衣裝裹起來的人類學發起的挑戰，支持著我們用一個發展的框架去解讀希臘經驗，將其視為發生在人類發展歷史中的思想整合鞏固時期。這個時期似乎在自我意識和抽象這兩個相互關聯又彼此獨立的人類活動／存在狀態上費了不少力氣，下了很多功夫。

▌前蘇格拉底時期

　　西方哲學開始於前蘇格拉底時期留下的那些殘垣斷壁。蘇格拉底（公元前470年？—公元前399年？）酷似哲學裡的耶穌基督：道德

上毫無瑕疵，但卻被墮落的人們控告，最後死於背叛（和毒酒）。記入正冊的哲學歷史一般開啟於他出現之前或之後。

　　在標準的西方哲學史導論中，我們首先遇到的前蘇格拉底時期的哲人一般是泰勒斯（Thales）。他出現在歷史舞台上大致是公元前585年左右，那時他成功預測了一次日食。即便沒什麼確實的證據，老師們也告訴我們說「萬物皆由水構成」這話是泰勒斯說的。要是這些老師懂得些許的教育技巧，就應該告訴我們，泰勒斯的這句名言被眾人關注並不是因為它有真理的價值，而是因為它的形式，再或者是因為它的意義。

　　說一切物體（或者說某個具體的物品）是由什麼東西（某種東西）構成的，這種表達意味著什麼呢？「由……構成」這樣的表達意味著什麼？是什麼樣的社會文化環境下會提出「某物（或者『一切』）由什麼構成」這樣的問題？這個問題只想解決一件事，那就是某物是如何被造的？但是，究竟是誰會想知道某物是由什麼構成的呢？泰勒斯這一名言的普遍性在何處呢？什麼是「一切」？它只是物質之物嗎？還是指所有的一切（物質的或者精神的）？這種認為一切可能（或應當，或能夠，或就是）由一單一之物構成的想法來自何處呢？這種能夠構成一切的東西又是何物呢？是一種水嗎？那水又是什麼呢？存在那種構成水的東西嗎？水是由水構成的嗎？如果不是，那麼水是由何物所構成的呢？……等等，凡此種種問題，還可繼續列舉下去。

　　若我們要自管中窺豹，那也許泰勒斯的這個隻言片語即可堪為「管」，因為哲學（或最狹義來看是「哲學問題」）的所

有（或者至少是「本質」）都「包含於」其中了。其他前蘇格拉底時期的哲學家，像阿那克西曼德（Anaximander）、阿那克西米尼（Anaximenes）、畢達哥拉斯（Pythagoras）、色諾芬（Xenophanes）、赫拉克利特（Heraclitus）、巴門尼德（Parmenides）和恩培多克勒（Empedocles）與那些與蘇格拉底同時代卻仍被認為是「前蘇格拉底」的哲人們（他們中有阿那克薩哥拉（Anaxagoras）、芝諾（Zeno）、墨利索斯（Melissus）、留基伯（Leucippus）、德謨克利特（Democritus）、普羅塔哥拉（Protagoras））一樣，曾試著解決這個超越性的哲學問題，並提出了一些其他的觀點。我們有時會在不那麼學術的場合將這些活動比作是「拿放大鏡照蚊子」（Newman, 1996）。畢竟「每一個東西」皆是些小小的普通而又具體的東西，而「這些東西都是由什麼構成的？」則是一個質性的大哉問。總之，這種關於抽象的自我意識檢驗及關於自我意識的抽象檢驗的哲學模式（若並非是時下流行的系統哲學的話）似乎就是從蘇格拉底在雅典街頭到處漫步，當起江湖士師的那個時候開始的。

　　蘇格拉底接續了這個問題後面的關鍵一步，對提出這個問題的行為本身發問。如此一來，他便將人類這些新的抽象活動／狀態與自我意識聯繫在了一起。拋開「萬物由何所造」的問題以及哲學家們提出的各式答案（水，空氣，原生質，數字，原子，土水氣火四元素，改變，永久性等等）不提，蘇格拉底辯證地用對話的形式問道：我們如何能對小事物問這樣的大問題？或者說，我們如何可以對具體之物提出這樣深具自我意識抽象的問題？人的心靈是如何參與到如此非凡的

活動中來的？這些是確確實實存在的嗎？若是，它又是如何成為可能的呢？（在傑恩斯看來，這樣的活動確實算是人類歷史上的新鮮事。）

正是這種自我反思式的「螺旋」建造了何為哲學與哲學何為。實際上，可能是蘇格拉底，不過據說更有可能是他的學生——《對話錄》一書的作者柏拉圖（公元前427年？－公元前347年？）創造／發現／系統化了這些構成哲學的學問——方法論、認識論以及本體論。（宇宙學和它的問題「萬物而來？」雖出現於古希臘之前，卻是柏拉圖在《蒂邁歐篇》中將它創生出來，作為認識論和本體論的支撐。）在人類進化的歷程中，哲學使自己長成了眾多關於西方的敘事中相當與眾不同的一個。然後，在接下來的2500年裡，它一手書寫了西方信仰、政治、科學技術以及心理學等眾多「西方文明之偉大經典」。其中，我們尤其需要注意的是心理學，它內裡雖矛盾重重，卻仍對這些古代問題孜孜以求，將其視為一生志業。（美國哲學家威廉‧詹姆斯（William James）這位富有創造精神的心理學之父也許是哲學滲入心理學的最佳見證，以及這門羽翼未豐的學科充滿內在矛盾的最佳例證。）不過，正如我們在第4章將要看到的，在心理學過往短暫的歷史中，意識的研究曾在一段相對較長的時期裡幾乎不被允許。

▋作為方法論、認識論以及本體論的哲學

柏拉圖在《對話錄》中對上述前蘇格拉底時期的問題及零散答案

進行了回應和思考，正是這些回應和思考創立了一種哲學。柏拉圖的最大功績並不是他帶給這個世界的那種獨一無二的哲學（就像今天被我們稱作柏拉圖主義的理想世界觀），而是在於他創造了一種新的世界觀，典型地反映出人類新獲得的朝向自我意識抽象的能力。他認為定有一種以世界為對象的視角或理解（也就是一種哲學），這是說有世界、觀看者以及將兩者聯繫起來的東西，那就是：本體論（世界的實在）、認識論（對世界的認識）和方法論（了解實在，獲得知識的方法）。有人可能會覺得我們這段對於希臘思想歷史發展的論述有點太過簡化、太系統齊整了，但人們（我們西方人）對此實在沒什麼可抱怨的，因為在古希臘思想的那些遺產中，如此這般齊整和系統的東西可並不少。

我們人類都是從古希臘學習如何用「言之有理」的方式思考和表達（包括寫作）的，即使這種方式與歷史上那些實實在在發生過的事情並沒什麼關係。說到底，與其說自我意識和抽象是異化的產物，倒不如說是後者得到發展的關鍵前提。從希臘以來，異化越來越多地主導了西方文明進程（直到在西方資本主義經濟以及意識形態下，它自己變成了理解一種全然商品化狀態的社會─心理前提─即我們看世界的鏡子）。異化與哲學，以及哲學的後人們／故事（西方信仰、政治、科學和技術，以及心理學）所帶來的簡潔、系統的世界觀不可分割。哲學（作為一門學科，她雖看上去暮氣沉沉，卻構建了我們對世界和生活的體驗和看法，在日常生活中無時不在）在我們的生活方式中更多地是作為自由市場的一部分而存在──不過，容我們說一句：她差不多是被誤解了。

　　當自由市場經濟在二十世紀輕而易舉地打敗所謂的集中控制（計畫）的共產主義經濟之時，作為它的意識形態同盟的哲學（系統論的世界觀）卻差不多快成了昨日黃花。放眼望去，那些在經濟上取得勝利的人們將會擺出的姿態仍是：與其說是新的世界秩序，不如說是沒有什麼世界秩序。因此，我們或許都應該對此感激不盡（儘管頗有擔憂）。咦，好像我們離題太遠了——還是回去繼續聊古希臘吧！

▌哲學與感知

　　雖然仍有爭議，不過至少在柏拉圖看來，赫拉克利特和巴門尼德是前蘇格拉底時期最重要的哲學家。正是他們把哲學問題從「萬物由什麼構成？」變成了更抽象的「世界的本質是什麼？」或「萬物遵循什麼規律？」赫拉克利特與巴門尼德透過將知覺和錯覺引入到不斷發展的哲學混合體之中，進一步放大了自我意識的抽象能力。

　　赫拉克利特（Heraclitus，公元前540年？－公元前475年？）認為，知覺告訴我們，萬事萬物都在永恆的變化之中，因此他認為這一世界本質（或是本質世界）使知識成為了不可能（更不要說什麼「踏入同一條河流兩次」了，那更不可能）。赫拉克利特主義者克拉底魯（Cratylus）非常認真地將這一觀點進行到底，在大概30年的時間裡一個字也沒說，他認為自己說出來的任何東西都不可能是真的，因為在說出口的同時，要說的那些東西就已經變了。他大概是忘記了還有一種可能性，那就是雖然話是當下說的，但也可以放言在先，等著世界在某日迎頭趕上，變成他說過的樣子（在當代科學中，這類活動被

稱爲「預測」）。不過據說30年後的某一天，克拉底魯終於還是又開口說話了。我們希望他認識到沉默跟他大聲說話其實是一樣的（兩者都是向這變動不居的世界低頭投降）。總的來說，是赫拉克利特（他曾名副其實地被稱爲朦朧哲人或晦澀哲人）借由知覺向我們揭示出了這世界的變化不居。

巴門尼德（Parmenides，公元前515年？－公元前450年後？）在面對同樣的問題時，他卻認爲「沒有什麼比知覺更糟糕了」。他堅持說什麼都沒變；我們有的只是永恆。他和芝諾（Zeno）—— 他的朋友和弟子—— 一起「證明」了變化和運動僅僅是知覺的錯覺。你也許知道芝諾論述過一些與知覺相反的現象，比如你不可能在有限的時間裡從此處到彼處去，因爲要這樣做的話，我們必須完成一半的路程，然後是一半的一半，一半的一半的一半……如此等等，那麼既然距離是無限可分的，它就不可能在一個有限的時間裡走完，我們也根本沒有移動過。因此，我們那些能夠走到終點的知覺就一定是個假象，因爲它在邏輯上不成立：沒有移動，就沒有任何變化。巴門尼德部分同意赫拉克利特所說，贊成要是某物能夠被我們認識，那它一定是持續不變的。但與赫拉克利特不同的是，他認爲萬物皆是永恆不變的。

與赫拉克利特－巴門尼德的思想相比，泰勒斯關於水的理論實在顯得有些不成熟，可見人類思維的抽象性在極短的時間內就往前行進了一大步。柏拉圖（高明的辯論者和最具創造性的思想者，或用維根斯坦的話來說，他是抽象語言遊戲的老手）假蘇格拉底之口，說赫拉克利特和巴門尼德這兩位哲人都對，因爲他知道赫拉克利特和巴門尼

德都看到了知覺（尤其是觀看）在一種世界觀的創造中所扮演的關鍵角色。男人作為認識論上的感知者（古希臘的思想和生活中，女人既不是世界的感知者也不能被世界所感知），它們與在其基礎上出現的各種變式一起，構成從彼時至今日一直主導西方思想的主要意識形態。我們認為二元論在哲學中占據核心位置絕非偶然。對柏拉圖來說，它在定義上、本質上以及結構上都是必需的，不僅如此，它對於哲學——以及由哲學而生的西方現代主義下的理性化也是同樣必需的。

▌ 從二元論到個性化身分

接下來的2500年間二元論、系統的世界觀、解釋式的理解模式（用當代的話說，就是範式主義）統治了西方思想。宗教、政治、科學和技術，以及心理學這些由哲學創生出的後人們／故事都在用一種先在的、系統的方式展現出傑恩斯認為在《伊利亞德》到《奧德賽》之間演變出來的自我概念的抽象化和異化這些人類思維特徵。它們由「特別的」二元論構成，這些二元論皆源自人類與世界的分離並進一步強化之。神和人，人和社會，觀看者與被觀看者，以及心靈和身體的二元對立開始分別定義宗教、政治、科學技術和心理學。

先不管歷史上時不時興起那些「對二元論的反叛」，分裂（即異化）的生活形式——柏拉圖式的系統化、以感知為基礎的、二元化（儘管是調和了的）的世界觀——歷經歲月累積，成為西方文化和思想意識的特徵，也將我們裹挾其中。哲學和它的姊妹篇二元論可不

只是多種思考方式中的一個，而是經過亞里士多德所開創的邏輯學加持，全然占據了人們的所思所想（或對世界的解釋，或系統化的理解）。對於柏拉圖、哲學以及西方思想的追隨者來說，二元對立的抽象思考和感知密不可分，緊緊相連。「我看到了」（I see）與「我知道了」（I know）實乃同義的情況並非偶然，這意味著西方思想牢牢地扎根於視覺以及「看和觀照」這類的隱喻中。透過後現代的「後見之明」，一些女性主義哲學家和心理學家注意到以視覺比擬知識的情況比比皆是，他們認為這種視覺隱喻實際上是父權中心的。在一篇討論視覺為隱喻的知識論是否是男性中心的論文中，埃弗林‧凱勒（Evelyn Keller）和克里斯蒂娜‧哥瑞特卡斯基（Christine Grontkowski）（1983）還列舉了一些其他的隱喻方式。其中蠻有意思的是，赫拉克利特曾用希臘文中原意為「透過傾聽來知曉」的詞語代替了「知曉」一詞。

　　在後來被稱為中期對話錄的論著（以及一些散見於其他作品）中，柏拉圖提出了一個關於知識的理論，這個理論將赫拉克利特提出的無常（永恆變動）以及巴門尼德認為事物的不變性都作為知識必要條件。由於知覺的對象本質上是被遮蔽且有可能是虛幻的，因而我們的感知歷來受到懷疑。在清楚地認識到這一點之後，柏拉圖提出了另外一種性質上完全不同的知覺形式：對理念世界的內在回憶或（意識層面的）喚醒。這個理念世界是個體的靈魂來到世俗世界前直接經歷的，而我們面前這個可感知的世界是它的摹本，世俗的、物質化的客體均是它的陰影或表象，而靈魂只能安生於世俗生活中。

　　被稱為蘇格拉底反詰法的辯證—對話法是一個哲學探索過程，透

過這個過程，我們從洞穴牆壁的陰影中走出，站在了洞穴入口處耀眼的真理之光中。我們（更確切地說是道德的人，哲學家）看到（不是聽到，也不是摸到或者感覺到）了真理，由此與世界相和，開始思考何為真實。洞穴比喻這個特別的哲學故事對西方文化影響至深。從那時起，內在知覺的「觀看」和外在知識的「觀看」被永遠地連在了一起。由柏拉圖加以綜合並作為感知基礎的懷疑／確定性二元概念，成為了這2500多年以來被系統哲學統治的西方思想。

感知主義不僅發展出抽象的西方二元論，更進一步發展出個人主義—個體是「觀看」的主體。毫無疑問，要是理解世界的知識理論基礎不是知覺而是別的什麼——比如勞動（想想要是把柏拉圖換成馬克思會怎麼樣！），近千年來的人類歷史肯定會大不相同。與「觀看」不同，勞動是一種非常需要人類共同參與的關係活動，它必然是共同的、集體的、社會的。但終究是柏拉圖（正是這個柏拉圖！）將那些由前蘇格拉底的哲學家們提出的問題轉化為一種建立在個體觀看者基礎之上的理論，由此將一個新角色（一個新角兒）帶進了人類演的這齣大戲。這種柏拉圖式的、個體的、抽象的，既在內也在外的認識論上的觀看者（與之相應的是必須在本體論層面有一個被觀看者）信步走上了歷史舞台（在傑恩斯的劇本裡，這件事發生在《伊利亞德》和《奧德賽》兩部史詩之間）。其後，開始主導接下來2500年間西方思想的發展。其間雖然有過諸多變化，但它仍在宗教、政治、科學和技術，以及心理學等壯麗的現代主義敘事中隨處可見。

同自我意識與抽象思考的出現一樣，將近350年前，現代科學技術的出現興許植根於我們人類歷史的另一個關鍵發展期（或某個時間

點）。靠著手握科學技術，原本作為觀看者的「我」羽化飛升，成了理想化的標準人類。標準人類在前現代時期的宗教和現代國家眼中多為被動主體，而從十九世紀下半葉開始，它也成了心理學眼中的被動主體。心理學這門新「科學」被創造出來，是為了要研究和治療自我意識強烈的個體表現出來並困於其中的常態和病態，但它自己其實和哲學的其它後裔一樣，是一個故事——一種謎思。它誕生於哲學的垂暮之年，是科學見不得光的私生子，是母親和孩子亂倫所生，是第二代迷思。而透過宣稱已成功占有了關於主體的真理，心理學得到了傲視二十世紀，甚至可以說在整個人類歷史上都無可匹敵的影響力。在我們這個時代，作為科學的觀看者的「我」是一種精神形式，它最能表達已死的哲學那二元的、知覺化的、抽象的世界觀。好了，讓我們再一次回到古希臘，繼續講我們的故事吧！

▌經院哲學：前現代時期的故事

從歷史淵源來看，基督教是一種東方的神祕信仰。耶穌基督和他那些篤信一神論的舊約時代的前輩們都算是神祕主義者，基督的故事裡遍布神跡，並不是偶爾為之。不管這些神跡是不是真的發生過，有一個明確的歷史事實是：受東方影響的神祕、非理性的思想在前蘇格拉底和柏拉圖時期開始浮出水面。當基督教在公元的第一個千年裡就變成了遍布羅馬世界的宗教時，她不僅變得更加神祕、更加非理性化，還（經由普羅提諾（Plotinus））受到了古希臘思想影響，具有了柏拉圖式的二元論特徵。市面上通行的對西方宗教和哲學思想進行

介紹的不同版本的文字均指出，柏拉圖主義（某種程度上說更具他世性的神祕主義特徵）和東方思想（比如聖奧古斯丁（St. Augustine）曾經痴迷的摩尼教）不僅滲透在早期基督教的誕生故事之中，還主導了當時的宗教實踐。在這種情況下，亞里士多德那些去神祕化的作品自然就「消失」了好幾個世紀。

　　後來，所謂的「黑暗時代」降臨，緊緊勒住了西方前－前現代化時期的文明進程（這個時代因其長達幾個世紀的瘋狂、迷信、貧窮和瘟疫而遺臭萬年）。大約在十三世紀，亞里士多德這位古希臘哲人重裝上陣（當然我們指的是他的著作），將基督教作爲一種世界觀進行了「重新改造」，爲現代化這場大戲搭好了舞台，拉開了大幕，現代主義的各種風物──政治、科學和技術、心理學紛紛粉墨登場。儘管有不少人認爲古代希臘，尤其是亞里士多德對前現代西方思想的影響既複雜又不詳，但可以確定的是，亞里士多德的思想與十三世紀托馬斯‧阿奎那（Thomas Aquinas）在經院哲學中的結合（也是以一種複雜的方式）在某種程度上決定了（前現代時期）思想史的走向。

　　亞里士多德（公元前384年－公元前322年）是柏拉圖的學生（也是亞歷山大大帝（Alexander the Great）的老師），他將柏拉圖世界的神祕主義二元論「拉下神壇」（即理性化），因爲在柏拉圖那裡，只有哲學王才能透過辯證－對話的哲學探究方法了解世界的真相，而一般人只能透過他們身體的感知（大部分是看）得到一些表面初淺的認識。亞里士多德認爲，感官所能覺察的世俗之物既是形式上的也是實質上的，比如椅子的樣子使人們用木頭來「製作」出木頭椅子這一實體，而這把木頭椅子就是由實在、真理和「神聖的無限存

有」所締造出來的此世某物。同樣地，實在、真理和神聖的無限存有也塑造了我們對椅子的意識，這意識由來自椅子本身的不同實質（思想）構成，關於椅子的形式理念塑造了思想的實質，從而「創造」出關於椅子的意識。可見，亞里士多德對於理解的觀點與現代人不同，我們認為理解就是感知對象物的過程，但亞里士多德認為理解是由個體與實在的相容、物與實在的相容而最終成就的個體與物的相容。

透過將形式與實質聯合在一起，亞里士多德將人轉變成了一個對世間萬物理性的、統一（雖然仍然是二元論的）的感知者／解讀者，如此萬物自身也從概念上實現了形式和內容的二元統一。他將人 —— 普通人 —— 放在概念化的宇宙中心，如同後來托勒密（Ptolemy, 100-170）將地球置於物理上的宇宙中心一樣。這一舉動剝除了柏拉圖二元論中的神祕主義，從而為幾個世紀後在基督教經院哲學統治之後出現的現代理性主義鋪平了道路。

亞里士多德的人類中心主義（儘管仍然是二元論的）世界需要一種可以解釋為什麼所有物體都在做著各種各樣、精妙複雜、似乎永續不斷運動的理論，而這個理論也要與「理性的人」治下的新世界觀一致（我們在此處使用的「人」字意味深長，它指的僅僅是男人，因為無論是柏拉圖、亞里士多德，還是他們的後繼者們都一致認為只有男人才是理性的，而女人跟理性沾不上一點關係（詳見南希·圖娜所著《女人與哲學史》（Nancy Tuana, 1992）。亞里士多德以人推及萬物，在他看來，人類獨有的有目的的行動就是他在尋找的這一理論之基石。於是，透過引入萬物運動皆有其目的，他為自己的理性主義世界觀砌上了最後一塊磚。在恩培多克勒（Empedocles）認為萬物

均由土、水、空氣和火四種基本元素組成（每個物體只是形態各異）的原始唯物主義觀念（據我們所知這種觀念流行於公元前五世紀上葉）基礎上，亞里士多德提出了一種包含基本元素在內的、關於空間的宇宙觀，認爲在宇宙中每個物體均按自然方式有目的地運動（基本元素土、水、空氣或火的作用決定了物體的基本運動），而它們運動的目的是不斷試圖（儘管從未完全達到過）回到它們自然的靜止狀態。

　　有人說是亞里士多德「發現」了物（具體之物）和事物的邏輯（至今此二者仍存於世），這樣的說法一點也不過分。這種與人的感知／概念有關的形式／實質的特殊性的的確確在前現代主義經院哲學轉向現代主義時期逐漸成爲學者們所關注的主要研究對象。

　　當伽利略（Galileo）和其他現代思想（準確地說，是現代科學）的創立者們向亞里士多德有關事物本質的理論發起挑戰時，希臘—亞里士多德思想的重要特徵在前現代的學術傳統向現代政治、科學技術和心理學等現代的壯麗史詩轉變過程中，幾乎完全被拋棄了。不過，像古希臘二元論（以及系統哲學）所持的殊相概念卻被保留了下來。在我們看來，殊相及其相關概念群（包括同一性在內）基本上是古代希臘特定歷史時期的最終思考產物（正如傑恩斯所闡述），在這一時期，人類出現了自我意識抽象化。實際上，殊相（及其內容）雖然一直有變化，但它對於西方思想來說是最核心（而且具擴展性）的概念，以至於亞里士多德之後的兩千年，連反亞里士多德（反哲學）者如馬克思等人都借鑑希臘哲學家所說的橡子裡包含了整個橡木的概念，來強調特定商品裡已經包含了資本主義生產系統的全部。

　　只是到了現在，在二十世紀晚期，亞里士多德之殊相及支配它的同一性法則才受到了一些嚴肅的挑戰。（更早一些的論辯，比如唯實論與唯名論，其爭論焦點雖然複雜，但仍在準柏拉圖式的普遍概念框架之下。）後哲學時代、後系統論時代及後理性主義時代的出現似乎越來越助長了古代世界觀的核心概念在今世重新煥發青春。我們之所以歡呼後現代主義的到來是因爲我們確信，如果人類要想超越系統化的自我意識抽象——它已透過西方文明的意識形態和霸權統治了全人類的發展已經2500年之久——就必須面對這樣一個根本挑戰。

　　於公元1323年被封聖的義大利哲學家托馬斯・阿奎那（Thomas Aquinas, 1225-1274）在亞里士多德思想基礎上建立起了天主教經院哲學，自1309年起，這一教義成爲了影響深遠的多明我會公認的教義。彼時亞里士多德「自然靜止」（natural rest）理論和目的論已有1500多歲了，而在接下來的350多年裡，它又成爲了西方前科學、前現代思想的指導原則。有意思的是，第一個跳出來挑戰亞里士多德，斷言物質的自然狀態並非靜止而是運動的人不僅被貶爲異端，還被指責爲缺乏理性（從天主教和亞里士多德派的觀點來看）。「物質的自然狀態是運動的」的觀點不但完全不可能被接受，而且還會被視爲褻瀆神靈：要是它是眞的，蘇格拉底視之爲宇宙最初的動因和本原的理性之神就毫無意義了，因爲一個任意運動、毫無目的的宇宙不需要理性的神。這就是爲什麼伽利略這位教會眼中的背叛者會在1633年被迫公開放棄他的日心說（「可它（地球）還是在動啊！」據說他當時還不斷地這樣小聲咕噥。）作爲理性的代言人和仲裁者，教會當然有權指責伽利略的想法缺乏理性，而一旦他們這樣做了，伽利略的「新

科學」自然就與理性無緣了。所以，關鍵在於理性這一概念需要重新
被定義──這正是現代科學著力要解決的問題。

▌科學的故事

　　關於「理性的人」的故事實在是很諷刺。初看起來，前現代時期
的目的論和地心說似乎完完全全地表達了「人類中心主義」，因為大
概沒有什麼理論會比相信萬物──包括無生命的物體──都有人的特
性，相信地球是太陽系的中心的理論那樣把人類放在一個那麼中心的
位置。不過，隨著對無生命物體帶有目的的行動，以及對地球是太陽
系中心的否定，人類真變成了「注意的中心」──變得越發無可匹敵
了。在與自然和上帝的關係中，現代主義重新定義了理性和人。人變
成了現代人、「理性人」──上帝絕妙的造物，雖與自然之物全然不
同，但卻可以透過經驗法則和數學理解（和控制）自然界。在這樣一
個系統裡，上帝的全能依然完美無缺，沒有受到絲毫損害，因為他才
是宇宙的原點，是他開啟了一切。不過，若從知識論的角度來看，上
帝的全能卻受到了人文主義者／科學家的挑戰，因為人類證明了他們
有能力理解這個不斷運動、永不停止的世界。此外，對理性的重新定
義還帶來了林林總總的成就，比如對相關的理解、關於運動的微積分
知識、透過技術手段人類的觀察能力得到極大提升……等等，尤其是
運用數學公式表達運動的「深層」規律的能力（據說要想解決芝諾悖
論只有靠萊布尼茨和牛頓發明的微積分）—抽象地看，這正可謂是正
在上演的科學故事的本質。

　　從古時至今日，改變其實都是變與不變之間從不間斷、複雜精妙的相互作用。新科學完全拋棄了目的論（因為一個本質上不斷運動而非靜止的世界裡顯然是不需要那種宣稱萬物均以回到靜止狀態為目的的理論）。理性被重新定義了，人也從神聖中分離出來，得以自我定義。現在，知識經由人與權力連結，擁有知識便得以掌握並控制自然；知識便再也不是神聖的、與實在相容的一種表達了（Faulconer and Willams, 1990）。不過，雖時過境遷，亞里士多德式的邏輯和殊相概念中的關鍵部分被保留下來，而邏輯、同一性的心理學及與之相連的自我這些概念，使得古希臘哲學的身影時至今日仍活躍於現代科學之內外，不曾被挑戰。

　　從現代科學產生以來，人類（如前所述，人通常指稱男性（man））作為觀察者／感知者／生成概念的人，他們關於世界的知識產生於經驗觀察和對事物規律數學化理解（抽象的自然哲學思想）這兩個活動，而科學家就是這樣的人類最模範和完美的形象。透過世界的數學化和經驗法則化，人們的世界觀開始變化：從原來看不見的上帝之手執掌人與萬物，到人類認為自己可以認識和了解那些掌管世界的規律，從而控制萬物世界。現代科學雖然拋棄了亞里士多德的物理學，但他的邏輯學——關於靜止狀態的邏輯學，而不是關係或改變的邏輯學——在二十世紀仍然保存完好。所以，只有發現了關係邏輯或功能邏輯（述詞演算和數理邏輯是它們的學名），並將其納入現代科學體系，才能再一次地改變理性的內涵。這一切已為後現代主義鋪平了道路。

　　在我們看來，數學化（量化統治自然的法則）相較於經驗法則而

言，是推動現代科學發展更爲基礎的要素，因爲它與征服自然和如何征服自然息息相關——最終是它告訴了我們要孜孜以求、潛心追逐的是什麼。現代科學不僅帶來了很多新的發現，帶來了比亞里士多德和經院哲學更在行的理解實在的新路徑，更重要的是隨著它的發展，「理解」的內涵被改變了，連同做出理解的人的本質也一併被改變了。認識論趁機雄踞本體論之上，占了上風。古希臘時期，包括亞里士多德在內的二元論者最多也只是說「我是（理性的人），因而我（有能力）思想」；但到了後來人文主義和科學嶄露頭角時，笛卡爾就說出「我思故我在」這類將認識論置於首位的名言了。如此一來，實在便不再屬於本體論範疇，因爲在本體論的範疇中，人類和他們的星球是上帝安置他們於其中的萬物之中心。現今的狀況是：實在已在根本上認識論化了，人類現在是無所不知的局外人（觀察者、感知者、技術發明者），他們的存在確證全在於他們的「知」，也就是他們的認知能力。巴特勒主教（Bishop Joseph Butler）透過他那「萬物是其所是，此外無它」的著名論斷乾淨利落地將本體論問題擱置起來，留給現代主義操心的就只有這樣一個知識論的問題：「我們是如何知道這一切的？」

無獨有偶，隨著前現代經院哲學宗教目的論的瓦解，「社會契約」接替「君權神授」成了新的政治組織原則——這是西方文明進程中的另外一件大事。一個嶄新的、建立在個人「自然」權利基礎之上的國家概念顯現出來，人們不再（透過上帝之手）默默依附於土地之上，而是爲了滿足早期資本主義和新興資產階級的需要，不斷地從此地遷移到彼地，從一個工作換到另一個工作。霍布斯（Hobbes,

1588-1679）不僅成功地宣說了「自然狀態」和「社會契約」的思想（這兩個實在是西方社會中最大言不慚、最可笑的意識形態謊言），並成功地建立了一門用以合理化英國資產階級君主立憲制度並為之辯護的政治學科（或人類學）。

那時，即使是最醉心於觀察的人也致力於提出新概念並將其數理化，而不是簡單止步於新的發現。波蘭牧師、數學家和天文學家哥白尼（Copernicus，他有時還會因為要維持生計不得不當幾天醫生）重新提出了日心說（這個學說最早是在1800年前，由與歐幾里得（Euclid）同時代的阿里斯塔胡斯（Aristarchus）提出）。這個學說誰也不喜歡，不僅天主教斥之為褻瀆神的異端邪說，連那些追隨天主教的「公敵」— 馬丁路德新教的人們也公開反對它，但是它（被稱為「哥白尼革命」）並非僅僅是建立在對宇宙的一個簡單的新觀察基礎上，而是立基於簡潔明瞭的數學概念之上。不過，它比要計算天體運動、涉及複雜的本輪概念的地心說要簡單多了。

當時哥白尼的日心說本質上還只是一種概念。後來，伽利略（1564-1642）認定萬物的基本狀態是運動而非靜止，接著英國天文學家艾薩克・牛頓（Isaac Newton, 1642-1727）又首次發現了運動和力的規律，以此奠定了現代物理學的基礎，也成為了現代科學思想的基石。從整個十六世紀直到十七世紀，科學的發展尤其是數學的發展推動了軍事和航海技術的進步，而新的戰爭手段和武器的出現又反過來促進了科學和技術的發展。

總之，現代科學這一興起於基督現世後的第二個千年中葉的強勢世界觀迅速占領了整個世界，高舉認識論的人類加冕為王。哲學一

方面（在進步的認識論這邊）成功地實現了自身的現代化，另一方面（在保守的本體論這邊）又透過亞里士多德關於殊相和同一性的邏輯學保持了對科學的思想影響。無論是發生在公元第二個千年早期，由「唯實論者」和「唯名論者」展開的那些著名論戰（此外還有「針尖上有多少個天使跳舞」這類的爭論），還是建立在物理運動規律數理化基礎上，與新世界觀念一同發展起來的現代科學在接下來兩個世紀裡取得的革命性成就，都無法撼動殊相和同一性的邏輯學一絲一毫。因而，建立在此二者基礎上，仍作為某種思想形式的亞里士多德的邏輯學即便到了現代主義晚期，也很難從根子上被動搖半分。說到底，現代科學和哲學的進步，改變的是關於自然世界的看法（本體論被科學化）、對感知者的認識（現代認識論意義上的人），以及事物之間如何相互作用的觀念（因果關係的方法論），還有就是以上三者在世界中的權重；但這些改變都沒有對邏輯—這一思維的基本形式帶來根本的挑戰。這種情況持續了數個世紀，直到人們試圖將數學化約為數理邏輯的做法碰上了硬釘子。

▌殊相和同一性的邏輯學

一直以來，人類都卯足了勁想要解決「如何思考」這個問題。這並不是依照心理學所說的對認知過程進行描述，而是對「思維的形式」進行原型分析，即分析何為「正確的思考」。人類在這個問題上孜孜不倦的努力促成了亞里士多德的邏輯學這一最偉大和影響最深遠的貢獻。這位偉大的哲學家不僅曾將柏拉圖的哲學剔除了神祕主義外

衣，還再一次轉換了空想的形而上概念「包含」，將它變成了更通俗的三段論演繹邏輯：柏拉圖的「紅色這一概念和形式包含並具現了這把紅色椅子」，由亞里士多德改成了「所有紅色的椅子都是紅的，這是一把紅色的椅子，所以這個椅子是紅的」。由此，「人都難免一死，蘇格拉底是人，所以蘇格拉底難免一死」這個廣為人知的三段論就成了思維的標準樣式。要知道，具體事物的抽象特徵可不是來自於直接的觀察，而是獨立存在於人類的思維之中，這就是所謂的「純粹思考」或者「邏輯」了。我們的確可以透過觀察知道「所有人都難免一死」或者「蘇格拉底是人」這樣的說法是否真實，但如果我們確認這兩個說法是真實的，就可以不必使用直接觀察的方法，而直接從這兩個前提中推論出（演繹出）「蘇格拉底難免一死」的結論。邏輯學以這樣的方式告訴我們，確認一個結論可以透過別的事物，而不必經過觀察。如此一來，「如何正確思考」就成了規範性的問題，而不是經驗性的問題了。

　　需要注意的是，亞里士多德對演繹的定義從根本上說是一種分類法，即：凡所有在A類中的元素也都在B類中，那麼若a屬於A類，它也同樣屬於B類。這種思考的原則後來搖身一變，成了現代科學中描述規律和進行解釋的一般形式，即因果－演繹形式，也就是：如果A類事件與B類事件之間有可以用數學公式表達和／或用實證經驗驗證的聯繫，若a屬於A，那麼（「那麼」這個詞在這裡很重要）我們可以（完全獨立地）推論出（而不用任何驗證）a也屬於B。雖然現代科學越來越熱衷於追求描述物理運動（物理變化）及其背後的數學規律，但是，它所使用的推理形式仍然在本質上不外乎分類、演繹和靜

態的邏輯。這是一種特殊性、同一性和可演繹性齊聚一堂的邏輯形式：如果屬於A群的元素也屬於B群，若特定的a屬於A，那麼我們就可以推論出a也屬於B。這一邏輯並不是以關係性來理解「屬於」這種關聯概念，而是透過靜態和分類的概念，從規範上（個體性、同一性和屬性）定義了「屬於」。毋庸諱言，亞里士多德的確透過一個不一般的直覺式的「組成部分」的圖像（「屬於」）就把柏拉圖「包含於」的概念說清楚了，但是，2000多年後，當人們首次嘗試利用集合論，用數理方式進行邏輯表達時，「屬於」這個概念卻帶來了不少麻煩。

自現代科學興起以來，西方建構的那些最引人注目、深具實用價值的結構／故事中就一直隱含著一個根源自古希臘哲學，經由亞里士多德的殊相邏輯接續下來的至關重要的內在矛盾。雖然這個矛盾（馬克思曾詳細論證過）一直存在，但它絲毫不影響西方科學和技術傳播至全世界每個角落，取得令人瞠目的成就，也沒能阻止資本主義的經濟體系和思想體系取得同樣驚人的成功。只是到了十九世紀末二十世紀初，正當西方科學要取代哲學，成為人類理解世界之幕後主使、基礎和屬性時（這種取代大部分時候是在哲學積極熱情的配合之下完成的），這矛盾才日漸顯露。而哲學正是在尋求將自己的全部身家（尤其是數學、邏輯學和心理學）系統化和形式化的道路上，才逐漸認識到原來現代科學的基礎之中早已深藏著殊相／同一的內在悖論。

我們似乎又一次偏離主題了。總之，若回到現代哲學產生出它最終的作品／後人們—也就是鴻篇巨製的心理學和有如短篇故事的晚近邏輯實證主義—的環境來看，我們會發現，哲學的終極目標就是（自

殺式地）將科學抬高到這樣一個認識水平—這個認識水平可以包羅所有的理解，無一例外。[1]

1　畢達哥拉斯的數學神祕主義也許是另一個可選項（或故事）。不過，當數學（在阿拉伯文化影響下在西方得到了發展）在現代科學和技術的進步中扮演了一個最關鍵的角色時，神祕主義（別名是非理性主義）在前現代和現代世界觀（別名是理性主義）中從來沒有占據過主要位置。而就在西方的生產方式開始控制世界經濟時，商品化的、被大書特書的亞里士多德理性主義雄霸西方思想史已有1500多年了（可見兩者並非毫不相關）。

第三章

經驗之頌：現代哲學、心理學 與邏輯學

　　既形塑了快速崛起的現代科學，也被它所形塑的現代哲學幾乎將所有精力都投身於認識論，這一轉變使對人的定義由宗教上的「超然於世」轉變為「更世俗化」的自我定義的知識人，如此必然會促發和推動人類在認識論上要有更深的發展。然而，對現代西方哲學的主流解讀往往太過簡單粗暴地把它一分為二，歐陸理性主義是一半，英國經驗主義則是另外一半。理性主義的「三巨頭」笛卡爾（Descartes, 1596-1650）、斯賓諾莎（Spinoza, 1632-1677）和萊布尼茨（Leibniz, 1646-1716）正好與英國經驗主義哲學家洛克（Locke, 1632-1704）、伯克利（Berkeley, 1685-1753）以及休謨（Hume, 1711-1776）抗衡。這一簡單的兩分法要麼從理性的高度將理性主義定義為對知的研究，要麼就從經驗性的知覺角度將心智、感覺和經驗主義定義為對知的研究。理性主義者和經驗主義者對此二者都一樣上心，因為顯然科學化的認識裡兩者皆有（在更早一些的科學化中也是如此），而現代主義的先驅們早在康德（Kant, 1724-1804）將對科學認識的理性和感性這「兩個面向」「結合」起來之前就認為兩者是「相伴相生」的。因為不論是現代人、科學人，還是

執掌認識論的人、正在認知的人，又或是自我定義的人，都需要對人類經驗有更深刻的理解。

正是現代科學對此間此生經驗的確定性之不懈追求，將西方哲學中看似不相干的兩個部分——理性主義和經驗主義連接了起來。「第一個理性主義者」笛卡爾在思考行動本身當中尋求「確定無疑」（不可置疑的經驗），這也就是他宣稱思考者確定性（存在）的憑據。在基本的真理（我思故我在）的基礎上，笛卡爾重新建構知識內涵，以體現科學式驗證和知識所建構的確定性。與此同時，「最後一位經驗主義者」休謨在感知最基礎的感知元素（羅素後來稱它們為「感覺材料」）中尋找真理和／或經驗的確定性。休謨希望從感知經驗的複雜形式中找到一個特殊且必然存在的單元，一個不能再被簡化的構件，這個構件具有「感官直接性」。所有複雜的感知，以及從感知得來的想法和念頭都建築在這個構件之上。

康德挑戰了上述觀點，因為他認為理性主義並未充分考慮到「世界的經驗」，而經驗主義又沒有充分考慮到「觀看者的經驗」。康德認為經驗甚至比思想或物質更為基礎，這樣一種經驗主義（它強調認知）為心理學的誕生鋪設好了現代哲學的基礎（儘管並非是現代科學化的基礎）。

▌從康德到馬克思：從哲學性思考充斥的現代主義到白手起家的後現代主義

康德的《純粹理性批判》一書開始於下面這段文字：

　　無疑我們所有的知識都開始於經驗。這是因為，若那些影響我們感覺的對象沒有自己生產表徵，或沒有喚起我們比較這些表徵，並透過聯結或區分它們來使初始的感覺變成關於對象的知識（即所謂的經驗），那麼我們的知識能力又如何能被調動起來，變成行動呢？因此，從時間的先後來看，我們的知識不會發生在經驗之前，沒有經驗，知識就不會發生。

　　儘管我們的知識都開始於經驗，但這並不是說，我們的知識都生發於經驗。因為即使是我們的經驗知識也是由我們的印象和我們自身的知識能力組合而成的（感知印象只是誘因）。要知道，若不經由長期的觀照練習，我們很難熟練地將自身的知識能力與初始的素材區分開來。（1965，來自出版於1787年的第二版，第41-42頁）

　　透過這種方式，康德構建起了現代主義範式，提出了知識的現代性問題，以及我們如何獲取知識的問題。我們所知的（因為知識是由學習得來的，所以我們所知也就是我們所學的）是「我們藉由感知獲取之物」與心智結合而成的複雜混合物或合成品。康德告訴我們，經驗幾乎可以被確認為知識的起點。不過，由於經驗本身從來就不是單純或完全原生態的東西（正如休謨和他的追隨者們認為的那樣），因而經驗也不是知識產生的原因。康德更進一步說，當我們對經驗本身進行分析就會發現，真理不是簡單地建立在經驗之上，不是（在其之後）產生的東西，而是經驗的前提。不過，若僅僅依靠定義（此之謂「分析」），這些先驗真理並非為真；它們只是關於這個世界的一些特殊真相（此之謂「綜合」）。而我們「知識的能力」與「思維」（至少是認知思維）也由此被分門別類了。康德的洞見——我們必須

經由長時的觀照（the long practice of attention），才能從紛繁複雜的經驗整體中將原初的經驗素材分離出來——變成了二十世紀心理學的諸多神話，尤其是那些關於認知的神話存在的理由。

我們不禁思考，康德的範式僅僅是一個將「知識的能力」補充進來的簡單組合模型，還是一種視「知識的能力」生發於經驗的，遠比簡單組合更具建構性的東西？康德是否發展了對主體性的一種新的理解？他是否建立了一種主觀確定性？他使西方意識形態擺脫內外兩分的二元對立了嗎？與前現代和笛卡爾式的感知與思考的前輩們相比，他提出的「經驗著的個體」（experiencing individual）是否本質上更具能動性？我們認爲，儘管康德的洞見如此與眾不同，但從根本上看，他仍舊保留了亞里士多德式的形式邏輯，相較黑格爾而言，他更有資格被視爲現代辯證法的發明者。不過，可惜的是，康德的範式對哲學二元論的挑戰並不徹底，他對經驗的分類原本是要將知者和被知者之間的二元對立抹去，但他仍未跳脫亞里士多德式的思考，將人類活動視爲邏輯性的、被動的、唯精神性以及形而上的活動，這種活動可視爲有生命力的（他說：「我們的認識活動……有一部分是被客體所喚起的」）。康德以他建構的四個重要概念：分析、綜合、先驗和後驗來區分不同形式的確定性，在這一點上，現代哲學、現代科學和現代心理學都確實受到了康德的深刻影響。不過，康德並未對人類追求確定性這一活動本身發起挑戰，由亞里士多德而來的殊相和同一性，以及希臘哲學中的系統確定性（眞理）的概念依然堅若磐石。是的，康德就從未超越過經驗和特殊性邏輯。沒錯，他確實是將經驗一手形塑成了現代主義者的心頭肉，但是，馬克思卻將思維的基礎由經

驗替換爲活動，以此終結了現代主義哲學，並構成了對亞里士多德邏輯的根本挑戰。

　　馬克思早期的哲學作品爲辯證唯物主義和歷史唯物主義奠定了方法論的基礎。在關於這個新的方法論的一個清晰而簡短的說明中，馬克思提出了他想要發展的這種自由詮釋的科學／哲學的前提，他說：「它（辯證的歷史唯物主義）並不缺少前提。它開始於確定無疑的前提，而且一刻也沒有偏離過。這個前提就是人，但並不是某種虛幻的離群索居狀態下抽象的人，而是處於一定條件下，在可感知的經驗發展過程中眞實生活著的人。」（Marx and Engels, 1973, pp. 47-48）

　　馬克思堅信科學和歷史的起點是活生生的生活，而不是對生活的詮釋和抽象，它們的前提是現實中「一定條件下處於發展進程中」的人們。這一觀點挑戰了整個西方哲學（包括亞里士多德的邏輯學在內），因爲一直以來，從柏拉圖到亞里士多德而來的西方哲學就包含了一種去歷史化的二元論，這種二元論將因與果（儘管因在某種程度上包含在果之中）完全割裂開來。馬克思的歷史性和方法論上的一元主義（主要體現在他早年的作品中）是他對後現代行動－理論的認識論最爲重要的貢獻之一。

　　馬克思對活動的看法（即「革命的、實踐批判的活動」，Marx, 1973, p. 121）具有歷史性，它對知者和被知者的整合遠超康德的現代主義和經驗主義之上。當黑格爾開始將歷史向度引入康德（被美國現代實用主義者理查德·羅蒂稱爲「哲學家中的最少歷史主義色彩者」）的理論之時，馬克思卻（可以說是透過黑格爾的「唯心主義一元論」）將康德的理性主義——經驗主義的混合體置於激進的歷史唯

物主義的行動—理論一元論之下。與康德截然相反，馬克思認爲我們不應把人主要地看作感受者／感知者（即一種認知者），而應把人視爲能動的生產者。他指出，那些沒有認識到勞動之於人類創造性生產力的根本意義的知識理論充其量只能是一種美好的想像，還遠遠算不上是對人類心理的眞正理解。

與黑格爾對康德的唯心主義、形而上學的理解（儘管是歷史主義的）不同，馬克思提供了一種以勞動爲基礎的、辯證的、歷史主義的理解，它同時是物質主義、一元論以及活動—理論式的。馬克思認爲，若要了解人類知的過程，我們不能只分析智識和認知行爲，而必須檢視在日常生活中、在分分秒秒之間發生著的人類生產中的關係活動（也就是綿延不絕的集體活動）。馬克思堅信，看上去平淡無奇的實踐才是人類認識的起點，而不是經驗。[1]

但是，馬克思關於實踐的方法論並不足以完全反駁亞里士多德的邏輯學及其唯心主義。他所說的理論前提假定確實是眞實的人而不是抽象物，但是這一前提是如何被發現的？又是在何種關係活動中被發現的？馬克思並沒有回答這些問題（顯然，這些問題從未被提出來過。）被探究之物當然不能與探究行爲本身畫等號，但是探究本身又是怎麼一回事呢？馬克思雖然在從質上翻轉了被探究之物，但他並沒有反身性地以此理解探究這項行爲本身（包括他自己的探究）。他並

---

1 見馬克思《關於費爾巴哈的提綱》。他在III中說「環境的改變和人的活動的一致，只能被看作是並合理地理解爲革命的實踐」（馬克思，1973，第121頁）。同樣可參見該論文的I，V和VI部分。

未用確定或探究的方法——也就是一種辯證的學習理論——將笛卡爾的懷疑論取而代之，而是一邊執著於他所提出的認識的起點（對他來說這個起點就是「真實的人」），一邊卻仍對真理和確定性眷戀不捨，並不將其打包送走。為了回答上述馬克思沒有回答的問題，我們（經由維果茨基）越過了他依然沾染著現代主義和理性主義氣息的實踐方法，邁向後現代的方法實踐（Holzman and Newman, 1979; Newman and Holzman, 1993）。

活動─理論拒斥系統哲學，並衍生出以關係為基礎的人類持續不絕的發展活動（我們將在第九章對此進行詳細討論）。我們都贊同經驗觸發理解，因此也是知的一種最基本形式（也就是康德所說的「先驗合成物」）。不過，對我們來說，經驗並不是康德認為的抽象概念，也不是什麼認識的起點；也不是馬克思所說的人類的先在條件以及由此而來自我定義的種種細節（這不過是認識起點的另外一種說法）。我們的觀點是，持續不斷經驗著的活動觸發我們去思考所知的內涵其實是經驗本身處在的歷史脈絡。經驗是發展的、生產性的活動，是知曉和成長的勞作。經驗（主要是指人類生活的經驗，包括正經驗著的經驗）產生的並不是一成不變的抽象之物，如分類的知識，或者實際上甚至是分類的經驗（空間、時間、起因、結果或其他什麼東西），因為它永遠是一種持續的社會生產活動創造出的持續學習的契機。

用這種後現代（受馬克思和維果茨基的啟發）反範式的認識論來看，所有的知曉和學習都是持續不斷變化著的先驗合成物（這裡再次使用康德的表述）。我們必須挑戰時間線性流動（時間流）的觀

念，這樣才能更靈活地理解知的本身。我們所知的是我們必須知道的（也就是必須已經知道的），唯有如此我們才能以持續發展且在關係中前進的經驗來建構發現。從後現代解構和重構主義的社會歷史立場出發，我們可以看清並拒絕康德和馬克思的殊相，這一觀念喬裝打扮成各種樣態，包括起點、自我、類別、經驗、起源、前提、預設、假設……凡此種種。我們總喜歡給不管什麼高言大論都加個起點或開端，就像我們總要給生活事件加上點解釋、說明或描繪一樣，但這毫無必要。同樣，後現代主義對系統哲學的拒斥在這一點上也需要展現出對本源主義謬誤批判的深度和廣度（參見John Morss（1992）那篇名為《攪動風雲》（*Making Waves*）的很有價值的論文）。

我們認為知識是一種處於關係中的先驗合成物，即：沒有什麼固定不變的「獲得知識的能力」，學習跟那些事先就有的分類無關（從各種有意義的因果關係來看），知識（學習）不過是對「已有之物」的發現。這一觀點並不新鮮，從柏拉圖的《美諾篇》（*Meno*）到克拉倫斯·歐文·劉易斯（C.I.Lewis）的《心靈與世界秩序》（*Mind and the World Order*），再到喬姆斯基的（Avram Noam Chomsky）《句法結構》（*Syntactic Structures*），還有很多時間上或早或晚於這三本書的著作都有類似觀點。只不過這三本書（在我們看來也包括其他類似的書）或多或少受到他們先在思想之影響，在其論述中都不可避免地會暗含一個作為起點的論述（不管它是否正確或全備）。從我們激進的關係行動—理論（當然，我們的這個理論跟其他事物一樣也是一種關係中進行的活動）來看，發展進程中聯結關係的活動（發現）是不斷推衍變化，綿綿無絕期的（當然也有強制發展停止

的例外）。

　　用後現代主義的術語來說，西方缺少意識形態和方法論的解構與重構，這使將學習視爲一種知識的工具性習得的觀念統治了西方世界上千年之久，當然這種工具性對我們人類成爲萬物靈長，實現對這世界的統治和管理來說有著至關重要的作用。而這樣的態度卻已伴隨了去發展性的、本質上「儀式化」的人類生活實踐和探究很長時間。進入二十世紀時，人口數量的快速增長、充斥著混雜世俗和神聖的史前宗教神話以及將要憑藉高度發展的科技征服和破壞自然的這個時代讓我們感到害怕和莫名恐慌，好像人類道德和發展的黑暗時期馬上就要降臨了。不過，需要指出的是，不要認爲將人類帶到這樣一個時代的那些東西能夠支撐著我們繼續走下去，比如科學心理學（一種世俗宗教的世界觀）就面臨著種種問題，這些問題不僅出在它研究的主題（人類生活）上，也出在哲學、科學以及心理學這門學科本身上。

▋科學爲形式化和普遍化所做的努力

　　大約在十九世紀末二十世紀初，現代科學將它從哲學那裡繼承來的系統性眞理進行了改編，將此作爲自身信條。愛因斯坦式的世界觀使那種認爲科學（不同於哲學）最終會找到每一個問題的答案，可以解釋或預測世間萬事的信念變得清楚直接，一目了然。人們認爲，只要能找到一個獨立的基礎法則（一個起點或源頭），那麼所有的眞理都可以透過它經由演繹和／或歸納的過程得到。這種觀念不僅表現出科學家作爲規則制定者的信心，也傳遞出它在政治上的支持者和那些

被科技取得的奇跡般成就所迷惑的民眾們的信心。在這樣的鼓動下，人類無比主動熱情地埋頭於那些沒有得到解答的世俗之謎中。我們想問的是，數學這樣確定無疑的東西是怎麼樣從人類思維那樣不確定的東西中得到的呢？

　　作為現代科學確定性的來源之一，數學若能透過訴諸邏輯而得到證明（也就是被納入規範的「思維形式」系統），且科學能破解心靈的種種祕密，那麼我們大概早就在將科學和現代主義奉為宇宙真理加以追求的道路上一去不復返了。在十九世紀和二十世紀之交，人們確實在上述兩件事上投入了大量的努力，結果是科學與技術這兩個由乳臭未乾，還被人文主義餵養著的孩子發起了戰爭，要將它們的希臘母親——哲學與其嫡長子——宗教一起趕下聖壇。

　　人類在《伊利亞德》和《奧德賽》成書期間的發展興起了希臘哲學，孕育出西方宗教、政治、科學、技術以及心理學。它雖然帶來了眩目的人類進步（就像傑恩斯興致勃勃講述的那樣），但也最終走到了盡頭。諷刺的是，正是在打著為真理創造一個最終起點、一個全備系統的旗號下對邏輯學和心理學的極端追求，才使科學和哲學的所有內在矛盾暴露無遺。在我們看來，現代主義者超越了現代主義所做的那些——尤其是維根斯坦（在邏輯學上）和維果茨基（在心理學上）的工作為人類朝向非系統化、以關係為基礎、無需真理作指導的發展——也就是後現代主義——奠定了基礎。

▌相對論、量子和測不準原理

當心理學在科學化的大路上邁著大步向前行進，數學在邏輯化的征途上一路高歌挺進時（不過直至今天它們都還不太看得上對方），物理學（這一現代科學王冠上的寶石）的範式發展卻讓人大跌眼鏡。建立在新技術基礎上的各種實證研究要求人們在對物理現象進行客觀分析時，要更嚴肅認真地考慮主觀因素的影響。無論是近在咫尺的亞原子的活動，還是遙遠的天體運動，都要求（或者說至少看起來是這樣）我們對正統牛頓物理學中那些被時／空定義的基本要素進行重新審視，因為一旦觀測者和他們的角色從其中抽身而出，不管是原子運動還是天體運動都無法得到完全理解。

不僅是像疲勞這種偶發個人因素需要控制，簡單地說，在被觀測的「客體」以接近光速的速度移動的情況下，觀測者的移動速度對於這一「客體」的移動速度來說也是一個需要控制的「客觀」因素（或主觀／客觀因素）。從微觀層次來看（簡單地說），有些亞原子粒子（運動）似乎非常快，我們幾乎不能用絕對的時空座標來捕捉它，因為若我們這樣做（或試圖這樣做）就會帶來邏輯上的麻煩，比如我們會說這些粒子從A點「移動」至B點「一點時間都沒花」。此外，人們還提出了不同以往的、基於過程的理解物理學的方式（如相對論、不確定性、量子遷躍），它們重構了現代物理學。

但是，正統的物理學家和方法論者直至今日仍不認可這些新發現的意義，認為它們並沒有撼動牛頓方法論的基礎地位。他們認為，正是牛頓（以及技術上取得的超凡進步，比如望遠鏡和顯微鏡的出現）

帶我們來到了這個美麗新世界，而且我們仍然可以透過亞里士多德的
邏輯和現代物理學的牛頓定律解開一些謎團，理解某些不一般的物體
運動。這是當然的啦，現代物理學的任何發現都不會搬石頭砸自己的
腳，讓現有範式陷入麻煩，雖然它們眞眞地（有意無意地）爲後現代
主義當了助攻手。暫且除開這些不論，現代科學正統對待後現代主義
跟十六世紀的宗教正統對待伽利略一樣，都以直斥其爲異端了事。這
是因爲，現代科學正統認爲，那些搭上後現代主義的風潮，用物理學
的發現（而且這些人大多不是物理學者）否定物理學基礎範式的做法
實際上根本不懂物理學。這樣的觀點初聽起來似乎頗有些道理，但這
些現代科學正統實際上跟當年那些教堂裡的神父們並無二致，因爲他
們都同樣先定義了什麼是眞理，然後將所有與這些眞理不符的都視爲
謬誤。稍有不同的只是在現代科學正統那裡，眞理就是他們口中的科
學。

　　時至今日，上述議題一直在推動關於理解本身的新觀念不斷湧現
（這不只是一種物理學的新範式，而且是一種全新的、去範式的認識
論）。它當然是個超出物理學和物理科學的建制之外的社會議題。只
是人類已不再處於《伊利亞德》與《奧德賽》之間的發展過程中，而
是極有可能「處在」人類生活的異化形式（見第九章）與其他形式之
間了。

▋關係邏輯還是功能邏輯？

　　古典康德主義將數學視爲「深刻」的眞理集合，它能夠與眞實

世界相對應。不過，在十九世紀的某時（在此之前也有過類似的例子），這種將數學等同於眞實世界代言者的觀念受到了數學家們和哲學家們同樣細緻的檢視。如黎曼（Riemann, 1826-1866）就透過非歐幾里得幾何學大膽質疑了歐幾里得幾何學，認爲後者關於空間可經由實證方法確證的觀點欠缺明證。這是不是意味著，在幾何學外還有其他的可能呢？

康德的分類學認爲數學是綜合命題，很多質疑他的人就開始思考數學是否可能是一種分析[2]命題，或者可以是從定義爲眞的命題。如果這樣的反轉成功了，那麼我們又要如何看待科學使用數學來解釋的世界與眞實世界的這種別具一格的（即精確對應的）關係呢？

有人認爲，或許我們不應該把數學的那些定義看得那麼精確。數學雖然並未建立於客觀世界之上，但它卻建立在理性思維的規範——也就是邏輯之上。從本質來看，數學其實更接近邏輯學，而不是世界的眞實。對它的性質進行重新審視，對邏輯學和數學都有好處，也會使兩者之間的關係更緊密。

---

2 爲了要用邏輯的術語定義數學，從而（有意無意地）將邏輯數學化，這一做法很難說是正確的（這其實是個循環）。實際上，這是現代數學化了的科學（以及現代科學化或元數學化，也就是將與其自身根基有關的東西數學化）採取的一種典型手段。像近年來費馬建立在所謂的證據理論（數學的一個相對較新的基礎分支）基礎上的那些工作，它們透過支持（實際上是使其成爲可能）對費馬及其他未解之惑的證明來擴展數學證據的概念。這種創造概念和技術工具的技術滿足了現代數學化／技術化的科學對特有工具的需要。進一步來看，數學的現代化會帶來一個結果，這個結果就是數學將邏輯（數學化的邏輯）包含在內，使其成爲自身的一個分支。

　　在這樣的脈絡下，包括戈特洛布‧弗雷格（Gottlob Frege）在內的一些學者試著要將康德對理解和認知的看法函數化或者數學化。因為他們認為，康德對理解和認知的觀點混搭了可確證的感官經驗（比如他認為感官經驗總是有因有果的)，以及屬於綜合先驗範疇的經驗（比如因果範疇），而要想理解這些混搭概念，就得要跳脫亞里士多德的分類邏輯。

　　順著這種思路往下走，我們想問，如果「7+5=12」是因自身定義為真，而非因為它與世界的真相一致，那麼，要理解它的可分析性，什麼是必須被定義的（也就是我們需要什麼樣的定義）？數字（如「7」、「5」、「12」）顯然是需要定義清楚，但關係運算（如「＋」、「＝」）的重要性不亞於數字，因為顯然（至少在我們直覺中）運算要比數字可少多了。那種從數字本身和數字之間發現規律，並由此推導出數學真理的方式看起來就像是畢達哥拉斯的神祕主義在借屍還魂，因為要證明「7+5=12」為真，顯然不是靠「7」、「5」和「12」這幾個數字深層次或本質上的定義，而是我們必須搞清楚「＋」和「＝」這兩種運算形式再加上三個正整數怎麼就可以生產出數學真理來。舉個例子來說，如函數 $f(x)$ 中 f 是「＋」和「＝」的使用（運算），而 x 是正整數（比如<7,5,12>或<7,4,12>）的有序（第1個整數＋第2個整數＝第3個整數）元運算，$f(x)$ 在 x ＝<7,5,12>時為真，在 x ＝<7,4,12>時為假。對數字的理解依靠那些轉換它們的運算形式進行，這才是數學邏輯過程的核心問題。那麼，既然從某種程度來說數字本身不是核心或基本的東西，因此可想而知，那種將數學還原為邏輯的做法也必定能為大家接受。

　　而這事還眞就在羅素（Bertrand Russell）和懷特海（Alfred Whitehead）手裡發生了，他們於1910至1913年出版了三卷本的《數學原理》，將這種把數學還原爲邏輯的做法推到了頂峰。如前所述，邏輯自身已被數學化了（關係化和函數化），而《數學原理》讓我們看到的是，數學如何還原爲一整套的邏輯形式，這套邏輯形式中不僅包含亞里士多德的那些思想，也包括從十九世紀的數學化浪潮中抽取出來的一些新的概念元素。

　　在羅素和懷特海的這套書中，幫助數學還原爲一種「新」邏輯（邏輯系統）中最引人注目的部分就是「集」的概念。集或群可以是任何種類的個體組成的群組，是由這些個體成員定義的抽象概念，有時它是由無限多的數字組成，比如正整數的集（常表示爲 $\{1, 2, 3, \cdots\cdots\}$）。集被視爲群或入群資格的充分必要條件，而不是群組成員的逐一羅列或對它們的直接記錄（哲學家稱之爲直觀定義），如偶數集是所有可以被2除盡的正整數的集合（表示爲 $\{2, 4, 6, 8 \cdots\cdots\}$）。

　　看起來似乎（在羅素和懷特海那裡則是確定無疑）已經被定義得很清楚的集合和個體的概念中，清晰地透露出它們與希臘哲學（尤其是亞里士多德）的內在聯繫。集合這一概念中潛藏著自我指涉的悖論（self-referential paradox），其後隱而不顯的則是從希臘哲學和邏輯學一路沿襲下來的殊相這一概念。

　　集合理論中的自我指涉悖論是什麼呢？舉一個簡單的例子，假設有無限集合R滿足以下充分必要條件：當且僅當x是一個不包含它自身在內的集合時，x屬於R。根據對一般集合的了解以及這一特定集

合R的定義，大部分集合（也可能是全部的集合）都會屬於R，因為幾乎所有的集合都不包含集合本身。到目前為止，一切看起來都那麼美好，但是問題馬上來了：R屬於集合R嗎？若R屬於集合R，那麼R就不在集合R之中，因為R是由所有不包含自身的集合組成的集合；如果R不屬於集合R，R就在集合R之中，因為R包括了所有不包含自身的集合。這簡直就是「說謊者悖論」（克里特人說「所有的克里特人都是說謊者」）的現代版，集合理論中這樣的悖論撼動了現代邏輯的根基（對康托和弗雷格來說尤其如此），使建築於其上的數學大廈搖搖欲墜。看啊，亞里士多德的殊相概念可是歷經千年不朽（尤其是近百年來它為現代科學發展做出了貢獻），現在竟然要在這個個體的集合或群的概念上栽跟頭了。

　　包括黑格爾在內的其他哲學家都曾在個體與整體關係問題上遇到過困難，不過這個發生在數學／邏輯學／科學這樣嚴格的領域裡的最新滑鐵盧，無疑會使這個問題變得更加難以解決。羅素和懷特海提出了一個特別的解決方案，使用所謂的邏輯類型論來解決這個悖論，這個方法其實就是不允許提出「R屬於集合R嗎？」這一問題。可想而知，這個解決方案帶來的結果不過是進一步加劇了個體（和集合）／基於同一性的理解模式原有的矛盾（其實個體仍然還是原來那個個體），問題並沒有解決。

　　一直到20年後，庫爾特・哥德爾（Kurt Gödel, 1906-1978）發表了「不完備原理」，羅素悖論才算是得到了徹底解決。這一工作被視為二十世紀人類的重大突破之一。哥德爾提出，任何建構元數學系統的努力都試圖透過將數學邏輯化的方式來證明數學，但最終產生的

卻是一套數學化的元數學系統（哥德爾用他著名的哥德爾配數法展示了這一過程），因此仍然會落入自我指涉悖論的陷阱。也就是說，在數學上爲眞的命題（如「7+5=12」）在數學形式中是不能被證明的。哥德爾不僅證明了羅素和懷特海提出的解決方案只不過是搞出了另一種自相矛盾的數理化的元數學系統，他同時還證明了，不存在這樣一種系統性方法，它可以從頭到尾（無矛盾）地證明除了一種非常簡單的數學系統之外的任何系統是完整和徹底的。也就是說，有且只有數學領域的全部眞理（以及／或能產生它們的那些眞理）才能還原爲元數學邏輯系統。

有意思的是，哥德爾的工作既沒有使數學破產，也沒讓邏輯學倒閉，反倒是催生了一個新的交叉領域，如作爲控制論和計算機技術的數學基礎的遞歸函數理論（recursive function theory）。同時，它也確確實實地拓展了那些對邏輯、數學和哲學的基礎問題感興趣的人們的思考空間。在這些人中有一個人最具爭議性，他就是路德維希·維根斯坦（Ludwig Wittgenstein）。

▌早期維根斯坦與語言哲學

路德維希·維根斯坦（Ludwig Wittgenstein, 1889-1951）出生在維也納的上流社會家庭，這個家庭不僅有錢，還很有文化。維根斯坦對基礎問題的興趣源於他年輕時在航空空氣動力學領域的工作。弗雷格曾促成年輕的維根斯坦去劍橋跟隨羅素學習（他也讓羅素答應當維特斯坦的導師）。維根斯坦早期的著作《邏輯哲學論》

（*Tractatus Logico-Philosophicus*）發表於1921年，是他在世時出版的唯一一本書。這本書受到羅素（其時他仍在《數學原理》一書的影響下）的啟發，試圖在語言問題上將《數學原理》曾對數學做過的或多或少還算得上成功的事（我們且不說這事做得怎麼樣）再做一次——也就是將語言還原為邏輯形式（彼時哥德爾的「不完備定理」還沒出生呢）。

雖然那時人們對語言的哲學研究還處於萌芽期，但維根斯坦卻發展出影響他整個學術生涯一生的驚人洞見。他認為，哲學（維根斯坦以首字母大寫標示Philosophy）的麻煩之處在於語言使用的模糊不清，因為普通人在一般意義上使用語言，而哲學家們則看重語言的特殊性。在《邏輯哲學論》中，維根斯坦想要透過對語言邏輯形式的揭示來解決哲學所有的難題，他並不簡單地將關注點放在哲學語言上，或任何特定的自然語言（又或特定的非自然語言，比如數學）上，而是關注語言的本質，關注語言的抽象功能，將語言視為一種「思考的形式」。維根斯坦透過《邏輯哲學論》，想要建立一個全新的非亞里士多德式的邏輯（或者說為這個邏輯奠定基礎）。如前所述，這一目標也是現代不少邏輯學家和數學家正在努力的方向。

不過，維根斯坦的工作後來被他的後繼者（維氏可不想承認他們是他的繼承者）用來創建哲學的一個分支學科，這個分支學科就是現在已經廣為人知的語言哲學。羅素和懷特海想把數學還原為基本邏輯形式（羅素稱其為「邏輯原子」），進而把哲學中的形而上學剔除出去（順便也把古希臘思想也趕出去了）的企圖（經由維根斯坦）催生了邏輯實證主義這個新的哲學學派。而這些邏輯實證主義者們（比如

卡納普、亨佩爾、施利克、魏斯曼和諾伊拉特）組成的維也納學派
（這個學派因曾在維也納工作直到希特勒強令他們離開而得名）將維
根斯坦的《邏輯哲學論》視爲把哲學（去除了形而上學的色彩，但仍
然以邏輯原子的概念保留了殊相這一概念）變成科學僕人的一道急急
如律令。

　　但是，維根斯坦本人卻拋棄了《邏輯哲學論》，轉向他的終極哲
學「任務」：破壞哲學（以後現代的話語來說是解構），並將陷溺在
語言泥潭中的哲學家們拯救出來。他後期的論著體現出這些努力，這
些努力促進了語言哲學的發展，而他認可的後繼者們也由此進入到被
稱爲「日常語言」的領域中。

▎曇花一現的邏輯實證主義

　　納粹終結了維也納學派，邏輯實證主義則終結於它自身的自由主
義。它所做的，不過是將哲學變成對科學高唱頌歌的可憐蟲，因爲它
以爲這樣就能夠挽救哲學。實際上，這樣做的結果不僅將它自身引向
毀滅，而且還給後現代主義對科學的批判打開了大門。當哥德爾（他
本人不是維也納小組成員）正爲數學化的科學的確證性設定嚴格範圍
時，維也納學派卻瞎子摸魚式地一頭撞進維根斯坦的《邏輯哲學論》
（那時自我指涉的悖論已經顯明了，他們卻看不到），想要接續這本
書，爲所有現代科學建立邏輯基礎。

　　維也納學派的成員對科學還原主義特別感興趣，因此他們模仿康
德對分析命題和綜合命題做出了細緻區分，並試圖爲感覺經驗賦予一

個邏輯的（基礎的）特性，想透過這些方式將還原主義變得更精緻。但是，同一性和特殊性的問題卻在原子論的幌子下依舊保存完好。在俯身甘爲科學做孺子牛時，這些哲學分析就和其他哲學分析一樣，變成了圍繞在實證主義太陽身邊打轉的行星們——這就是美其名曰的可驗證性理論。這一理論斷言，意義要麼可以被「定義」證明（即分析），要麼可以被驗證。而根據這個理論，只要有可證實或證僞的證據——完全還原爲經驗證據——一個命題就可以被驗證。

爲了證實可驗證性理論的關鍵概念，人們付出了大量的努力。不過，在這樣一個深具反身性和有批判敏感性的時代，可驗證性理論自身的邏輯問題很快就被提了出來：若某命題可以因定義而爲眞，那麼它與眞實的科學之間的相關性可能會降低；若它可被經驗證據證實爲眞，那麼就會出現循環論證和復歸的問題。

從1930年代一直到1950年代，人們圍繞上述問題的論戰就沒有停歇。儘管實證主義者糾集了更多精細的證明（如波普爾的可證僞性），但指出其謬誤的聲浪也並未停歇。最終給這場論戰（和邏輯實證主義）畫上了休止符的是美國邏輯學家W. V. O. 奎因，他那傑出論文《經驗主義的兩個教條》（*Two Dogmas of Empiricism*，他在1950年發表過最早的版本）（1963）揭露還原論和分析—綜合之分——此二者是後康德經驗主義及邏輯實證主義的基石——根本是站不住腳的，藉此系統地瓦解了邏輯實證主義。

作爲構成現代科學的基石，邏輯學、數學（經由哥德爾）和經驗主義（經由奎因）均受到了來自內部的嚴峻挑戰。哥德爾和奎因所做的可不止是要挑戰哲學，他們還有其他目標。當然，他們這樣做的目

的並非是要離棄哲學。對哥德爾來說，哲學是對邏輯—數理分析持續不斷的評估，而奎因認爲哲學是「沒有教條的經驗主義」，這是一種實用的哲學—社會—文化模式的分析，承接了早期美國實用主義前輩們（比如威廉·詹姆斯、查爾斯·皮爾士、約翰·杜威、喬治·赫伯特·米德和C. I. 路易斯）的工作。後來奎因的工作被非常崇敬他的唐納德·戴維森視爲「經驗主義的最後一根稻草」。要埋葬哲學的就剩下傑出的維根斯坦了。他出於責任埋葬了哲學，爲它找了一個高深莫測的替代品：無哲學的哲學化，持續不斷的語言遊戲。

▌後期維根斯坦

維根斯坦在1951年死於癌症，這倒使他免除了看到自己後期的工作被約翰·奧斯汀等那些聲稱是他後繼者的人歪曲、變形，塞進所謂的普通語言哲學的痛苦，雖然早在當年他的早期作品被維也納小組曲解（按他自己的話來說），創造出一個維也納學派式的邏輯實證主義來時他也感受過這種痛苦。不過同樣不幸的是，他也沒能親眼看到他的發現構成了針對科學和心理學的後現代批評的中堅力量。因爲維根斯坦後期工作的主題主要環繞心理學，而這些工作顯然是反心理學的。

維根斯坦關於哲學、語言和哲學科學方法論的批評直接而且坦率，但他並不僅僅是一個批評者。我們（還有其他人，包括貝克（1992）和彼得曼（1992））認爲他的言論頗像位治療師。對於哲學家或素民常人，維根斯坦都採用了並不系統的、「個人中心」的治

療計畫。在維氏看來，哲學是病症，語言是帶原者，哲學的科學方法就像是科學既不想要，也不需要的醫院，而心理學就是江湖術士搞的偽科學的虛假治療。在接下來的章節裡，我們會看到這個偽科學和虛假治療到底是怎麼一回事，探索這由哲學和科學生出的「惡之花（商品化的種子）」如何帶來畸形的生活和必然可恥的死亡。

維根斯坦與維果茨基一起成了後現代主義的眾多先哲中最為聲名顯赫者，他也被視為哲學心理學的掌門人。哲學心理學家用來指稱一些贊同維根斯坦主義，並在他過世後就追隨他的腳步，在心理學問題上發表見解的哲學家。近年來「心理學化的哲學」正蓬勃興起，越來越多的像我們一樣的當代心理學家參與其中，大家都受到了維根斯坦思想的強力影響（參見Gergen, 1994;Jost, 1995; Shotter, 1991,1993a,1993b; Van der Merwe & Voestermans, 1995）。無論是哲學心理學家，還是心理哲學家開始致力於創造一個對理解的全新的、基於關係（與「基於判斷」或「基於真理」相對）和非系統性的認識。

歐洲學界中一些持批判態度的學者（德里達、福柯、哈貝馬斯和海德格爾，我們還可以列舉出一些）已從不同角度，不約而同地提出了關於哲學、科學和心理學的問題。他們及其追隨者宣告點燃了後現代對現代科學（以及專制350年之久的科學範式）的反叛之火。而美國卻變成了現代科學技術的另一個家園。維根斯坦掀起的革命（在我們看來，這比馬克思主義或佛洛伊德的精神分析重要得多）從1950年代直到1970年代在美國的大學中悄悄發芽，它在這個系統內外的歷史都十分要緊，若我們想全然地了解有關理解一事的討論，必然得

清楚此段脈絡[3]。

在維根斯坦辭世後不久，他的作品與他死後第一批的追隨者的作品同樣廣爲流傳。其時這些哲學熱點（在很多美國大學中）是心靈哲學（哲學心理學）、語言哲學、邏輯學和科學哲學。還有一個曾被熱烈討論過、一個非常重要的亞主題是關於解釋：在對人類行爲的解釋與對非人類事件的解釋之間是否存在不同？要是有的話，那是什麼？

傑出的實證主義者卡爾・亨佩爾（Carl Hempel）在其重要論文《普遍規律在歷史中的作用》（*The Function of General Laws in History*, 1965;初次發表是在1942年）中提出，雖然普遍規律和經驗觀察在「科學史」中運用得比其他科學更少，但（寫作和研究的）歷史本身已經隱含了並未明確闡明的解釋模型，與物理學、生物學或化學中的解釋模型並無二致。這篇關於解釋結構的論文開啟了興起中的二十世紀歷史哲學的轉折點。（在此之前，分析哲學家可沒怎麼把歷史哲學放在眼裡。）

唐納德・戴維森（Donald Davidson）曾是亨佩爾的同事，也是全世界最傑出的哲學教授之一，他繼續沿著亨佩爾開闢的道路前行。在戴維森看來，以理由爲名的解釋或者人類行爲各種紀錄，如同所謂硬科學或自然科學中的事件解釋一般（特別是非人爲的事物），都維繫在因果和結構法則。硬科學中操作解釋（或者至少說是被方法論

---

3 其中的很多觀點出自對「維根斯坦式的革命」的簡短歷史描述，在美國大學系統中它第一次出現是在本書作者紐曼的《一生的演出》（Performance of a lifetime, 1996）這本書中。

學者和科學哲學家操作的這一工作）的模式——有時被稱作「因果關係」或「演繹－法則」模式，其背後提出的理由形式同樣滿足歷史和和軟的社會科學，也／又或與對人類行爲的對話式理解相合。換句話說，理由在對人類行動的解釋上扮演的角色與因果關係在解釋物理現象時的扮演的角色是一樣的，儘管兩者可能不是一回事。

說到這兒，諸位讀者大概會回想起來，邏輯實證主義作爲一個哲學「學派」已經差不多被摧毀了。戴維森顯然認爲自己已越過休謨的經驗主義，邁向了某種分析主義，這種分析主義與經驗主義者保持一致，但與經驗主義的形而上學完全決裂。我們相信他成功地邁出了分析主義的一步，不過戴維森自己（他說奎因是「最後的掙扎主義」）也成了哲學家中最引人注目的「最後的掙扎」了。

亨佩爾和戴維森的新實證主義和主張演繹－法則的論文成了心靈哲學家／哲學心理學家的眾矢之的，這其中也包括那些曾受到維根斯坦（尤其是他的晚期作品）深刻影響的學者。某些極其重要的事情正在發生，但局中人往往是「不識廬山眞面目，只緣身在此山中」。他們不知道的是，在維根斯坦日益壯大的影響下，驅逐哲學的審判詞已準備就緒。與此同時，後現代社會心理學批判和理論解構主義的哲學基礎已經安營扎寨了。30年後，也就是在1990年代，它們構成對心理學的根本挑戰。而接下來，它們還將對科學發起徹底的挑戰。

在「歷史中的解釋」這個主題下出現了一系列受維根斯坦影響的新書，其中最重要的是加拿大哲學家威廉・德雷（William Dray）的《歷史學中的規律和解釋》（*Laws and Explanation in History*, 1957）。德雷顯然受到所謂普通語言和普通語言哲學（如前所述，

這兩個名詞來自維根斯坦後期的著作）的影響，認為不是所有的解釋，尤其不是所有的歷史解釋都能夠回答「為什麼」的問題，相反，對歷史事件的解釋常常只是包括了描述、細節為什麼發生以及如何發生，或者乾脆就說它是如何可能發生的。這些都不要求有因果—演繹的解釋作基礎，而且，所有的歷史解釋也都不需要。

　　印第安納大學的科學哲學家麥可・斯克里文（Michael Scriven, 1959）力挺德雷，他認為亨佩爾把歷史解釋與可能證明或給出解釋的基礎搞混了⋯⋯如此等等。一些哲學家也開始在普遍的歷史哲學和特殊的歷史解釋等問題上著以筆墨，他們對亨佩爾的批評是，給出解釋的那個脈絡其實是對這個解釋進行分析的重要因素。這種論調看起來有點問題，因為它沒弄清楚解釋本身與解釋活動之間存在重大的差別。但是有人就開始問了，要是兩者之間本沒有差別會怎麼樣？要是哲學解釋（比如對解釋的闡述）最終也不能產出一個抽象的術語會怎麼樣？或者說，要是它沒辦法產出某種類型的哲學定義怎麼辦？要是它作為一種活動只能生產出它自己 —— 或者生產出更多的活動 —— 那又會怎麼樣呢？要是按維根斯坦後期的說法，整個哲學活動無法創造出哲學上的真理，只能產生越來越多的活動，那又會是個什麼樣的情形呢？

　　德雷和斯克里文認為（至少是暗示了），脈絡在一定程度上可以被哲學式地爬梳。但是對於某些人來說，脈絡的概念和亨佩爾的「解釋」同樣令人費解。當我們分析脈絡，我們勢必遺漏分析當下的脈絡，是否有可能活動本身又轉變成另一個字彙或概念。讓我們再來看看維果茨基和活動理論。眾所周知，維果茨基（1896-1934）從未聽

說過維根斯坦（維根斯坦當然也從沒有聽說過還有維果茨基這號人物）。在史達林時代的審查制度下，一直到1970年代末，維果茨基在心理學和文化上的基礎工作始終不能為俄羅斯以外世界的人們所了解。不過，在我們看來，是維根斯坦與維果茨基攜起手來，一前一後地把心理學給埋了——不管心理學是已經死了還是仍然活著，反正他們就是把它給埋了。

　　哲學死了，與它有著親密聯繫的心理學也面臨著行就將木的命運，此時需要一個新的非系統化的方法來回答那些與一般人的生活、尤其是與精神生活有關的問題。哲學和心理學之死與系統化的全面失敗展現在各層面，從哥德爾破壞數學和邏輯系統化，到蘇聯史達林主義的國際共產主義崩解。而科學，這一體現在現代文化中的系統化則置身於維根斯坦、維果茨基以及他們理論上的後繼者們（也包括作者本人）狂風驟雨般的打擊之中。照我們看來，這就是所謂後現代主義者的故事了。

　　現在我們要轉向一個聞所未聞的心理學的故事了，就如我們前面所說的那樣，這個故事不只是來源於哲學，同樣也來源於科學。它們共同組成了一個實在特別的家庭，這個家庭裡充斥著謀殺、爭鬥、亂倫、陰謀和背叛，劇情的狗血程度真是不亞於古希臘的經典悲劇一這樣說可一點也不過分。要是你能夠回想起來的話，你應該會記得正是在我們現在所稱的古希臘，2500年以前人類首次（西方）啟動了哲學式的思考，而正是柏拉圖用了哲學這一形式將這類活動給系統化了。

　　如同我們稍早提到，我們很難解釋為什麼人類西方式的抽象思考

能力會在那個時空出現。我們的目標只是標定它出現的時空。在我們看來，我們也很難切確地說爲什麼它是以一種二元論、特殊性的形式在哲學中給理性穿上外衣，還把其他可能的形式通通驅逐出了這個領域？不過，想歸想，它確實就這樣發生了。

我們已經很清楚地看到，現代科學大概在350年前脫胎於哲學。倚靠著哲學的二元論立場，在特殊性的邏輯指導下，伴隨著將其方法論外化爲物質形式的技術發展（或至少是與其爲友），科學試圖觀察／描述／控制這個世界，於是，現代人（主要指科學家）便聰明地征服了整個自然。本世紀初，科學取得的令人瞠目結舌的成就引發了一場巨大的「家庭」危機：本是孩兒輩的科學翅膀長硬了，有力量挑戰哲學數千年來在本體論和方法論領域的統治了。

從二十世紀早期開始，哲學和科學這兩個大神的爭鬥持續了數十年之久。信仰（學院派的基督教）與基本教義派、政治（資本主義民主）與共產主義，用它們各自的方式打得不可開交，彼此橫目冷對。傳統的宗教將自己置於這些爭戰之上，安於現狀作爲現代世俗國家的官方慰藉；政治則立場一貫，隨時服務任何給它帶來利益的結合主義。作爲防禦，哲學試圖借用科學之矛來讓自己變得無懈可擊。但沒有想到的是，這反而暴露了它的眾多弱點。這些弱點源於它的先天不足，科學雖然也有這種先天不足，不過被它那些巨大的實踐成就給掩蓋了。與此同時，它還取得了一個接一個的偉大成就，在1930年代和1940年代更因爲原子能的發現和操控，科學達到其實踐－理論的神化。

科學最終會將哲學趕下寶座，而哲學也將日漸降尊，在學術生活

中慢慢退出中心區域，只留下代表它曾經受到過尊敬的紀念碑。它也會被看成笑話，不過即便如此，在我們高度實用主義和商品化的文化中，這笑話多少還值點錢。理查德・羅蒂（Richard Rorty）這位頂著光環出現的美國當代哲學的發言人和超級明星認為，像美國實用主義這樣的哲學派別關於思想的看法簡直跟美國工人階級那種「金錢就是一切」的態度一樣粗俗（他可沒說是一樣「誠實」）。在《實用主義的後果》（*Consequences of Pragmatism*, 1982）一書中，羅蒂回顧了從詹姆斯到奎因的實用主義傳統，發現它們一直在尋求用價值的術語來定義像真理這樣的哲學概念。而他更進一步，用一種完全與真理問題無關的、只與金錢有關的、講求實惠的虛無主義代替了這些哲學概念。在它看來，分析哲學「現在只有形式上和社會學上的實用性了」（Rorty, 1982, p. 127）；你能一眼就把哲學家從人群中分辨出來的，靠的既不是一個學科領域，也不是態度，而是看他是不是有一個最大的希望就是「安迪・沃荷答應說我們每個人都可以成為超級明星，雖然每人最多只有15分鐘」（Rorty, 1982, p. 216）的那種天才（哲學家是「一群天才聯合起來的精英組織，而不是由問題和已有之物堆積起來的清單，可以這樣說：它可不是學術的財務審查官」，Rorty, 1982, pp. 219-220）。它打著哲學的傾慕者的旗號呼籲要消滅哲學，以專家的傾慕者之名要滅了專家—不過只是在它們可兌現的價值保持不變的情況下。哲學呢，轉而變成了「只不過是我們哲學教授所做的那些事兒」（Rorty, 1982, p. 320）。看樣子，美國實用主義和哲學之間不會有一個好結果。

與哲學不同，少年得志的科學變得越來越受歡迎了：數以億計的

人們在世界博覽會上圍觀科學展覽，人們最開始是在電影上看到的科學那浪漫的形象，而從1950年代開始，他們就可以坐在家裡，透過電視看到它了。在流行文化中，科學家變成了要麼可以逆天改命的大英雄，要麼壞得透頂的天才、行動者。而在這種文化的另一邊，哲學家變成了無足輕重、甚至還有點可憐巴巴的空想家。

正當科學全面碾壓哲學，在我們這個世紀繼續享有巨大聲望，繼續操控著無限權力的時候，心理學——這個行至暮年的哲學與取得讓人眼花繚亂的成就的科學生出的孩子，這個繼承了哲學的弱點的孩子——卻要掌管世界。趁著哲學與科學爭戰正酣，心理學這個看上去毫不起眼的小角色趁機蹭上了歷史舞台。爭戰雙方顯然都沒有意識到這樣一個無足輕重的角色居然站上了歷史舞台，它們根本沒有把這樣的小角色放在眼裡——它怎麼可能成為令它們膽寒的對手呢？這種想法簡直讓人覺得實在太好笑。

心理學雖然擁有如此天賦超常、特別有創造性的父母雙親，但它本身卻是個並不特別的小孩。在它身上，你找不到任何哲學和科學在其巔峰時期所展現的光彩、完整性和人性。這不是說因為心理學沒有什麼談得上偉大的東西，就是個怪物，而是它太過平庸了：愚蠢、細瑣又膚淺。要是借用哲學的話來說，心理學最適合這個只玩以小博大的實用主義遊戲的世界。這個世界曾在過去的2500多年來一直將理性作為思想的主流形式，不過現在理性自身卻已走上末路。既不是可畏的智識，也不是律法帶來的過度負擔，更不是狷獗的機會主義者（後文中有一個清晰顯示機會主義者與現代國家之間關係的例子），而是偽裝成科學的心理學，這個由社會共同建造起來（商品化）的神

話要在二十世紀後半葉統治整個世界。如果說理性曾在過去二千多年一直作爲思想的形式，自十八世紀啟蒙運動以來科學理性成了思想的樣式，那麼近50年來，處於統治地位的是心理學化的理性。不過，與科學不同的是，心理學並沒有生產出什麼有價值的東西，正如我們將要證明的那樣，它也沒有解決任何人類的問題。

心理學大殺四方的利器無它，不過是科學性存疑的殊相的同一性邏輯。心理學將這一源於哲學和科學的邏輯偷梁換柱，變成了個體的僞科學，將它賣給了出價最高者。當今世界，像同一性這樣的商品，以及殊相的邏輯/迷思的其他產品已普遍被成功地市場化了。

接下來讓我們看看，究竟是什麼樣的交易，讓心理學成了全世界迄今爲止銷量最高的神話？

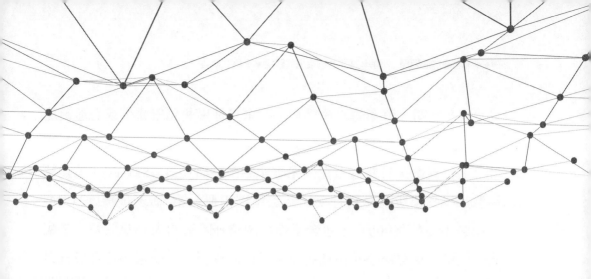

◆ 第二部分

心理學的那些未曾聽聞
的故事：狀態與心靈

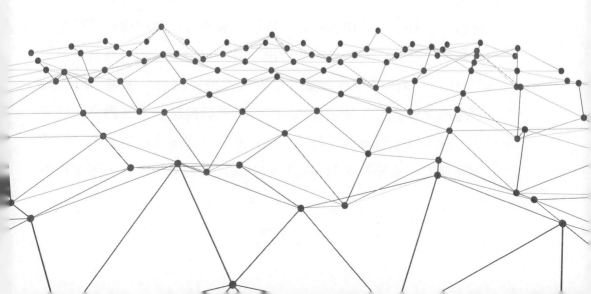

很多聰明、資深的心理學家——尤其是那些臨床醫生或心理治療師——喜歡在閒暇時拿診斷開玩笑。他們可不只是在雞尾酒會和家庭聚會上這樣做，有些甚至在開始專業的談話時也拿DSM-IV（美國精神醫學學會出版的《精神疾病診斷準則手冊》第4版）開涮。DSM-IV有差不多整整900頁，包含了幾百個精神障礙的大類及亞類，是臨床心理學、精神病學和精神病社會工作的聖經。下面這些綜合徵就很有笑點：

性慾亢進……一種性幻想的缺乏以及對性活動的渴望（302.71, p. 496）。

解離性障礙（非特定型）……第6號。剛塞爾綜合症：與解離性失憶或解離性漫遊無關的，對問題作出近似正確答案的回答（比如「2+2=5」）（300.15, p.491）。

書寫障礙……個體完成紙筆測驗有困難，表現在句子的語法或標點錯誤，不會組織分段、多種拼寫錯誤以及書寫極難看（315.2, p. 51-52）。

不過，當這些人笑完了，他們會可悲地發現自己也好不到哪裡去，因為他們得要靠這些東西才能執業。由於並非對DSM-IV百分百確信，有些心理工作者會做一些補充解釋（這種解釋有時有點自以為是）；其他人或者就照此做出結論，但這個結論對他們處理個案只有一丁點作用，有時甚至根本什麼用都沒有。不過，所有人都清楚的是，要是不使用DSM-IV來得到診斷結論，他們很快就會失去工作，為了要得到保險公司或政府為個案所支付的費用，他們必須這樣做。道理很簡單：沒有診斷就沒有酬勞。此外，正如格根

（Gergen, 1994）和其他學者曾指出的那樣，求助者自己也想知道
「到底是哪裡出了問題？」所以他們常常也要求得到一個診斷結論。
當然，據心理學工作者說，他們會避開那些荒謬的條目，而雙手奉
上「理性的」、無害的結論，比如重度憂鬱症（major depressive
disorder）：

　　如果重度憂鬱伴有躁狂、混合或伴有輕度躁狂發作，診斷應改為
躁鬱症（bipolar disorder）。但是，如果躁狂或輕度躁狂症狀發作是
憂鬱症治療、使用其他醫療方法、藥物治療及有害物質中毒等的直接
後果，那麼重度憂鬱的診斷就是合適的，同時也要增加藥物誘發型情
緒障礙的診斷，並注明伴有躁狂特徵（或混合特徵）。（DSM-IV, p.
339）

　　在我們看來，任何不那麼聰明的一個普通人看到DSM-IV，都會
覺得它實在是對科學的羞辱（就一件事就足夠了：它的數學化程度實
在不充分，不足以稱為科學）。DSM-IV充滿了前後不一、相互矛盾
和任意為之，雖然它宣稱自己既精確又客觀，但根本是名不副實又主
觀。它怎麼就成了臨床心理工作、精神病學和社會工作的官方語言
了？這樣一個在很多方面都顯然不科學的東西，怎麼就成了美國精
神衛生實踐科學化的領航員了？

　　我們不是要批評個體從業者那些呆板、裝作若無其事的倫理原
則。我們要講的是一個你們大部分人不曾聽聞的故事，這個故事講
的是心理學如何建立了它的學科體系，如何成功地將這些學科體系
中的專業知識販賣給了政府、教育機構和社會服務機構、軍隊以及
公眾，如何成為了整個人文社科領域科學化的一個典範。

　　我們相信，這段歷史對於當下正在進行的，建立一種後現代的非科學的心理學的努力至關重要。各種後現代論述對心理學的分析和批判都集中火力在心理學是不是偽科學這一根本問題上，更有後現代主義者甚至指出，心理學是在一種完全實用的基礎上，由整個社會共同建構起來的東西——這個事實對於心理學學科及學科制度的存立有重要的意義。

　　不過，問題的關鍵不在於心理學是否是一種社會建構，而在於它是一個秉承實用主義的原則，透過社會建構起來的神話。這個神話成功地偽裝了自己，變成了被大眾廣為接受的科學化的社會科學。這引人注目的一步（「心理」變成「心理學」）在一個世紀的時間裡就完成了。其間，心理學打破了傳統的本體論，利用殊相的邏輯神化了自身存在；創造出屬於自己領域的一個全新的探究實踐，雖然這種實踐在資深科學家看來，不過是些偷梁換柱的把戲；它取得和繼續獲得知識的方式並非在科學的框架內，而更像是個自我實現的預言；此外，最重要的是，它透過聯邦、州和地方立法機關與我們這個國家牢牢綁在了一起，這種共生關係連包括醫療和教育在內的社會機構或公共服務部門都望塵莫及。在接下來的四章中，我們會追蹤它的發展軌跡，逐一檢視上述心理學已取得的各個成就——它看上去更像是個賺錢的把戲，而不僅僅只是個故事或是綠色無公害的神話了。

第四章
新的本體論與心理學的神話

▋ 我們身處何處？

　　第103屆美國心理學會全國年度學術會議的官方日程（足有500多頁，涵蓋5天的學術報告）顯示出這個會議近幾年來就幾乎沒有什麼變化。天氣又悶又熱（都在8月中旬舉辦，1995年會議舉辦地點在紐約），與會者的隊伍還非常龐大（有8千多名學者要向1.5萬至2萬名與會者做報告）。由美國心理學會的不同分會組織的專題報告、特邀報告、工作坊和口頭報告被羅列在不同的主題索引下，這些主題索引都放在將心理學研究和實踐劃分成可識別的各種標題下（比如：社區—農村／城市；發展—階段／嬰兒；殘障—康復；教育—學習；人種研究—跨文化；工業／組織化—員工；動機；神經心理學；社會—歸因；社會—團體進程；性行為／功能；心理學教學）。

　　不過，在這悶熱潮濕的5天裡，並不是所有的事情都一如既往地稀鬆平常，因為後現代主義者已經「滲透」進了美國心理學會。心理學家所做的報告中，直接挑戰「心理學是不是一門科學」這個問題的報告數量空前增多。這些報告直面心理學面臨的長達一個世紀之久的學

科危機，對心理學是否應當繼續存在提出了質疑。

在以往美國心理學會的學術會議上，也有過一些像這樣語不驚人誓不休的報告，曾獲得了一些雖然小卻頗有意思的分會（理論與哲學心理學分會、人文主義心理學分會、心理學與藝術分會等等）的支持，但參與者寥寥。但今年的年會顯然不同於以往，因為包括普通心理學、實驗心理學、人格和社會心理學、諮詢心理學、心理治療、獨立實踐的心理學工作者、女性心理學等在內的那些主流分會都舉辦了一些小型的研討會，討論了諸如「精神衛生專業知識：科學是否證明了我們要繼續做的？」「心理學是否存在危機？」「臨床評估中的科學假象─診斷與DSM」、「範式的轉換─對醫學模式的過度依賴」、「與相對主義和政治的鏖戰─建構主義者、詮釋學和女性主義的路徑」以及「心理學的語言─設定本體論和認識論的邊界」等論題。不過，有意思的是，這些研討會並沒有被列在像「批判」、「心理學的危機」或「後現代主義」這類主題下，也沒有被列在社會建構主義、解構主義、女性主義心理學、詮釋學、話語分析以及敘事治療這些心理學傳統批判路徑的主題下，所以搞得那些想參與後現代主義者的研討會的人們反而找不到自己想參加的會在哪裡舉行了……不過還好，最後仍有幾百人克服了這個困難，順利參會。

對這些報告的反應真是五花八門。有些與會者雖同意對心理學的諸多批評意見，但卻站在實用主義立場，毫不害臊地指出：要是沒有科學的保駕護航，心理學工作者就不再是專家了，他們也不可能再得到什麼報酬。想要維持現狀的人們（現代主義者是中堅力量）大多採取了防禦姿態，他們提出各種各樣的意見，比如返回實證主義、主張

仿效牛頓式的物理學，或者拼命否認科學是社會的建構（這類結論倒是與布魯克林、曼谷和孟加拉等地的結論別無二致）。不過，大部分與會者不僅熱情地支持了這類討論，也同樣熱情地支持了這類討論所持的批判立場。

在我們看來，心理學真的是攤上了大麻煩。歷經多年，直到現今的1995年，美國心理學會才不再假裝看不到這個確實存在的事實——這從年會上後現代主義者的滲入看上去不像是無意為之可略見一二。此外，在公開出版物中，美國心理學會也承認心理學面臨一些問題（尤其是臨床心理學），並宣布將要採取一些措施解決這些問題。

最近一期（1995年7月刊）的《美國心理學會通訊》上有3篇文章皆指向心理學當前面臨的危機，這些文章的標題分別是：〈APA發起強調心理學價值的運動〉、〈APA透過媒體宣傳正視心理科學的嚴謹性〉以及〈APA准許透過廣播促進科學發展〉。它們清楚表明，心理學會砸了將近200萬美元在打造心理學的形象這件事上。這200萬中，有150萬用於公眾教育，旨在「提升公眾對心理學的價值和科學基礎的認識」（p. 14）；17萬用於專項科學行動，目標是「提高新聞從業人員對科學心理學的認識水平，使他們進一步了解本領域的前景」（p. 33）；10萬用於公眾廣播節目，這樣它就可以「在節目中納入更多的科學心理學的內容」（p. 33）。這三篇文章與《美國心理學會通訊》同年發表的其他文章一樣，都揭示了心理學的危機，也揭櫫出心理學會無法（或不願）理解心理學的本質這一事實。

以上這些想要塑造心理學良好公關形象的政策顯然是受到了這門學科的光環正在褪色的刺激，因為聯邦、州政府、各種合作組織、媒

體以及公眾似乎突然對心理學帶來的經濟效益失去了信心。最開始是全國精神衛生健保支付系統由私人執業者轉移到了醫療管理公司；其次是有法案建議取消聯邦基金對行為科學研究的支持，並且合併教育部和勞動部（這會直接終止教育心理學的研究）。

隨著對醫療照顧的管理進一步加強，聯邦政府、保險公司和健保組織（HMOs）都不再將精神衛生服務的費用直接支付給心理學家、心理治療師、精神病醫生和社會工作者了。不僅如此，健保管理公司不只是把費用給付到精神衛生服務的從業者，還會決定到底這個治療需要花費多少時間。舉例來說，若一位銀行高管布朗太太最近正尋求心理幫助，她可以與朋友推薦的專業人員聯繫，在電話黃頁上尋找專業人員，或者請她的醫生轉介。一旦這位有執照，在法律上得到認證的專業人員對她的治療開始了，她的費用（至少有一部分）就會被她所在的公司支付。但是，在新的模式下，她的公司會與一個或多個健保公司有聯繫，這樣布朗太太就得在這些健保管理公司的名單上選擇一位專業人員，而她所選擇的這位專業人員得到報酬的多少，取決於健保公司對於有效治療時間的評估。

臨床工作者們關心的是，他們要面對的問題不僅是專業自主性的損害，還有提供給來訪者的服務品質下降。他們似乎對美國健保系統的這些變化始料未及，來不及做出反應，又或許他們將希望寄託在了公眾的強烈抗議上。不過，這種將服務轉向健保管理公司的做法，確實顯現出人們對大眾精神衛生服務和特殊心理服務有效性的信任正在日益下降。在美國針對酒精、藥物成癮和其他「強迫性行為」問題增長速度最快的治療方式主要是透過非專業（但是得到了心理衛生職

業的合法化認可）的美國匿名戒酒互助會以及各種類似的機構（匿名戒毒會、匿名節食會等等）進行的患者自助。而當他們轉而尋求專業治療時，他們往往選擇的是藥物治療而不是心理治療。而對於這個事實，美國心理學會實在是一點辦法也沒有。在1995年6月刊的《美國心理學會通訊》中就有文章指出，公眾對於「快速治癒」的渴望是臨床心理學家和其他從業者目前需要面對的問題。

　　心理學會對於上述這些困境的官方立場是認為問題出在心理學的公關形象，而非心理學本身。因為公眾對心理學有誤解，他們的認識「相當有限」，所以要教育公眾了解「心理學家獨有的訓練和技能、實踐的科學基礎以及心理學評測、介入和服務的價值」（《美國心理學會通訊》1995年7月刊，p. 8）。這一觀點得到了心理學家們的支持：在參加由美國心理學會舉辦的「會議」的心理學家中，有49%的與會者認為公眾對心理學的認識「稀里糊塗」（《美國心理學會通訊》，1995年11月刊）。

　　當建制派急急忙忙跳出來維護心理學的科學性的同時，卻沒有注意到有些失敗是埋在自己根子裡的。心理學家和精神科醫生吵來吵去，爭論到底是談話治療還是精神類藥物最有效，卻從來沒有看到在治療情感傷痛上它們全都無能為力這一可悲的事實，它們甚至對精神病理學也沒有做出過什麼有實效的貢獻。我們並沒有因為在人數越來越多、隊伍越來越龐大的心理學家和其他精神衛生專業人員所做的研究和實踐中投入大量經費和時間，就在諸如如何減少個體或群體的暴力行為、學業失敗或所有情感痛苦的程度和數量等問題上得到了更清晰的理解，或更有效的做法。就連那些包括批判理論者、女性主義

者、新馬克思主義者、社會文化學派、行動理論者、社會建構主義者以及其他身處或接近後現代主義陣營的上千位心理學家（不出意外的話，他們中大部分是美國心理學會會員）都沒有注意到的事實是，問題不在於心理學並不科學，而在於心理學就是個（偽）科學。在後現代主義者看來，心理學的失敗（以及社會對它們的反應）源於它窮盡心力想要照著自然科學的樣子依葫蘆畫瓢，而這是造成它完全與現實脫節，禁不起時間考驗的根本原因。

▌新的本體論

　　與二十世紀早期的人類不同，我們生活在一個充斥著各種精神客體—心理客體的世界。除了「剛塞爾綜合症」，還有一大堆人們見慣不怪的心理學名詞，諸如人格、神經症、憂鬱症、恐慌症、智商、療效、量表、測量分數、自我、本我、發展階段、學習障礙、中年危機，當然，還有成癮行爲等，在平常百姓的茶餘飯後流轉，伴隨著他們的日常生活。隨著在大眾的語言和文化中扎下根來，這些由實驗室和診所發明的東西搖身一變，變成了跟樹木和星辰一樣似乎是眞實存在於這個世界上的東西，這一偉大的「創造」實在令人驚嘆。那麼，它是如何完成的呢？

　　樹木和星辰倒是給了我們一些啟發。正如某位人文科學方法論學者所說：「關於人類和社會現象的科學研究是在對自然世界的科學研究已經取得成功之後才開始的。」（Polkinghorne, 1983, p. ix-x）。現代科學技術在商業和工業資本主義興起過程中取得了驚人成就，這

也許是人們將自然科學模式應用於人類行為研究最重要的原因。儘管從十八、十九世紀開始直到二十世紀，人們曾反對過將科學範式作為二手工具，並試圖尋找一條人文現象研究的獨有路徑。但是，他們始終未能阻止所謂「科學模式」的腳步[1]，自然科學的範式全面輸入到關於人的研究中。在我們看來，這種輸入對我們整個人類來說無疑是個悲劇，在二十世紀的最後幾年它將會把我們帶入一個死胡同。無獨有偶，眼下這股以科學為批判對象的後現代思潮跟我們看法一致，認為這一錯誤實在是十分可怕。

　　1920年代至1930年代，維果茨基曾試圖創造一門更具人本精神的心理科學，他也想要「發現科學是如何被建造起來的。」（Vygotsky, 1978, p. 8d）。但他卻糾結於兩種智識傳統：一種是以其自身方式快速填充和定義心理學的自然科學模式，另一種是更年輕一些的革命性科學—馬克思主義，這一主義公開抵制科學，視其為布爾喬亞階層的奴僕，但它本身卻也已飛身進入科學的大潮流，變得僵化、範式化了。儘管維果茨基最後也沒能徹底脫離以上兩種智識傳統，但我們認為他已離道不遠矣。在第九章我們將集中在維果茨基（同時還有維根

---

1 對將自然科學的範式應用於人文社會研究的質疑從現代科學獲得了霸權地位的那一天就開始了。十八世紀的學者維科（Vico）是早期反實用主義、反經驗主義運動最出色的先行者。《新科學》（*The New Science*）一書寫於1725年，維科提出了一個歷史—文化的視角，強調我們生產意義的能力應被放在首位。維科的觀點在後現代主義者中很流行（Shotter, 1993a）。包括布倫塔諾（Brentano）、狄爾泰（Dilthey）在內的其他一些反實用主義者為二十世紀哲學中反實用主義哲學的主要立場開闢了道路。

斯坦）如何在後現代發揮重要影響，連結起通往非科學心理學之路。在此，我們想要先引用一項維果茨基的驚人觀察，因為它與本章的主旨密切相關。

這個觀察出現在有關科學以及它與革命和歷史關係的討論中。「科學與革命和歷史的關係」這樣的主題也許會被1990年代的心理學家斥為荒誕不經，也似乎與心理學扯不上什麼關係，但是，它的的確確是維果茨基在方法論上與自然科學分道揚鑣的關鍵。維果茨基指出：「革命，無論是一般意義上的政治革命，還是社會文化生活的革命，皆是要解決歷史提出的問題，完成歷史交待的任務（Levitan, 1982）。」

這種從社會和文化的視角看待革命的觀點更接近後現代主義，而非現代主義。維果茨基認為，革命 —— 無論它們是政治的、文化的還是科學的 —— 既不是變化無常的，也不是道德意義上的，不會一定就開好花結好果，製造出更好的系統。革命是在當一定社會和文化體系無法再成功地處理那些必須處理的社會歷史問題時，人們為了繼續前行而主動發起的行動。

歷史常常會向人們拋出（新）問題，這些問題與人類自身的存在有關，或者至少是特定社會或文化中頗有影響力、人們不得不面對的問題，涵蓋經濟、科學、哲學和文化等各個領域。舉例來說，這些問題有：「這個世界是如何開始的？」「什麼是疾病？」「我們如何治癒病痛？」「我們應該如何解夢？」「我們怎麼樣能夠掙更多的錢？」「誰能把過程描述出來？」「要是我們在月亮上去生活，那會是什麼樣的呢？」「人們為什麼要聊天？」「孩子們知道些什麼

呢？」「我們如何教會孩子閱讀？」等等。如果現有社會體系（回答
問題的機制）不能提供像樣的答案，那麼停滯或退化就會發生並持續
較長時間，因為人們會堅持用舊有的方式在老地方尋找答案。

　　一旦人們認識到舊有的社會體系不能產生出什麼新的突破了，革
命就有可能發生，這種情況幾乎無法避免。不過，現有的問題解決機
制不能有效解決歷史提出的新問題，這只是革命的必要條件，但卻不
是充分條件。我們還需要一些有效的可選方案的線索，比如一種新的
範式、路徑或新的觀察方式等，我們需要有充足的理由將它們視為可
能的答案。

　　托馬斯・庫恩（Thomas Kuhn）的經典著作《科學革命的結構》
（1962）闡述了科學發展的歷史是如何透過一系列的範式變革發生
的，這些對於十七世紀至二十世紀之間發生的現代科學的諸多創造有
著不可估量的價值，當時的哲學和科學體系無法回答歷史提出的一些
重要問題。不過，在此期間，科學革命的進程也伴隨著一種世界觀被
另一種世界觀取而代之的過程。除了庫恩的這本經典著作外，其他一
些關於科學史和科學哲學的著作對於理解這個過程也有參考價值（如
Butterfield, 1962; Feyerabend, 1978; Lovejoy, 1960），還有一些學者
對醫學、藝術和文學等其他領域的範式變革進行了廣泛探討。[2]

2　我們推薦以下幾本討論現代主義範式轉換的著作：醫學方面，Brown, *Rockefeller*
　　Medicine Men (1979)；Cassell, *The Nature of Suffering and the Goals of Medicine*
　　(1994)；以及Foucault, *Madness and Civilization* (1965)和*The Birth of the Clinic*
　　(1975)；在繪畫方面，Berger, *The Success and Failure of Picasso* (1966)；Cooper,
　　The Cubist Epoch (1970)；Golding, *Cubism: A History and an Analysis* (1968)；

　　對心理學的後現代批判預示了革命性變革的必要條件已經成熟。
技術上日益成熟的醫學模式開始對我們所熟知的臨床心理學形成威
脅，變態心理學也正從社會性範式退回到去社會範式（Prilleltensky,
1994）；現代主義者那先天－後天的兩分法得到了壓倒性的勝利（它
透過認知科學和基因生物學將行為主義的餘黨一掃而光）；與此同
時，批判心理學的運動獲得了快速發展（從書店裡設置專區專門擺
放批判心理學的書籍就可以知道，批判心理學正在變成一個學術領
域）。很多理論家和實踐者已經不再簡單迷信心理學或者它的基本概
念和方法了（比如發展、個體、自我、自變量和因變量、理性、可預
測性、客觀性、證明、可計量性、普遍性、模式、經驗證據）。

　　人們曾對心理學寄予厚望，期望它能夠解決歷史提出的諸如社會
性、反社會性、情感傷痛、暴力、認同、學習和教育的挫敗、偏見和
固執、性慾、創造性、憂鬱、記憶（無論真假）這些問題，但現在這
信心已經崩解了。這種情況帶來的直接後果就是現存範式的革新（以
及對這些革新的認識），這些革新的焦點正從之前的意識形態轉向方
法論。早在1960和1970年代期間，那些對心理學頗有價值的反思批判
就毫不隱瞞它們在意識形態上的偏見（如歐洲中心主義、種族主義、性
別主義、階層主義和對同性戀的憎惡等），不過那時它們就已經指出，
現有的心理學對這個世界的絕大多數人來說不僅無益，反而有害。

Schwartz, *The Cubist* (1971)；在戲劇方面，Brecht, *Brecht on Theatre* (1994)以
及Suvin, *The Mirror and the Dynamo* (1972);文學方面，Benjamin, *Illuminations*
(1969)。

　　時至今日，後現代解構主義揭露了心理學在方法論上的偏狹，認為它已不能滿足時代需要。在後現代主義者看來，那種實證主義、經驗主義和結構主義的方法從頭到尾充斥著假設，已不能回答現今的人們提出的問題了（要是以前它曾經可以回答的話），對於心理學這種徹頭徹尾的現代主義偽範式來說，人類的行為和活動已經變得太過複雜了。若我們相信人類是創造了這個世界（包括我們和科學在內）的社會－文化－歷史存在，那麼很顯然，我們就不能使用將人和社會排除在外的自然科學的手段對他們進行研究。

　　心理學革命的充分條件已然具備了嗎？必要的改變正在發生。後現代主義做得最好的事情就是批判自然科學錯誤地使用它們的學科範式來解釋所有現象。對於自然科學的信奉者來說這是理所當然，因為在他們看來，現象具有可歸類的普遍性。但是，現象的特殊性卻被忽略了。後現代主義的著力點與之前範式交替的科學（智識）革命不同，他們最具挑釁性的言論並非是指出現代主義範式不適用、錯誤百出，而是將批判的矛頭直指範式主義本身，認為「範式」不能勝任概念／方法論工具的角色，它根本就是個誤用。此外，後現代主義還挑戰了心理學的哲學基礎和它披掛已久的科學外衣[3]。那麼，就心理學而言，我們是否有可能發展出一種非範式的、積極的實踐──批判取向的活動作為推進科學革命的催化劑呢？

---

3 庫恩雖不被認為是一位後現代主義者，但他確實架起了哲學社群和科學社群之間的橋樑。他深受奎恩的影響，而奎恩則受到維也納小組的影響（雖然很多時候是一種消極的影響），而庫恩的經典作品最初發表在芝加哥大學的《統一科學百科全書》期刊上，而這本期刊的編輯正是維也納學派的主要成員。

　　到底現代科學要具備什麼樣的特徵才能滿足人文—社會現象研究所需要的生態性和歷史性？到底科學這個孩子從他的母親哲學身上繼承了什麼，這些遺產又是如何傳給了他的下一代心理學？什麼樣的歷史條件下會產生理解人文—社會現象，尤其是「心靈」現象的需要？心理學是如何將自然科學的模式納入懷中，並將其扭曲變形到人們幾乎認不出來的地步？在一個過度心理學化的文化中，心理學體系如何圍繞著要保全它的科學性這一目標戰鬥？這些都是我們試圖採用社會—文化—歷史的路徑對心理學這一神話／騙局進行分析時提出的問題。

　　心理學那種虛幻的本質並非源於它錯誤地應用了自然科學範式，而是它將這一範式在人文社會領域中應用得太過成功了。而關鍵問題是，它把這種範式用錯了地方，在人文社會領域這樣做行不通。多個不同的證據揭示出，現代心理學的實踐並不符合現代科學需要直接因果論證的標準規範。縱觀整個心理學史可以看到，心理學家們其實早已棄這種規範於不顧，只不過是在表面上還在繼續使用科學的用語措詞。他們試圖透過創造新的技術（就像物理學所做的那樣），創造新的數據收集體系，以及生產出關於人的知識主張等方式來解決這個矛盾，但是，這樣做卻違背了以數學和實證為基礎的科學的基本準則。

　　有意思的是，心理學與哲學的關係正是它與科學關係的縮影。它雖拋棄了哲學的那套術語用詞，但卻緊抱著哲學的非科學性不肯放手：它一邊信誓旦旦地宣布自己是研究人類行為的科學（因此也是唯一的真理），正式切斷了與哲學的聯繫，與此同時卻又信手採納了哲學的形而上，系統地將身心二元論、系統性、證明、因果關係、首因

和解釋等這些沿用了好幾個世紀的哲學概念與自身實踐結合起來。

　　當然，心理學的這一系列操作將心理學工作者拱上了專業和知識的神壇，成功地使政治、工業和社會政策的決策者和學術界、公眾相信：「心理學好，美國便好。」因為心理學工作者跟其他學科或專業的從業者不同，他們可是握有透過發展心理學，提升大眾幸福水平的「專業知識」的人（引自美國心理學會關於本會目的的官方聲明）。總之，即使身處危機之中，即便是它的失敗越來越顯而易見，身上的偽裝越來越多地被揭穿，整個心理學體系卻依舊是這個後工業化的世界裡最強大的意識形態的生產者和傳播者。

▌知識霸權

　　要理解當代歐美心理學的發展及對它的批判，我們必須圍繞知識本身展開思考，要理解知識是什麼，我們如何獲取知識，以及知識為何如此重要。如前文所述，從古至今在西方科學和哲學中，對於什麼算得上是知識的觀念已發生了變化，而與知識相關的理論系統也隨之發生了變化。

　　過去的2500多年裡，知識在西方文化裡的霸主地位幾乎沒有發生過什麼改變，人們堅信知識是理解世界（也就是把這個世界弄明白，然後才知道怎麼樣去生活）的必需品。無論是透過喚起過去的經驗，還是透過直接感知、解釋，或分類、詮釋、描述等方法來獲得知識，這個獲得知識的過程都被認為是包含了一種或多種心理活動在內。眼下最流行用認知來解釋「理解」這一過程，並由此合理推論：個體心

中所思所想以及由此生發出來的即是人類的認識，或曰知識。就連那些認為認識是隨社會互動和關係產生的人們，也以為在人類的大腦裡有這種叫做知識／認識的東西。在我們看來，這種對認識的偏見被包裹進了現代主義最反發展性（反人類）的特質中，這種特質已經完全滲入了心理學。因此，心理學的後現代批判中尤其具有挑戰性和顯著意義的是挑戰理解的認知範式。

在《治療作為社會建構》（*Therapy as Social Construction*）一書的導言中，麥克納米和格根（McNamee & Gergen, 1993）討論了現代心理學的認知偏見如何（過度地）決定了治療進程，（歪曲地）塑造了個案和科學家－治療師之間的關係：

科學家的觀察最嚴格、最系統，他們用最嚴謹理性的程序來評估和綜合訊息……也是他們才能客觀地杜絕情緒、價值和不良動機影響觀察過程，使結論不受影響。現今大部分治療師都將自己認同為這種專家式的、獨立不受影響的個體知識者形象。正是這些細緻觀察、深入思考的治療師能評判那些獨自置身於特定情境中的他人過得究竟好不好，要是過得不太好，人們就得把自己交托給專家知識，這樣才能重新獲得豐盛的人生。（pp. 1-2）

當治療師戴上專家的面具，他就必須擁有一些知識，專精於一些事。為了要在科學和大眾化的領域都能大展鴻圖，心理學不得不創造了新的本體論；為了要生產知識（這是獲得尊敬和准入許可的必要條件），它不得不創造了自己的學科體系和探索實踐。

丹齊格（Danziger, 1994）考察了十九世紀至二十世紀中葉的心理學研究。這一頗有價值的歷史研究描述了心理學知識生產體系進化的

關鍵細節和與之相伴的社會－文化－歷史力量。他關注了一個在植物學和物理學中並沒有那麼尖銳，但在科學心理學中卻是必須解決的矛盾（請注意數學化在學科合法化中扮演的角色）：

　　社會大眾普遍相信，每一個人都必須依靠心理學的知識才能在這個世界上過活。但是，在爲人處世的問題上，那些由專家提供的知識怎麼能與人一生的經驗相比呢？我們不能低估這個像背景噪音一樣始終影響著心理學家的工作的事實……心理學的探究實踐與生成心理學知識的世俗生活之間已相互隔絕。早在現代心理學出現之前，人們對實驗室和數據的迷戀就驅使研究離開了生活情境，使實驗室裡的人爲環境成了知識可靠性的保證，各種數據成了那些瑣碎知識的加身黃袍，讓它們變得令人矚目。這使那些常民知識（lay knowledge）不可能再與之相比。（pp. 184-185）

　　但是，爲了研究要與生活拉開的距離和人造的環境絕不應該極端到使生產出的知識完全與世間生活毫無關係，這樣的知識可沒有一點價值。丹齊格說：「這一學科是否有能力對實驗室外的人類作出可靠公正的預測，很大程度上取決於探究與實踐之間的緊密程度（心理學知識要能有些技術上的效用，通常是因爲它的實驗是實驗情境之外相關社會實踐的延伸）。」（p. 189）

　　因此，心理學的新本體論必須與探究實踐的創新齊頭並進，而探究實作又得與現有的社會實踐有聯繫。心理測量（心理學最有利可圖的探究實踐之一，也是眾多心理學概念建構的依據）就是一個再清楚不過的例子。在二十世紀早期它進化成一種知識生產工具，當時它主要依靠的是已有的兩種社會實踐：一種是作爲排序和選拔工具的學業

考試，另一種是作為評估方式的醫療檢查（Danziger, 1994；也可參見 Burman, 1994; Morss, 1990; Rose, 1990）。

另外，正如格根（Gergen, 1994）所說，現有社會實踐的話語元素都被心理學接管了。隨著像憂鬱症這樣的所謂科學術語的出現，「不爽」或「鬱悶」這些普通人常用的更生動活潑的語言隨之也就變得沒有價值了。

「認知」或「訊息加工」之類的術語把理性這一類概念從日常生活的脈絡中生生地擠兌出來，將它強壓進人造的「智力」術語中，再用各種設備來測量它，讓它被實驗檢驗。一旦語言被技術化，它就能被專業人士使用了。舉例來說，像「認知」或「訊息加工」這樣的語言已成了專業的資產，而那些原本身在凡塵的知識也被專業透過聲明就給占有了。如此一來，專業成了理性與非理性、智慧與無知、本質與非本質的仲裁者。（p. 152）

我們利用不同的文獻去追蹤歷史，想要了解心理學如何成為了人文—社會領域專業知識的占有者和生產者。有3位學者對這個工作頗有助益：一位是丹齊格（Danziger, 1994），他事無巨細地考察了科學心理學發展初期50年間的情況；另一位是格根（Gergen, 1994），他的社會建構主義分析標示出心理學範式是如何轉變的；最後一位是伯曼（Burman, 1994），他對發展心理學的解構是一種意識形態的批判，揭露出兒童發展和親子教育中的文化和性別偏見。雖然這3位學者角度不同，但每一位都強烈反對心理學聲稱自己是一門科學。

▌為方法瘋狂

　　二十世紀前期，心理學在成為了一個獨立自發的探索領域的同時，也受到了從已有事物（尤其是哲學和生理學）接續下來的科學和智性實踐的現實約束。心理學打著自己的旗號擴展了這些實踐，生產出新的與它那古怪的定位相切合的實踐。丹齊格（Danziger, 1994）指出，心理學並不是依靠細緻理論的生產和傳播來獲得知識的合法化，而是幾乎完全依靠對其方法客觀性的打造：「心理學的主張大都依賴於方法論的理性優勢，也就是依靠著探究實踐的邏輯—技術特點，才為心理學的科學性提供了一些能說服別人的東西。」（Danziger, 1994, p. 5）丹齊格將心理學的這種「方法至上」主義（methodolatry）與其他自然科學作了比較，結果發現，兩者的不同之處在於，相較前者而言，後者的理論話語至少跟方法論話語一樣充足和細緻。

　　為了深入分析心理學對方法的執迷，揭示它如何將方法作為生產自身（包括它的科學性）的手段，丹齊格追蹤了心理學實驗室的歷史和那種被稱為「心理實驗」的社會行為。最初的心理學實驗是學者們將他們對不同實踐問題的思考訴諸協同研究，在實驗中承擔不同的任務（比如輪流擔任我們今天所稱的「被試」和「主試」）。心理學實驗很快就成了整個系統的一部分。不過，今天我們非常熟悉的心理學實驗的那些東西，比如作為「數據來源」的毫不知情的被試，操縱實驗條件的主試，以及他們二者角色和互動的嚴格限制……等等，在心理學於1879年剛誕生時，是不可能在威廉・馮特（Wilhelm Wundt）

萊比錫的實驗室裡找到（Danziger, 1994）。

馮特這位「心理學之父」在自然科學範式於心理學中固化下來的過程中扮演了一個極重要的角色。但是，馮特的探究和他的方法都沒能成為心理學研究的主流。事情的發展恰恰相反，正如丹齊格指出的：「發生現代心理學中的一切實際上都或明面上，或暗地裡否定了馮特。」（Danziger, 1994, p. 34）。在心理學剛起步時起到重要作用的探究工作很快地完全轉變成了另一種更像是人體工程學而不是科學探索的東西。

馮特的事業源自對研究和理解人類主觀經驗的渴望。他試圖找到一種方法，可以用來研究隱祕的個體意識：透過創造一些條件，能將內在感知轉化為可以被科學觀察的東西。馮特的興趣在於實際的感知經驗本身，而不是個體對感知經驗的自我報告。因此，他創制了心理學實驗，以此作為操縱內在感知條件，使其最大程度上接近外部感知的一種手段，以此來建造心靈科學的宏偉大廈。

對人類某種主體性的智識興趣從哲學（這是馮特熟悉的）的發展中生長出來。兩個世紀前，洛克已經區分了兩種知識：感知（給予我們關於外部世界的知識）和反映（給予我們關於我們自身的思想如何運作的知識）。心靈哲學建立在反映的證據之上，被認為與以感知為基礎的自然哲學是一致的。在康德以前，感知與反映之間並不存在巨大的區分。

康德試圖綜合實證主義與理性主義，為此他將哲學和心理學、心理學和（自然）科學區分開來（Danziger, 1994）。在認識到存在一個個體經驗的世界，存在一個經由它世界才會顯現出來的「內在的感

受」的基礎上，康德想知道的是，被內在感受傳遞的經驗，是否可以成為心靈科學的基礎，正如外在感受成為物理科學的基礎那樣？康德的答案是不能，因為科學要求一切訊息必須能夠透過數學進行表達，這樣訊息才能具備系統化的秩序，而這在心靈生活中不可能。不過，雖然心靈生活的經驗基礎對於它的科學化來說可有可無，但它們對於解釋我們經驗發生的過程、源頭或原因卻是必不可少。

　　馮特決意要發現經驗的心理決定因素。他按照物理科學的模式，使用現有的生物學實驗技術，想要揭示出被生理學、物理學和其他自然科學忽視的心理規律。而且，馮特從來沒有放棄過與哲學的聯繫，他想要實現的是「透過新的方法讓哲學探究重獲青春」（Danziger, 1994, p. 39），而不是創造一個新的學科。雖然他的願景是實驗性的，但卻未必是定量式的，他也從沒想過要把主觀經驗中的社會和文化因素給通通排除掉。

　　馮特最後並沒有成功。他這一偉大事業所需要的社會條件在當時的德國並沒有存留太久，大學的哲學系對心理學取向的學者的接納只是曇花一現：「德國的實驗心理學發現，以往收留它的體制港灣，現在卻要把它拒之於門外，這不得不逼著它另立門戶。」（Danziger, 1994, p. 40）

　　因此，丹齊格認為是當時的社會—文化—知識環境，尤其是學術的結構和組織狀態決定了心理學最終的方向。早期美國的心理學家幾乎全都在萊比錫接受過馮特的訓練，他們回國後對心理學系統的影響不止是他們從德國打包帶回來的那些東西，還包括他們對這些東西的解釋。

　　哲學在美國的大學中並沒有扎下如同在德國大學中那樣牢固的根基。在美國，取代宗教信仰的並不是哲學上的探求，而是科學的贊歌，就像實用主義代替了桑塔亞納（Santayana, 1911）所說的美國的「斯文傳統」（genteel tradition）[4]。而且，美國的大學還欠了商人和政治家一大筆人情債，他們或他們的代表決定著大學的各種任命、院系安排和計畫。於是乎，將心理學作為一門有能力生產出讓「商業階層」的人們認為有價值的東西的新學科，它的市場化就是必然會發生的事了（Buss, 1979; Danziger, 1979, 1994; Napoli, 1981; Sarason, 1981）。

　　很顯然，美國心理學家對於他們要實施的市場策略早已了然於心。十九世紀，自然科學取得的成就促成了「唯科學主義」（scientism），人們認為自然科學的方法是獲取那些有用和可靠的

4　「正像我之前說的，美國並不是頭腦簡單的年輕國家，它有著古老的精神，這個國家有兩種精神：一個是來自祖輩的信仰和標準的遺存，一個是來自年輕世代的直覺、實踐和發現的表達。無論是在信仰，還是在文字、道德情感中，在所有這些關於心靈的更高事物中，我們都可以看到那些從祖輩而來的精神遺產依然占據著主要的位置，這就是為什麼蕭伯納先生說美國已落後於時代整整一個世紀之久。有一半的美國人，他們並不熱心於世上這些實際的事情，他們的心依然保持著紋絲不動的平靜—我不想說是了然於世的樣子。在發明、工業和社會組織等問題上，他們在死水一潭中停滯不前的時候，另一半美國人卻一頭扎進了尼加拉瓜大瀑布的急流之中。這種分裂在美國能夠找到象徵符號：整潔的舊式豪宅——它們偷偷地加入了一些現代化的舒適設施——緊挨著摩天大廈。美國人的意志居住在摩天大廈裡，而美國人的智慧卻住在舊式豪宅裡。一邊是美國男人，另一邊至少大部分是美國女人；一邊全是積極進取、雄心勃勃的各類事業，另一邊全是斯文傳統。」（Santayana, 1911, pp. 39-40）

知識的唯一方法，隨之而來的是哲學、歷史、邏輯學和人類學等這樣的人文社會科學的價值被大大貶低了。換句話說，當時的社會條件要求心理學要想繼續存在下去的話，它就必須（對那些有權力的人們）有實際的用處，而要想達到這一點，心理學就必須科學化。因為，那時無論在哲學還是在科學中，實用主義的那種「有用即真理」的觀念已被普遍接受，心理學也受到了深刻的影響。那些一心尋求自然科學的指引和帶領的，不僅包括一開始就關注心理學的實用性的心理學家們，甚至還包括那些單純堅持知識探究觀念本身的人們。

　　心理學作為一個學科迅速地成長壯大起來。1882年，約翰・霍普金斯大學開設了全美首個心理學博士專業課程，並在1886年授予了第一個心理學博士學位。此後不到20年的時間內，100多人獲得了心理學博士學位（在所有科學學科中只有化學、動物學和物理學這3個學科授予的博士學位數超過這一數字），47個全新的心理學實驗室如雨後春筍般地建起來了（Napoli, 1981, p. 14）。1892年，美國心理學會成立，而就在十九世紀末，心理學家已經開始定期地出版學術刊物了。在這個新的學科獲得了學術認可的同時，也有不少非學術性的興趣開始將目光投注於它潛在的實用價值上。

　　也許是因為心理學家一直對他們身上的壓力有覺察，所以心理學的知識目標在一個很短的時間內就改變了。透過對個體經驗的細緻研究，透過運用團體測量的技術和總體資料，心理學家快速地推斷出普遍適用的人格和特徵。從將個體當作「經驗的主體」（subjects of experience）到將個體當作「干預的對象」（objects of intervention）」來研究，按照丹齊格的說法，這一轉換非常必要，因

爲需要有一種「讓社會控制的黑手可以快速上手，使他們的工作更有效力，更具理性說服力的知識」，「那些能夠對行爲做出預測的知識符合這一目的，而那些在參與者共同探索他們經驗的結構中產生的知識卻不是這樣。」（Danziger, 1994, p. 66）

　　誰是「社會控制的黑手」？什麼樣的知識主張是他們可以用來爲自己做辯護的？對實驗充滿熱情的心理學家建立起了什麼樣的數據收集機制來滿足這些人的需要？要回答這些問題，需要我們檢視心理學傳播得最廣泛、最具破壞性的那些迷思是如何建造起來的，這自然會讓我們對心理學的本質認識得更加清楚。正如我們將要揭示的，心理學的諸多迷思和變成神話的心理學不是一回事，兩者也不是簡單對應的關係。我們從對心理學的主要批判（強調神話是被生產出來的）、歷史記錄和分析（認爲這一神話只能被理解爲實用主義驅動下的把戲或鬧劇）的交織中得出結論。在接下來的三章裡，我們會依次探索心理學這一神話／把戲與它影響最大的3個虛構概念：個體、精神疾病以及發展之間的關係。

第五章

心理學與個體

　　心理學以個體為研究對象，在此基礎上確立了本學科的合法性，但與此同時，這也成了批判它的人手中握牢了的把柄。心理學一般（比如在介紹性的文字裡、字典或百科全書裡）被描述為一門關注個體或由個體組成的群體的學科，關注他們如何行為、發展，尤其是如何相互區別。很多後現代主義者對心理學放在這種去歷史化、去社會性的孤零零的個體身上的一片痴心很難理解，不禁質問道，到底有沒有心理學認為的這種特殊性／事物存在？

　　心理學讓個體知識者的假設滲透到了它每一個領域的理論和實踐中，這早已經是眾矢之的。社會建構主義者已經對心理治療、臨床心理學和變態心理學展開了批判（如Gergen, 1994; MaNamee & Gergen, 1993），而家庭和系統治療（如Poster, 1978）、批判心理學和精神病學（如Ingleby, 1980a; Parker, 1989; Parker & Shotter, 1990），以及預防與社區心理學（如Albee, 1981; Sarason, 1981）領域的一些論著不僅批判了心理學個體治療實踐的傳統，還指出了像家庭或社區這樣不同形態的社會組織也應是研究和治療的單位。在發展和教育心理學中，有一些研究將發展和學習視為社會性的創造活動或過程，維果茨基和其他一些持社會——歷史立場的心理學家對此十

分堅持（如Lave & Wenger, 1991; Moll, 1990; D. Newman, Griffin & Cole, 1989; Newman & Holzman, 1993; Rogoff, 1990; Tharp and Gallimore, 1988; Wertsch, 1991）。女性主義者、新馬克思主義心理學家（如Burman, 1990, 1994; M. Gergen, 1988, 1995; Ussher & Nicholson, 1992; Venn, 1984; Walkerdine, 1984）以及女性主義知識學家（Harding, 1986, 1987; Harding & Hintikka, 1983; Keller, 1985）都直截了當地批判了心理學的個體理解者／學習者的概念，對心理學的知識社會學研究更是經常提出類似的批判（Buss, 1979; Gergen, 1982）。

我們也曾對心理學痴迷於個體的這種情況提出了很多直言不諱的批評（Holzman & Newman, 1979; Newman, 1991a; Newman & Holzman, 1993）。心理學一路行來，在隨著美國和世界資本主義的擴張而來的「粗暴的個人主義」的意識形態發展中扮演了一個核心角色。不過，我們認為不能將問題完全歸咎於心理學將那個體化的研究對象身上，因為若如此，那麼我們不僅會忽略了心理學被扭曲的程度，也會低估了它對我們的文化進行的大肆破壞。

心理學對個體的大唱頌歌直接承繼於殊相邏輯。不過，這實在是一個徹頭徹尾的謊言。矛盾就在於：在成功地運用「自我認同」的概念，以及我們作為個體，與「他者」區分開來的經驗給我們洗腦時，心理學卻從未真正將「個體」放在心上，而是屬意於方法論。它無非是知道了，在創造關於群體的知識或發現某些行為的普遍規律時，個體是挺有用的一個概念。而那些對個體充滿熱情、無所不及的心理學研究無論從名義上還是從實質上都不是在承認人類多樣性和獨特性的

前提下完成的。說白了，心理學研究的對象並不是什麼個體，它也沒有真正地發現了什麼使人們彼此不同的那些或顯或隱的東西。我們看到的是，心理學不僅沒有建立起支持個體差異和鼓勵個體表達的文化，反而成爲了建立一種從眾文化的有力推手。

▌孤島上的個體

　　爲了證明以上所言非虛，接下來我們要仔細審視心理學主體的概念。在本書的第四章曾提到，丹齊格指出了一個事實，那就是早期心理學曾將研究的興趣從個體作爲經驗主體轉移到了個體作爲可介入干預的研究對象上。「社會控制的黑手」（主要是在工業、軍事和教育領域中）想要得到的並不是某個個體的訊息，而是關於某一類人的知識，而且，這些知識只關乎他們的特徵，而並非他們的經驗。誰是最好的軍官？最好的保險銷售員有什麼樣的特點？義務教育中有什麼方法能將學生區分出來，以適應不同的教學目標？雖然有過小小的內心掙扎，心理學最終還是接受了要向黑手們交貨的挑戰。而這樣做的結果是：心理學與個體之間的關係發生了顯著變化。

　　丹齊格（Danziger, 1994）認爲，已有的量化社會研究和問卷調查這兩種社會實踐爲心理學的奮鬥提供了資源。早在十九世紀中葉，在美國和歐洲國家，一些關心社會的學者就開始收集關於犯罪、自殺和貧困等公共衛生和社會問題的統計數據。而在這個過程中，因爲不想只是依靠官方的數據，他們使用了問卷調查的方法。

　　數據表格的魅力在於，我們可以從大量的個體行爲累積起來的訊

息中看到有規律的數字，它們被解釋為反映了潛藏在人類行為中的各種規律。接著很快就有人聲稱，為了一一揭示人類行為中隱藏的科學規律，必須累積大量的數據。

在丹齊格看來，從社會經驗到心理學統計的轉變可不是想做就能馬上做到的，它還要求有新的概念。雖然統計數據（比如關於犯罪的數據）被收集起來了，但如何解釋這些雖有變異卻有穩定比例的數據著實是個問題。社會科學統計量化的先行者凱特爾（Quetelet）提出的新概念「傾向性」至少能夠部分解決這個問題。這個概念從「平均人」發展而來，舉個例子，不同的犯罪率被認為是取決於平均「犯罪傾向」變量，這些變量可能受到年齡或性別等因素的影響……，這個發明對心理學的方法論影響非常大。丹齊格寫道：「凱特爾所做的乃是為區分不同個體的行為提供了一個連續的量度標準，自殺、犯罪、殺人以及其他一些社會行為不是在個體所處的環境中被理解的，而是在統計學的量度中被理解，而這個量度是從靠數人頭得來的數字以及一定人群中相關行為的數量，再將一個除以另外一個得到的。」（Danziger, 1994, p. 76）

如果想從群體推及個體，我們需要一個關於總體（集合）和個體（集合的成員）如何相關聯的前提，這個前提就是：個體組成總體，總體的特徵是個體特徵的總和。心理學將這一觀點納入懷中，發展出一種「科學」方法，但這種方法並不具有馮特認為的那種實驗性。

評價心理學知識合理性的新方法變得可行了。即使再也不對主體進行緊鑼密鼓的實驗和臨床研究，研究者也可以得到關於個體有趣且有用的描述。唯一需要的是把各個主體的表現與其他人比較，給他們

在人群中找到一個合適的位置。就這樣，……依據他們相對統計標準偏離的程度，個體被貼上標籤……，而之前建立這個標準的目的卻是為了要把人分類聚合起來。（Danziger, 1994, p. 77）

　　丹齊格指出，這種貼標籤的手段過於簡單粗暴，以至於科學社群並未廣泛地接受它，因為它實在不符合自然科學的標準。不過有一點很清楚，那就是這種手段有社會意義和實用性。實驗、統計這兩種相互競爭的研究方式的出現，與來自專家的科學社群和大眾施加於心理學之上的壓力牽扯在了一起，加劇了心理學原本就有的矛盾（科學心理學那歷史性的糾結源於它選擇了模仿自然科學的道路）。「實驗性團體」的發明雖然在某種程度上處理了這些矛盾，但卻只能是治標不治本。

　　要研究那些自然（其實是社會）「產生」的團體（比如不同年齡的孩子或者男性和女性），只需要做一件事，那就是把他們從一大堆雜七雜八的數據中標識出來。這些群體雖然進入了心理學研究，但它們是已有的社會分類，在一定的文化裡有確定的用途和意義。不過，倘若為了心理學的研究，造出新的分類標準，發明出在原有文化中並不存在，也沒有既定意義的新群體，顯然又是另外一回事了，因為新造的群體只是因為心理學家賦予的特質才存在，是他們獨有的文化產品。這裡潛藏著的是集合論的預設，舉個例子：

　　我們知道，一個組的平均水平並不是每一個組內成員的個體特質，而是整個組的特質。但這個組又是什麼樣的團體呢？它是心理學研究的特定數據來源，由參與研究的個體組成，這些個體在實驗情境中被定義為一個團體……，這種從一個組的平均水平得到的團體

特質是被實驗室定義的，而不是被實驗室之外的社會實踐定義的。
（Danziger, 1994, p. 85）

　　正如丹齊格所說：如此一種轉換概念的操作實在威力巨大，顛覆性地影響了心理學將要前進的方向。

　　它為心理學指出了一條朝向科學的道路：依據自己的標準把人分類，而不是依據日常生活中那些未經推敲的分類。心理學建構的團體類別完全有可能取代社會團體之前已有的傳統類別，比如將孩子們分類或者按智商招人就是此類做法較早的版本。根據這一思路，透過研究過程創造出來的人為的團體特性，為心理學提供了作為抽象科學的根基，而這樣做從來不需要將任何真實的個體或社會團體的脈絡考慮在內。（Danziger, 1994, p. 85）

　　近幾十年間，心理學建立了上千個用來區分人的標籤（在DSM-IV中的只是很少的一部分），這些標籤已經替代了日常生活中的那些分類。這些人造（實驗、治療、控制、心理測量）的不同分類將知識的更迭建立在心理學的創造和哲學抽象組成的砂土之上── 這意味著心理學研究出產的知識完全由生產它們的那些實踐所決定。舉例來說，在包含實驗組和控制組的研究中，研究者根據自己為二者設定的差異來解釋研究結果；使用心理測量進行分類（研究者根據心理測量中的表現來選取個體）的研究依據研究者創造出來的這一團體穩定的總體特徵來解釋結果。與分類「不符」的數據會被當成錯誤數據或受到了人的影響來處理（這是一個解決操作型定義問題的辦法，常人方法學論者加芬克爾（Garfinkel, 1967）戲稱說這個辦法可以解決「任何問題」）。這種想要解決操作性定義存在的問題（或內在矛盾）的

嘗試，就像羅素在數學和邏輯學裡提出的「類型論」一樣，不過是權宜之計。

在得到可以從抽象群體中抽取抽象特質的數據生產工具之後，心理學將這些數據作為科學研究的發現精心包裝成有關個體的知識賣了出去。這就是個騙局。甫一開始，心理學就沒有把個體放在眼裡，它並不關注作為個體的人。美國心理學曾渴望成為一門有社會關懷的科學，而不是社會科學（Danziger, 1994, p. 88）。因此，心理學家把個體（那些血肉豐滿、活著並呼吸著，身處一定社會情境中的人，終究還是被心理學實驗招募了去，直到現在仍然如此）當成媒介，聲稱透過他們能夠揭示出人類行為的法則。成為心理學主題的正是這些「法則」，而不是個體的人。同時，也正是這些「法則」擴展了心理學研究主題的範圍。

▌批判：社會處境中的個體

讓我們來從這樣一個觀點（這是很多心理學家都持有的一個觀點）審視心理學：心理學應當尋求發現那些潛藏在人類行為中的抽象法則，而不是研究人的經驗或個體間的區別。即使我們贊同這是一種理性的做法，而且可能多少會起到些社會作用，但誰能確保這是心理學要走的正路呢？

在我們看來，最關鍵的問題依然沒有解決。對人文社會現象的研究從本質上就與對物理現象的研究不同（若不是這樣，就沒必要將心理學從科學裡獨立出來單立門戶了）。我們（本書作者）常聽到周圍

有人指出：那些研究人類的還是人類——是啊，我們是研究的主體和客體，研究者和被研究者。即便是真有什麼需要發現的隱藏著的抽象法則（我們碰巧認為壓根就沒這種東西），它們不僅在性質上不同於那些掌控物質客體的規律，而且我們也應該對自己在觀察過程中站在什麼位置保持敏感（無論就科學或其他角度來說都是這樣）。正如傑恩斯很早以前提出的人類具有自我覺察和抽象思考的雙重能力，它們都會轉化人類的切身經驗。

每一個科學化的努力都是一種社會性的實踐，而在心理學的探究裡，社會性特別展現在自我反映的行動裡（這種自我反映在像植物學、天文學或者物理學那樣的科學裡並不存在）。這種社會性是心理學在創建它沒有什麼生態效度的方法時竭盡全力否認的，而這一否認正是後現代主義著力批判的焦點。

一些批判從宏觀層面入手，指出不僅是心理學，而且還有心理學家，都是社會中的人。比如薩拉森（Sarason, 1981）在他關於心理學去歷史和去社會性的討論中提醒我們，心理學家在社會階層中的位置（他們出自金字塔底端的社會階層）會對他們所作所為造成很大的影響。在名為《被誤導的心理學》（既是對心理學的批判，也是為它辯護）的系列論文中，薩拉森認為心理學家沒有對他們的經驗和社會位置如何形塑了他們的概念和理論有所覺察，這把心理學帶入了歧途。另外一些作者則更加猛烈地批評心理學家為了要保護自身的利益，一頭扎入到問題重重的事業中，牢牢抓住他們那不能證實的理論

立場不鬆手[1]。

我們清楚地看到，心理學家們（一個專業群體，在很多情況下是指個體）爲著他們自身的利益而努力維護現狀。不僅如此，不少施加於普通人身上的心理和身體的暴力（其中最惡名昭彰的有消滅「低能者」、額葉切除手術、電擊療法，對特定人群的汙名化和剝奪他們的受教育機會，以及種族移民政策）正是心理學家們打著增進人類幸福的旗號做下的。還不止如此，我們認爲最隱微難見的是（這也是我們致力深挖的部分）心理學作爲一種帶有全球化意識形態和政治意涵的社會實踐與它發展出的本土化實踐之間存在關聯，而它那些神話／騙局（可不僅僅是它那看起來滿有內容的神話）的推進正是扎根在這一關係的歷史中。

心理學的社會性當然是一直存在的，即使是無菌的實驗室也躲不開這一社會性。近來一些關於心理學實驗的探問對於研究心理學的學科問題特別有幫助。比如在《解構發展心理學》（*Deconstructing Developmental Psychology*）一書中，伯曼（Burman, 1994）將經典的「視崖」實驗拆解開來，讓我們看到這個實驗暗含的兩個主題：一

1　參見Ingleby的專著*Critical Psychiatry*, 1980a; Prilleltensky在1994年對應用心理學的7個領域的倫理和政治性進行檢驗的著述；Albee（1986）關於一級預防與社會改變的著述，還可參見Albee, Joffe & Dusenbury（1988）的著述，以及來自女性主義、南美洲、第三世界和馬克思主義的心理學家的意識形態批判（如Burman, 1990; Rose, 1990; Sampson, 1991; Sinha, 1986; Ussher & Nicholson, 1992; Wilkinson & Kitzinger, 1993）。Frantz Fanon（1963, 1967）與Bulhan（1985）與Fanon的討論尤其有價值。

個主題是關於嬰兒是一種生物有機體這種觀點的影響，另一個主題是實驗本身就是一種社會實踐。「視崖」實驗早已為大家所熟知，它最初是由吉布森（Gibson）與沃克（Walk）於1960年發表在期刊上，後來又有別的研究者參與進來，成了一個系列的研究，好多年來一直是心理學教科書裡的標準實驗。

吉布森和沃克的研究本是設計來研究人類是如何感覺深度的，他們想知道人類處理和解釋深度的視覺線索能力是天生就有的還是後天習得的？這是不是人類這個物種特有的能力？在實驗中，他們將一塊棋盤放在乾淨的玻璃板下，創造了一個（對成人來說）看起來像是懸崖的裝置。嬰兒們被放在「淺」或「深」的一邊，媽媽們則在另一邊呼喊著她們的孩子，讓孩子們爬向自己。在最早的一個實驗中，27個嬰兒中只有3個爬過了「懸崖」，剩下的嬰兒不是哭就是遠遠離開「懸崖」。吉布森和沃克認為這表明大多數嬰兒在他們剛剛能爬的時候就可以透過視覺區分深度，儘管到最後他們也沒對這種能力是不是天生的下一個定論。

伯曼認為，雖然過了差不多55年，其他學者對吉布森和沃克的原初實驗有修改和重複，也有不少針對他們結論的批判性討論，但所有的一切都仍局限在「將實驗當成一種真實社會情境來分析」的預設框架中（Burman, 1994, p. 31）。為此她詳述了最近進行的一個實驗，這個實驗在視崖實驗中加入了表情識別的變量，結果發現嬰兒是否會爬過「懸崖」跟他們母親的表情（比如微笑、害怕、生氣）直接相關。伯曼這樣寫道：

這意味著這個實驗的研究設計忽略了動機因素，並且過度簡化

關係特定層面的複雜溝通，彷彿它只是一個關於個體感知能力的問題……此外，這個實驗讓我們看到，若將嬰兒分離出來作爲一個單獨的分析單位，結果將會出現何種偏差。我們必須要看到嬰兒行動於其間的整個包括物質實體和溝通交流系統。（Burman, 1994, p. 31）

　　上述說法既正確也不正確。伯曼的分析中最有意思的是她不經意地在社會或溝通層次一下子就抓住了實驗室範式（它從生物有機體的層次來看事情）的破綻。但是，實驗作爲社會實踐，必不可少的是它所創造的本體，而伯曼把心理學的主體和客體都拋棄了。就主體而言，比起吉布森和沃克關注的嬰兒們，伯曼更關注「嬰兒行動於其間的整個包括物質實體和溝通交流系統」；就客體而言，她更偏好「放置在眞實社會情境的任務」，而不是吉布森和沃克的深度識別任務。伯曼似乎忽視了心理學的神話／把戲的一個重要特徵，這個特徵與把孩子們視爲生物有機體同樣重要，那就是在作爲社會探究的實驗中創建了一個心理任務。

　　在我們看來，創建一個心理任務（不管它可能有什麽樣的社會性）會使把人作爲人來進行研究的這件事變得不可能，因爲人不僅有社會性，也有歷史性。在此，我們借由歷史性指稱那些改變決定變革者的所有環境因素的革命行動（Newman & Holzman, 1993）。而當心理學的實驗範式將細枝末節的改變放在關注的首要位置時，研究人的活動就變得不可能了。

　　正是從這種革命性的行動理論出發，我們才與伯曼那深刻的解構主義洞見分道揚鑣。我們也曾用同樣的方式批判了1970年代在比較人類認知實驗室裡實踐過的「生態效度」計畫（Cole, Hood

&McDermott, 1978; Hood, McDermott & Cole, 1980）中的社會——文化——歷史方法。這些研究者們（其中還包括我們這本書的作者之一霍茨曼，她之前名叫「Hood」）頗有說服力地論證心理學研究是「人和環境的交界面」或「場景」（類似於伯曼的「包括物質實體和溝通交流系統」），提出要用民族志的方法代替解釋性的、充滿偏差的實驗方法。透過創造更有社會性的分析單元，使用民族志的描述將能夠捕捉到人的社會性，以此消除科學的某些偏差。不過，這種消除了科學偏差的方法仍然是「嵌入在客觀描述之中的，而描述本身就是一種解釋」（Newman & Holzman, p. 188）。在實驗者看來，（社會）情境仍然是一種實驗，只不過他們仍需面對科學的分析性、它的工具主義本質和實驗參與者的行為、活動、經驗之間確實存在著的不一致。

德國心理學家克勞斯·霍爾茨坎普（Klaus Holzkamp）的想法和我們有些差異，但這些差異還不至於達到對立的程度。他致力於「批判心理學」，這門學問在1960年代中期就出現了，但是最近才透過布蘭特 （Brandt, 1979）和邁爾斯 （Maiers, 1991）的工作被英語世界的讀者知曉。霍氏關注的是應用心理學的政治意涵，他檢驗了實驗心理學的「外部相關」，也就是想看看心理學是否與實驗室之外的人們有著某種相關關係（這個問題類似於生態效度）？透過這些檢驗，霍氏認為，評價一個理論應當建立在其代表性的基礎上。

霍氏用契約的術語描述心理學實驗，他認為在被試者和實驗者之間有一個基本的約定，這個約定規定了被試者要「將自己暴露在一種實驗者為他／她設計的生活情境中，而這個生活情境是『實驗過程』

的一部分」，實驗將被試作為一個「置身於**並非自生**的環境中想像的個體」來對待，「被試者的**反應完全由**……實驗條件來**決定。**」（引自Brandt, 1979, p. 82，粗體字部分乃原作者為強調而作）。

按照霍氏所言推論：基於這個約定，被試「不再按典型人類的樣子在實驗中行動，而是僅僅作為有機體而存在」。而且，實驗者對約定如何嚴格限制了被試的行為視而不見（Brandt, 1979, p. 82）。於是，動物心理學和人類心理學之間的界線被清除了，因為心理學家可以在動物和人身上獲得相同結果。霍氏如此解釋人與動物為何會獲得相似的結果：「**實驗中的人按照實驗約定來行為，這使他們只是像一個個有機體，而那些老鼠就『是』有機體。**」（引自Brandt,1979, p.82，粗體字部分乃原作者為強調而作）

在我們看來，即使研究證明人在實驗中並非表現得「像有機體」，也不能推翻霍氏的論證。要是進入實驗範式的內部看，被試者確實表現得像個有機體；從實驗外部看，他們就不是這樣子了。如果我們說被試者在實驗室裡做了A或B行為，其實是錯將實驗室誤以為是一個物理空間了。實驗是一種不具有生態效度的研究方法，它可以應用在對一切事件的研究上，這事件可以發生在有形的實驗室，也可以發生在日常生活環境中（Cole, Hood and McDermott, 1978）。從維根斯坦的關係視角（這個我們會在第九章加以闡述）來看，實驗室實驗是一種生活的形式，或者說得再直白些，它是一種異化的形式。人們「像有機體」是一種異化了的生活／形式的表現，通常是不具發展性的那種。如此一來，心理學知識主張的漏洞就暴露無遺，它們損害了心理學自己的探究原則。

▌拋售個體差異

　　心理學的歷史並不為大眾所熟知，本科生和研究生的心理學課程中沒有完整講授過這個。（這種缺少歷史的情況當然不是只有心理學才有，美國的教育裡到處都是這樣的問題。）不過，有大量文獻細緻地探索了這個領域自身發展的歷史，探索了心理學與經濟、政治事件的關係，以及它與文化之間錯綜複雜的相互作用。

　　最近的50多年裡，心理學和相關領域的歷史研究如雨後春筍般冒出來，多由心理學家、歷史學家和記者站在系統和批判的角度寫就（如Baritz, 1960; Cushman, 1995; Hilgard, 1978; Hunt, 1993; Kamin, 1974; Koch, 1959; Koch & Leary, 1992; Morawski, 1988; Napoli, 1981; Prilleltensky, 1994; Sarason, 1981）。這些文獻大多數依賴於學術期刊、流行雜誌和報紙等文檔資料，也參考了美國心理學會、國家研究委員會以及其他與心理學建制發展關係密切的組織所保存的文獻，以及心理學家和其他人的紀錄。很顯然，心理學的先行者們事無巨細地記錄了這一學科的發展，人們能夠查閱的資料包括各種正式授課內容和演講資料、美國心理學會的會議記錄，以及心理學家、政府工作人員、軍人和商業大亨、律師、慈善家和記者之間的通訊記錄和備忘錄。

　　幾乎所有資料都顯示，讓心理學走上歷史舞台的是所謂的個體差異研究和第一次世界大戰。最早從1890年開始，美國心理學家就帶著實用的興趣為商業管理、廣告經理、公立學校以及「低能者」的培訓學校和機構的主管提供智力測試和職業選擇的諮詢（雖然為數不

多）。在1917年美國參戰後不久，美國心理學會的主席羅伯特耶基斯（Robert Yerkes，此人自己並不做應用層面的工作）就要求心理學會的執行委員會要團結起來，鼓勵成員們發展心理學家參與軍事工作的計畫。

他們預料到自己的專業將在徵招和指派參與某些特殊戰役的官員和將士的事情上大顯神通。但是，現有的比納智力測量原本是爲個別測量而設計的，要完成大規模選拔的任務會太慢，太沒有效率。於是，委員會著手設計一種可以用來進行團體施測的標準化測驗，這樣就有了陸軍甲種測驗（Army Alpha Test）。軍方同意在軍隊中試測，並任命耶基斯主持這一測驗計畫。

先不說那些聲稱智力測驗是他們領域專長的精神病學家要來插上一腳，首先軍方就對這些測驗的價值表示懷疑，搞不清楚爲什麼這些東西會與人事問題直接相關，而不是與醫學問題（也就是精神病學的問題）相關。但即使是這樣，這個測驗計畫還是得到了順利執行。它僱傭了350多名心理學家和研究生，直到戰爭結束總共測量了近2百萬人。而戰爭剛結束，這些心理學家中的不少人就在43個軍方醫院中完成了一對一治療病人的任務。他們施測並治療病人，同時還試著努力提高士氣（Napoli, 1981, pp. 26-27）。

那麼，這樣的測驗對軍隊到底有沒有用呢？結果實在很讓人懷疑。有8千人因爲他們在測驗中的低分被宣布不適合在軍中服役，而其他人的數據軍方是如何使用的我們並不清楚。扎梅爾松（Samelson, 1979）在他那論據嚴密的《意識形態與智力測驗》一書中指出，軍官們如何依據智力測驗的分數來給士兵們分派任務根本就

是個懸案。軍隊的檔案記錄中，有關測驗結果的報告混亂，錯誤百出（在一個營裡，測驗計分的錯誤率高達20%），對人事安排的建議也說得不清不楚，況且，軍營裡普遍相信要培養一個好士兵，有遠比智力更重要的東西。（有些軍官認為「相較那些聰明的、在智力測驗上得分更高的人，那些幾乎沒受過什麼教育，也並不聰明的人往往更能成為一個好兵。」（Samelson, 1979, pp. 143-145）

這些測驗的效度實在大有問題。若把測驗結果與軍官們的判斷、士兵們進入軍營後在訓練中的表現相比較，根本得不出什麼確定的一致性結論。戰爭結束以後，心理學家想驗證測驗用於軍隊徵招有效性的計畫流產了，所以他們最後也沒有得到任何可以證明這些測驗能夠預測士兵們的戰場表現的數據。此外，還有一個一點都不讓人驚訝的事實，那就是測驗結果和受教育年限有非常高的相關性。由此，扎梅爾松對測驗結果總結道，說不定僅僅記錄教育水平也是可以的，還不會像這般費時費力還費錢。

但是，軍隊的智力測驗計畫對於心理學來說卻是價值無限。一位歷史學家曾毫不客氣地指出了這一點：「心理學沒有給戰爭貢獻出什麼實際的東西，但戰爭對心理學的貢獻可是顯而易見的。」（Camfield, 1970，轉引自Samelson, 1979, p. 154）這一事業給心理學帶來了聲譽和粉絲，拓展了它與軍隊、政府和工業裡一大堆有錢有勢的人的關係圈。它也推動了優生學運動的發展，這個時代領頭的幾個心理學家都是這一運動熱情的支持者 —— 比如耶基斯就是優生學研究會的會員，在戰爭開始前他曾被任命為國家優生委員會監獄事務方面的專家（Kamin, 1974）。毫無疑問，第一次大戰時心理學與軍隊

的聯姻建立並擴張了心理學新產品的市場，而心理測驗也被視爲一套能明確測量「個體差異」的工具。

　　工業和教育領域的管理者是心理測驗的兩個熱情的買家。世紀之交，工業的驚人發展和義務教育制度的建立分別帶來了兩個前所未有的挑戰：如何從勞動力身上獲取更多利潤和讓一個貧困的移民兒童多少有點文化（至少要順從）。雖然在剛開始的時候，工業和教育領域的管理者並不願意向心理學尋求幫助，但是經過第一次世界大戰之後，他們確實在態度上有了變化，更願意接受應用心理學了。

　　以應用心理學爲對象的社會——文化分析表明，使心理測驗被大眾接受的因素還包括：處處瀰漫著的進步主義空氣、政府的成熟、美國拓荒時代結束、對科學的推崇（和科學與進步的聯合），以及「混亂中建立秩序」的需要。不少學者認爲，彼時心理學特別熱切地要與資本主義建立起緊密聯繫（見Baritz, 1960, *The Servants of Power*, 及Napoli, 1981, *Architects of Adjustment*）。他們（主要是歷史學者，近來文化分析學者也加入其中）主張，心理學並非空泛的意識形態，唯有將它放回到它曾經和現在所處的那個複雜的社會——文化——經濟——政治進程中才能眞正了解它的全貌。我們贊同這樣的觀點，並曾寫過一些文章致力於這類分析（Holzman & Newman,1979; Holzman & Polk,1988; Newman, 1978; Newman, 1991a; Newman & Holzman, 1993）。不過，在此我們想把討論集中在幾個特定事件的交集上，由此我們可以看到心理學如何在經濟發展和經濟增長的時期成爲政治——社會自由主義的僕人。這將有助於我們理解心理學是如何作爲一種徹頭徹尾的商品爲在現今的經濟、社

會和政治危機中掌權的人提供服務的。

　　二十世紀的頭20年裡，提高產量和制止工會運動是工業領袖們最關心的兩個問題。他們認識到必須「像管理產品和生產過程一樣把人給管理起來」（Baritz, 1960, p. 15）。比如，福特為了解決工業擴張帶來的底特律的汽車工人流動率高的問題，在1914年將他自己工廠裡的工人工資由每天2.3美元上調到了每天5美元。但是，工人領取較高工資的前提是要過著一種良民生活，福特派人去工人們家中檢查他們的性生活、是否有縱酒習慣等，他希望透過這些行動，可以提高生產力以及工人們對公司的忠誠度，而他也的確如願以償了。而到了1919年，因為物價上漲，生活水準提高，他又不得不再次調升工人的日薪到6美元。

　　當一些公司開始效仿福特的做法時，卻發現這種做法並不是總能取得成功，而且，這種做法花費太大。巴里茨（Baritz）指出，福特真正的貢獻是把人事問題帶到了台前，提上了議事日程。於是，一些製造商靈機一動，不再花大力氣控制和培訓工人，轉而將力量集中在選出好的雇員上，「選出有他們的機器一半好的工人」就能成就好事業。（Baritz, 1960, p. 35）。

　　雨果・閔斯特伯格（Hugo Munsterberg）和沃爾特・D・斯科特（Walter Dill Scott）這兩位心理學家被譽為工業心理學的創始人。他們都曾在萊比錫師從馮特，也都曾在美國的大學工作（閔斯特伯格在哈佛大學，斯科特在西北大學）。他們的貢獻不只在講課和著作，還在於他們與「工業領袖」交往接觸，創造出工業界對心理產品的需求。

　　閔斯特伯格首先對上百個管理者進行了調查，詢問他們認為雇員必須有的那些心理特質是什麼。比起得到的答案來，閔斯特伯格對這些管理者們對這個主題的強烈興趣有更深刻的印象（Baritz, 1960），隨後他便將自己對於工業心理學的想法付諸筆端，出版了一本名為《心理學與工業效率》（*Psychology and Industrial Efficiency*）的書。與此同時，他也開始為工業家工作。借用智力測驗的技術，他發展了可應用於不同企業的選拔測驗，包括美國菸草公司（旅行推銷員）和波士頓貨運公司（火車司機）。

　　斯科特透過廣告進入工業界。自他接受一個芝加哥的廣告商的邀請，做了個關於心理學如何有益於廣告事業的演講之後，一個大廣告公司就向他伸出了橄欖枝，請他寫一系列關於這一主題的專欄文章。其時斯科特已是西北大學的心理學教授，1909年他又成了廣告界的專家。在接下來的日子裡，斯科特為包括西部電氣公司、國家鉛業公司和喬治巴騰廣告公司在內的領頭企業設計了選拔人員的程序和員工評價量表（Baritz, 1960; Napoli, 1981）。產學聯合在全國各地持續地發展起來，這在所有人看來都是一個互利互惠、共同進步的機會。

　　戰時的心理測驗計畫不僅使測驗和選拔程序被廣泛接受，也使心理學家們站到了舞台前面（斯科特因他戰時的工作得到了「傑出服務勳章」）。同時，也讓心理學家有機會與政府或包括國家研究委員會在內的半官方組織建立聯繫。在國家科學院和工程基金會支持下，創建於1916年的國家研究委員會致力於「發現和動員舉國上下的科學資源」（Baritz, 1960, p. 45）。多年來，它在建立心理學與工業和軍隊的深刻聯繫上都持續扮演著一個領導的角色。

　　70多年以後，工業／組織心理學已在全美的商業組織中發揮了驚人的作用。正如我們在第六章中所看到的，美國的商業領袖們發現佛洛伊德學派心理學對於廣告如何吸引客戶提供了價值無限的啟發。心理學和工業的聯盟無疑將心理學知識合法化更推進一步。早期的心理學家已經建立起了一套應答機制，證明了他們有能力解決歷史洪流中特定權威人士的需求。這種應答裝置中有一個關鍵因素，即一套由現在我們稱爲認知、人格和社會技能等概念組合起來的專家知識體系，並且以爲可以向握有這些專業知識的人購買（用貨幣或其他東西）服務，這些擁有知識的人也會因爲興趣組織起來解決社會問題和經濟問題，比如大眾教育這樣的社會問題。

　　現在，教育學與心理學的聯合已不再模糊不清了，學習被理解爲至少部分是（若不完全是）一種心理現象。在教育過程和教育體系中，教學方法、學習風格、課程發展、測驗和評估環環相扣——它們全都被視爲心理科學和教育理論交叉融合的實踐運用。

　　其實在二十世紀早期的時候心理學和教育學也曾結過盟，但當時這個聯盟在以上這些問題上幾乎沒有什麼作爲。在政治意識形態的水平上，心理衛生運動曾著手改進瘋人院的環境，並將觸角伸進了教育和兒童照顧領域。這一社會運動打著爲了更好未來的旗號，將社會和人際問題歸結於個體在兒童時期的適應不良，而這可以透過某個機構的干預得以矯正，這些機構正是實現社會控制的代理機構。私立基金會開始給心理衛生項目投入大量資金贊助，教育類的項目尤其受到青睞（Danziger, 1994; Rivlin and Wolfe, 1985）。

　　心理衛生運動的目標（就像工業的目標一樣）使心理學家將智力

測驗拓展到了人的「特質」或「特徵」領域。測驗和量表建構起評估和測量人格的手段，其目標在於選拔人員和評定適應不良的情況，這個新技術使心理學家獲得了創造某種特定知識的能力。

　　爲了確保能測量到某些特定的人格特質，心理學家「提供了具體的類別，將普遍的社會要求（某種人要有特定的表現）轉化爲心理學術語。眾多社會期望的情形被聚合在一起，形塑成一個『榜樣』或者恰好相反的『警世』的抽象特質。而這些特質已不再被認爲是人與人互動產生的結果，而是個體獨有的。」（Danziger, 1994, p. 163）。

　　二十世紀的頭20年裡，學校變成了仿照工廠進行科層式管理的機構。1918年，48個州都實施了義務教育法。發展中的城市工業化和不斷增長的移民產生了將年輕人（尤其是出生於國外的窮人）迅速同化於美國文化的需要（Greer, 1972; Rothstein, 1994）。這一時期還有文獻把學校管理者比作工廠管理者，把老師比作產業工人，把孩子們比作「被塑造和製造成滿足生活不同需要的產品」的「生產原料」（Rothestein, 1994, p. 49）。學校管理者努力實現總體的「工作效能」（Danziger, 1994; Napoli, 1981），而爲了達到這個目標，他們需要杜絕「浪費時間」，合理規劃使用物理空間，將學生分類，對比不同的教育方案、不同的教育團體對他們產生的作用，並證明他們的措施是有效的（Danziger, 1994; Rivlin and Wolfe, 1985）。

　　這些情況正中心理學家下懷。彼時心理學已經在軍隊心理測驗計畫（且不管它的作用如何乏善可陳）中確立了學科合法性，又在人格測驗上看到了自己的光輝前途，現在它又想透過小小的量表在學校里插上一腳。而早在1890年代，心理學家就聯合教師們開展了大型人

口普查類的兒童研究，雖然當時這些努力並沒有產生出什麼科學的發現，但這樣的合作卻的確為後來心理學與教育學的聯合埋下了伏筆。

為了要滿足學校管理者的需要，心理學家必須發展新的研究形式，因為不管是實驗還是智力、人格的測驗都不能應對這一挑戰。英國一位名叫W溫奇的督學（Danziger, 1994）搞出了一種新方法，他將孩子們分組，把他們放在不同的教學條件下，測量他們之前和之後的表現。學校這種環境便於分組和測量（大量兒童已經在一個控制的環境裡被分組了），心理學家發現這裡尤其適合使用系統化的操作。而對心理學評估更重要的是，學校與實驗環境有著一些相似的特點。於是，不久之後，小組工作就被帶進了實驗室。後來的治療團體和今天已成為心理學研究主要支柱，讓人眼花繚亂的統計技術正起源於此間。

無論是在學校還是在實驗室裡，人類行為都被簡化為一種表現（輸出），它可以轉換為對某種特定的人類能力的度量，但這些能力又被極快地歸納為抽象的「學習」或「遺忘」。實驗的方法（出自實驗室）和數據的聚合（來自智力測驗）結合在一起，這個新造之物的源頭是全然工具性和實用性的，它成功地滿足了一個工業風格的教育系統的管理需要。不過，在學校中工作意味著在學校系統自身的日程、規則和權威約束下工作，這當然會使這種方法受到局限。不過，在心理學實驗室裡情況是非常不一樣的：

在大學實驗室的安全保證下，有些實驗用相對世俗的方式組織起來，要想發展出維持無所不能的科學神話的人造工具……（對那些頗有雄心的心理學家而言）兒童在不同條件下，在學校任務中的表現

不過是概括化的「學習規律」的一種具體操作而已，而「學習規律」可是貫穿於整個人類行為中的。這樣的觀念讓他們持續地使用那種已經被證明在實踐中是有用的實驗樣式，並對實驗結果進行重新解釋，如此一來，他們便可以提供證據證明行為的本質規律是存在的。（Danziger, 1994, p. 115）

　　在教育的效率／科學心理學的諸多開創者中，愛德華・李・桑代克（Edward Lee Thorndike）是最成功的一位。與他的同儕們一樣，桑代克透過軍隊測驗項目建立起個人聲譽（他曾任軍方的人事委員會主席）。他也曾為商業組織提供過服務，1915年他為大都會人壽保險公司開發了人事測驗（Baritz, 1960）。在1920年代到1930年代擔任哥倫比亞大學教育學院教授期間，他與學校管理者有著很好的交情，將大眾媒體和學術期刊都作為宣傳丹齊格稱之為「量化的玄學」之類的東西的媒介。桑代克相信測量是事物的一個基本屬性，他說：「凡存在之物皆有其數量」（轉引自Danziger, 1994, pp. 146-147）。他的工作顯著地推動了心理學中一個新領域的建立，這個新領域就是關於學習的定量心理學。

▌整合心理學範式

　　根據一些研究心理學史的學者所言，那些日益增多的產品、複雜精巧的心理測驗所帶來的重要的概念和方法論上的變化有助於整合心理學範式（以及心理學的神話／騙局）。首先，個體差異的概念重新被抽象，我們再也不能從字面意思上看到個體到底是什麼（Burman,

1994; Danziger, 1994; Soldz, 1988）。對個體特徵的認識不再建立在個體本身獨一無二的品質上（在特定表現或更普遍的意義上），而是依據其相對於群體平均值水準的位置來定義它。這意味著任何個體的特質與其他人的特質一樣，都是一種在個體過去經歷中展現出來的機能樣態，而個體與他人共有的品質是決定個體特質的基礎。要對一個體做出科學的有意義的陳述，就是拿他跟其他人進行比較。

在二十世紀的前20年裡，心理測驗的普及在鞏固將智力作為一個客觀的、可操作、可測量的人類行為維度的過程中扮演了一個至關重要的角色。儘管心理測驗和那種認識實在必須依靠測量的想法並不新鮮，但它們都透過這一過程在科學化的大道上更進一步。雖然行為主義已經成為學院派的心理科學之主流，但在那些應用層面的「專家」或是公眾的認識裡，智力是穩定的可測量的這一觀念的影響卻從未消退。最近赫恩斯坦（Herrnstein）和默里（Murray）所著的《鐘形曲線》（*The Bell Curve*）一書大受歡迎，恰恰是這一影響的明證。

實際上，智力以及智力測驗的實踐已經在全社會搭起一個競技場，在這個競技場上，「先天」與「後天」的爭戰從來沒有停止過。測驗的支持者和行為主義者們幾乎在一切事情上都針鋒相對，從政治和道德立場到對人性構成的認識，再到他們各自的探究實踐皆是如此。不過，雖然存在不小的差異，但是對於兩者來說都頗為重要且都在持續努力的是：心理學要如何在總體上進行學科建構，尤其是要著重思考「學科建設」（這與對人的研究截然不同）的問題。

智力測驗為個體差異的研究帶來了新的方法和如何評估這些差異

的新觀念，這些都拓展在了人格測驗中，並演化出行為主義「更加科學化」的實踐（我們在後面會談到精神病理學的研究）。行為、功能以及建立在表現之上的對個體特徵的評估都處於嚴格限制的環境中（這些全是新的）。不管是心理測驗的擁護者還是行為主義者，他們都從事著相同的研究實踐，這些研究實踐都假設對人類的理解能夠從在控制條件下對標準刺激的反應中產生出來。

　　以前那些測量人的頭圍尺寸、依據人的體形給人分類，以及解釋人們的書寫和面部表情等的探究背後潛藏著一個身心相連的觀念，說得更清楚一些，也就是人們假設人的人格或能力之中能體現出他們的神經結構或身體構造。但是，智商測驗和操作性條件反射實驗並不承認這一假設（更不必說什麼身心一體了），而是認為我們可以根據在特定情境中人們的表現揭示人類的能力和行為的普遍規律。在當今這個重視效能評估的世界，這樣一種概念的改換所帶來的影響恐怕很難用隻言片語說清楚。

　　效能評估如何佔了上風？在從另一路徑論證智力測驗促成了現代心理學範式時，扎梅爾松（Samelson, 1979）提供了一些線索（儘管他並未像我們一樣找到其中的關聯）。他描述了在1920年代發生在博林（Boring）和布里格姆（Brigham）這兩位心理學家之間的爭論：博林檢視了布里格姆的研究，主張應當按照心理學家對智力的定義來對人群進行分類，他認為布里格姆把測驗中的表現與更廣泛的智力定義搞混了，而後者原本就先於任何智力測驗存在，並不依賴於它。所以，博林要求布里格姆拋棄他將智力定義狹隘化的做法，以免心理學家們從智力測驗中得到的結論受到批評，因為「智力的本質」

是人所共知的。不過，據扎梅爾松所言，（在對布里格姆優生學的論調進行公開批判之後）僅僅過了一年，博林就改變了他的立場，主張智力就是智力測驗測量的那些東西（Samelson, 1979, p. 157）。

博林後來改變了自己的想法，這也許不過就是個簡單的機會主義事件。然而，在扎梅爾松看來，這告訴我們早期心理學家們對於什麼是心理學最有效率的工具確實有過爭論。「心理學家使用（它）對各種重要現象（智力、攻擊性、學習以及其他很多東西）做出結論，而當遇到經驗數據難以得到合理解釋時，心理學家就會利用操作性定義來重新處理那些在實驗室裡創造出來的概念。」（Samelson, 1979, p. 158）

操作性定義這種算不上正式的推論形式在1950年代就被科學哲學家狠狠地批評過，他們指責心理學家緊緊抓著一個長期以來不被哲學家和唯物論者認可的哲學概念不肯鬆手（Polkinghorne, 1983）。

在之前「的那些未曾聽聞」的章節以及本書對當代的一些研究實踐和知識主張的解構中，我們的目標是將後現代主義中那些針對（結構化和商品化的）個體這一心理學的研究對象的批評集中起來並加以補充。正如我們所看到的，現代心理學在關注個體的同時又轉身背離了他們。在某種程度上，它不僅對人最基本的社會性和歷史性（包括心理學家自己的）視而不見，而且企圖要從研究中將它們給剔除出去，因為心理學唯一關注的是由它一手建構起來的孤立個體。與此同時，抽象的個體心理學已經構築成形──基本上有了可操作性、規範與可比性──它將之前它曾經參與生產的那些高度孤立、過於自我、「正常」異化的後現代文化的成員剔除出去。心理學的個體跟古希臘

眾神一樣虛幻，跟現代科學的林林總總一樣玄妙，它們不僅虛假，而且完全沒有發展性。

　　心理學曾聲明與它的哲學母親一刀兩斷，而與它的科學兄弟結成盟友，但個體概念和個體差異的研究範式的演變卻與此背道而馳。因為在試圖模仿自然科學的同時，心理學也接受和適應了後者的哲學預設。更進一步來說，早年心理學家發明的那些將研究對象物化的做法和讓人眼花繚亂的技術（直到今天仍然在使用，不過時而是高級版時而是普通版罷了）與化學家、物理學家或者生物學家使用的方法沒有一點關係。這些研究對象和技術並不是自然科學模式應用於人文現象研究的結果，而是偽裝起來的哲學，披上心理學外衣的先驗形而上學。

　　第六章和第七章將論述心理學如何建構起心理疾病以及如何理解人的發展，在這兩章中，我們將陸續遇到類似實驗被試、個體差異、控制組、統計差異、操作性定義⋯⋯之類的抽象概念，還會不斷發現這些概念背後潛藏的假設。

心理學最好的推銷者：精神疾病與心理健康

精神疾病（情緒障礙、精神病理學）的研究、治療與心理健康管理是心理學家涉入最多的人文社會領域，他們在這一領域的工作不僅促進了個人主義與異化的盛行，讓古代哲學的抽象概念與二元論有了新的生命，也為確立理性主義（將知識等同系統化和因果解釋）在現代哲學中的統治地位掃平了道路。

維根斯坦對語言和心理學的哲學思考有著獨特的興趣，他認為「在我們的語言裡貯藏著一整個的神話。」（1971, GB35）[1]。當在普遍意義上論及日常語言時，他直截了當地談到臨床心理學、社會工作、精神病學以及（在他死後才成為專業的）當代心理健康專業。正常—不正常，原因—條件，心靈—大腦，理性—非理性，內在—外在，自我—他人，壓抑—表達，現實—想像這些二元話語鑲嵌在平淡普通的「我」與「他者」的日常經驗中。近幾十年來自我的裂解，逐

---

[1] 哲學作品的慣例是引用維根斯坦的作品只需注明標題（簡寫的）和段落、頁碼。本書中我們還在所引文獻後注明了出版年分。節選內容的完整題名讀者可在本書附錄的參考書目中找到。

漸解構的文化中我們扮演的社會角色日益繁雜，這些都使我們的經驗作爲個體化的存有（自我認同）依然緊密地與「我們的心智」相聯繫，而不是與外在他者相連。我們仍舊靠著心靈專家來告訴我們如何看待自己。

心理健康專業那些快速變化的專業術語已經成爲了流行文化的一部分，這告訴我們這一專業的話語有多強大。被改變不只是某些特定字詞，整個話語的架構也被改變了。比如，近年來「疾病」就被「缺乏性障礙」給代替了。除了精神分裂症和憂鬱症（它們現在都被神經精神病學和基因生物學把持著）外，倘若人們陷入某種痛苦和疾病中時，他們的情緒／心理狀態往往被描述成缺乏（比如「注意力缺乏障礙」）或損傷（比如「過動」或「情感依賴」）。

沒錯，給我們提供了上述這些特定的心理狀態類型（不管它們是疾病、健康、障礙還是缺乏）、並在全美僱傭了最多專業人士的心理工業價值數十億美金，但倘若我們回過頭去看它的發家史會發現，它的出身其實並不怎麼光彩。

精神衛生運動與佛洛伊德對情緒、人格發展和行爲的本質提出質疑，從而從不同路徑挑戰了由來已久的瘋狂與正常的分界線。一直到100多年前，精神衛生運動和醫生們才在歐洲和北美爲瘋人們爭取到了接受治療的機會，原來那種把瘋人們鎖在鐵鍊裡，使他們與世隔絕的不人道的對待方式這才被逐漸取代。之前雖然斷續有過一些幫助這些瘋人們的嘗試，但這一工作變成風潮、最終推動改變卻是直到十九世紀才發生的事。

隨著被認爲是發瘋了的人的數量越來越多，用來收容（後來是治

療）他們的機構規模越來越龐大，如何治療精神疾病的問題也得到了人們的關注（Magaro, Gripp & McDowell, 1978）。以美國爲例，1860年全國範圍內的瘋人數量差不多有2萬4千人，而在20年後，這個數字攀升到了近10萬人（而在歐洲，將窮人和瘋人一併收容，關在一起是司空見慣的事）。 儘管醫院管理者協會（the Association of Medical Superintendents，也是瘋人院的管理者）在1850年代就提出瘋人院收容的病人數量最多不能超過250個，但1865年開業的紐約州威拉德瘋人院在開業時床位就有1500個了。在接下來的20年間，隨著遍布全國的州立醫院也開始收容瘋人（他們收容了差不多10萬人左右），瘋人院的收容人數才有所下降（Magaro, Gripp & McDowell, 1978, pp. 26-41）。

瘋人院表面上看起來似乎是個平靜、安寧又秩序井然，能夠幫助病人恢復道德／精神功能的地方，但實際上，這裡處處都是限制、剝奪和處罰。對瘋狂的認識有兩種觀點：一種認爲心理障礙是由病變的大腦引起的，且不可能再修復；另一種則認爲心理障礙是由於環境的壓力造成的，一旦離開這種環境，進入一個有可能幫助人恢復理智的環境，那麼病人就可以康復。但是，即便是在持第二種觀點的瘋人院，它們的記錄中有的可不只是平靜安寧的環境，還有一些其他東西，比如：「要去除不正確的聯結，重新恢復正常的聯結：爲了使人性化的監測系統得以運行……（我們必須）說服瘋人們服從醫生和看護的絕對權力……要在其他病人面前處罰那些逆反的病人；……（對情況好轉的病人們）給予有限的自由；介紹……僱用他們參加農業勞動。」（引自Deutsch, 1949, in Magaro, Gripp and McDowell,

1978, p. 27）。

　　眾所周知，精神衛生問題得到廣泛關注源於從耶魯大學畢業的克利富德・比爾斯（Clifford Beers）在1908年出版的《一顆找回自我的心》，比爾斯本人曾因爲躁鬱症在瘋人院裡待了三個年頭。按照 Kovel（1980）及其他一些文獻的說法，比爾斯在瘋人院裡遭受的虐待（這本書在曼哈頓州立醫院的精神科醫生阿道夫・梅耶（Adolph Meyer）的幫助下才得以出版）就此曝光，這也成了精神衛生運動的導火線，使精神醫學與以美國公共衛生局爲代表的國家權力搭上關係。精神醫學在此期間也獲得了重大發展，人們發現青黴素可以治癒由梅毒引起的麻痺性痴呆——這是醫學界首次確認了一種嚴重精神障礙的病因並找到了治療方法。在接下來的40年裡，精神病患者繼續在瘋人院管理者和精神科醫師的共同看顧下生活，時不時地會在「監護式治療」的名義下，被當作實驗室裡的小老鼠參加越來越多尚處於實驗階段的侵入式治療實驗（包括冰浴、注射胰島素、電擊療法以及前腦葉白質切除術）。

　　其時，心理學在瘋人們身上的作爲實在寥寥，一是因爲精神病學壟斷了這個市場，二是早年的心理學的確也沒什麼東西可以提供給這個市場。要是它想在這個領域分得一杯羹，必得先確立它在科學上的合法性，而且要證明它能夠對美國的經濟和社會發展大有助益。而正如我們前面說過的那樣，心理學想透過它在教育和工業領域持續提升學術地位的努力來實現這一目標。

　　在二十世紀上半葉，臨床心理學還是一隻醜小鴨，因爲在心理學的三個應用領域：工業、教育和臨床中，它不僅規模最小，也最微不

足道（Baritz, 1960; Furumoto, 1987; Napoli, 1981）。它沒有像工業和教育心理學那樣集聚起足夠的專業聲望，也沒有像它們那樣給官員們帶來什麼立竿見影的好處。臨床工作者一般在州立醫院、看守所和犯罪中心工作，在那裡他們給精神病學家當副手，主要工作是做心理測驗。在他們的心理學同行看來，這種工作實在是卑微得很，跟奴僕一般。

　　古元（Furumoto）關於1890年至1940年期間，女性與心理學職業化的分析告訴我們，這一時期在心理學家這一職業中存在很強的性別偏見（Furumoto, 1987）。根據他的數據，這一時期心理學比其他學科對女性更開放，取得心理學博士學位的女性比取得物理或化學博士學位的女性多，美國心理學會中女性所占比例也非常突出（1917年是13%，到了1938年，這一比例差不多快接近22%）。但是，儘管接受了學術訓練，女性仍然不能在女子大學之外的地方獲得學術職位，因而她們只能從事「男人們不做的」（Furumoto, 1987, p. 106）臨床心理學工作，並成了這個領域裡的大多數。此時男性心理學家對教育心理學或臨床心理學並不在意，他們更多地為工商業界服務（同時保留著他們在大學中的教職），與政府、軍隊和工業巨頭始終保持重要聯繫的是男性心理學家。因此，在第一次世界大戰期間，沒有一位女性心理學家參與軍隊的心理測驗項目。

　　甫一開始，學院派的心理學家與臨床工作者之間的關係就有些緊張。這可以從臨床心理學家在最大的心理學家專業組織——美國心理學會（APA）中的地位就可以看出來。一戰後不久，一個臨床心理學的分會就建立了，但它只對那些對測驗有興趣的博士們開放。而在

1930年左右，臨床心理學家們撇開APA單獨成立了自己的協會，直到1954年他們才重回APA。而直到1946年異常心理學和心理治療才成立了APA的一個分會，不過不久後這個分會就解散了，與重新回歸APA的臨床心理學分會合併。

精神醫學其時已處於壟斷地位，而由於心理學對精神病的處置缺乏專門的工作模式，心理學專業機構雖遍布各地，卻對精神疾病力有不逮……心理學在精神疾病問題上毫無作為其實一點也不讓人覺得意外。而要想在精神衛生領域分上一杯羹，不僅心理學要獲得科學的認證以及對它實用價值的認可，心理學家們還要重新解讀「異常」這一概念，否則心理學家們不太可能與那些已經被認為是精神病專家的人競爭，也不太可能在精神疾病領域站穩腳跟。「神經症」的發明／發現解決了這個問題，它融入心理疾病—心理健康體系，給心理學創造了一個「心理條件」，讓它可以在這個問題上發展專業知識。而佛洛伊德關於人格的革命性認識和他發展的激進療法——精神分析就為心理學家提供了這樣一個（一般神經症）的嶄新市場。

佛洛伊德以及他的精神分析理論對美國文化、美國人的「心靈」，和心理學、精神病學、社會工作、教育學和文學研究等不同領域的影響已有很多論述，在此不再贅言。而一些文化研究者並不樂意誇大佛洛伊德的影響，比如在《建構自我、建構美國：心理療法的文化史》（*Constructing the Self, Constructing America: A Cultural History of Psychotherapy*, Cushman, 1995）一書中，庫什曼這樣寫道：

佛洛伊德不動聲色地開始了一個工作，這個工作會改變心理治

療，影響流行文化，給廣告理論和人事管理帶來翻天覆地的變化，最終將資本主義從第二次大蕭條的滅頂之災中解救出來……美國的資本主義用佛洛伊德的潛意識概念替換了美國經濟及其文化—政治格局的實質。（p. 142）

　　1909年，佛洛伊德受邀在克拉克大學發表演講。之後，精神分析與幼兒性慾的概念開始透過報紙和雜誌流傳開來，後來它們還被請進了劇場，寫進了電影裡（Cushman, 1995; Torrey, 1992）。心理衛生運動因著佛洛依德的觀點展開了它在社會革新上的努力（Cushman, 1995; Kover, 1980; Napoli, 1981; Torrey, 1992）。在一般公眾眼裡，都市知識分子和文化社群是對佛洛伊德學說最為熱情的一群人，於是，一些精神病醫生離開精神病院，受訓成為精神分析師，以迎合這些受過教育的客戶們的需要。另一些人則將佛洛伊德提出的概念改編進傳統的精神病學中，在批評者看來，這些人是在將精神分析美國化和醫療化，磨去了精神分析銳利的批判面向（Cushman, 1995; Ingleby, 1980a; Kovel, 1980; Turkle, 1980）。

　　那麼，這時心理學家們又在做什麼呢？大部分觀點認為，從1940年代起，不論是在學術研究還是在應用層面，雖然心理學有時會以並不成系統的零散方式使用精神分析理論（Venn, 1984），但佛洛伊德對心理學的直接影響微乎其微（Magaro, Gripp & McDowell, 1978; Napoli, 1981; Rose, 1990; Venn, 1984）。而在臨床心理學家成群結隊地進入心理衛生領域之前，佛洛伊德的理論就已經改變了美國的社會理論和流行文化，理解痛苦情緒和問題的疾病模式已經確立（無論是從美國流行的佛洛伊德的觀點來看，還是從非佛

洛伊德的精神病學的觀點來看都是這樣），心理學作爲正當而有用的社會科學也已經登堂入室了。在此之後，因爲總算有了一種需要他們的知識來醫治和研究的疾病，心理學家們才最終有了一個位置可以發展他們的影響力。與其同時，在心理學中潛伏下來的哲學也與心理學一起發展壯大起來，而當心理學接手異常行爲這一新主題時，與這一主題相伴的、有關疾病的本體論問題也一起被接續了。只是不幸的是，這一本體論問題先天不足。

▌規訓異常

「心理疾病—心理健康」這一現代本體論是佛洛伊德理論與「科學化—技術化」模式的特殊合成品。從它被構建的過程中，我們可以看到心理學從哲學那裡直接拿來的那些預設與潛藏在它竭力想模仿的科學之中的那些預設之間是如何互相作用的。也正是經由這一過程，「對異常的規訓」有力地催化了個人主義（心理學化）的建構和人類主體性的商品化。

佛洛伊德本人雖在美國受到了極大的歡迎，但他的學說卻沒有馬上融入美國人的生活。在本世紀的前20年，佛洛伊德理論的不同面向在一些學科裡取得了顯著的進展，在不同時期也有來自於這一理論的一些概念在社會上大行其道。但奇怪的是，在1920、1930以及1940年代，這一理論卻沒有給那些被封閉在精神病院或大學裡的工作者和研究人類行爲的大學生帶來多少影響；而且，直到二戰以前，研究人類行爲的科學家也沒有對佛洛伊德理論進行過嚴肅審視，

更談不上要將其應用在實踐中。說到底，是對社會和大眾文化現象的討論造就了佛洛伊德的深遠影響（Magaro, Gripp & McDowell, 1978），而非其他。不過，後來這種情況改變了，精神分析理論轉而成為心理健康產業牢靠的基礎。接下來就讓我們來看看，這種改變是如何發生的。

　　精神分析理論最早得到大眾的青睞是在1920年代，這得歸功於當時的性解放運動（Torrey, 1992）。當這場運動到達高峰時，關於精神分析的文章數量也達到頂峰——1915年至1922年期間此類文章的年發表數量是1930年代和1940年代的3倍（Torrey, 1992, p.36）。佛洛伊德在城市知識分子中最受歡迎。托里（Torrey）認為，佛洛伊德理論之所以可以從野草變成家花，也許是因為它加入了先天—後天爭論的戰場（p. 104），而二戰前兩個高度政治化的社會問題——一個是優生學，另一個是犯罪行為——可謂是幕後推手。

▋優生學運動

　　正如托里所言，先天—後天的爭論絕大部分是在優生學運動的起起落落中被「佛洛伊德化」和政治化的（Torrey, 1992, p. 58）。從世紀之交東南歐和東歐移民潮初次出現，直到二戰期間，早在進入學術討論之前，對人類行為的各種相互矛盾的解釋就已經與人種、移民的問題勾連起來了（而在此之前，受美國人種主義危害最大的絕大部分是黑人和愛爾蘭人）。

　　大部分相信智力、人格和道德行為由基因決定的人是優生學家，

他們不僅對日耳曼種族的優越性深信不疑，而且支持對美國的「下等」種族進行「清洗」。優生學運動的知名人物遍布政界、商界、工業界以及學術界。

優生學會和高爾頓學會是一戰後迅速興起的最早的兩個「科學」組織。它們有兩個目標：一是討論最新的科學研究，二是將這些研究成果提供給政府機構（包括眾議院移民委員會）。在這些科學家與政治家的聯盟裡有不少我們熟悉的心理學家，比如耶基斯（Yerkes）、布里格姆（Brigham）和桑代克（Thorndike）；還有像國家科學院研究委員會這樣的準科學組織。所有支持優生學的人都認為對劣等種族進行限制對美國人來說是好事情（Kamin, 1974）。

托里（Torrey, 1992）生動地描述了美國領導人赤裸裸的種族主義（尤其是反猶主義）以及他們對清理、限制移民的法律的竭力支持。第一、二屆世界優生學大會（分別在1912年和1921年舉行）的組織者中不僅有哈佛大學、哥倫比亞大學、斯坦福大學以及其他一流大學的校長，還有像亞歷山大·格雷厄姆·貝爾（Alexander Graham Bell）和赫伯特·胡佛（Herbert Hoover）這樣的名人。1921年，美國副總統卡爾文·柯立芝（Calvin Coolidge）在當時頗為流行的一本雜誌《好管家》（*Good Housekeeping*）上撰文警告說：「再這樣下去，我們的國家就要變成垃圾場了……日耳曼人已經在這裡成功地繁育了後代。現在又來了其他種族，恐怕結果對大家都不好了。」（Torrey, 1992, p. 51）

亨利·福特（他與西奧多·羅斯福、托馬斯·愛迪生同時被選為5個「偉大的美國人」之一）在他買下的報紙《德寶獨立報》

（*Dearborn Independent*）上煽動反猶主義，將猶太人稱爲「沒有文明……沒有統一的語言……除了『拿』之外在別的領域再無偉大成就的人種」。眾議院移民委員會跟風而上，指責猶太移民「精神扭曲得不正常，汙穢，非常不像美國人，而且很危險」。當時的勞工部部長稱新移民是「鼠人」，他推動議會制訂了第一個移民法案，依據來源地來限制移民。3年後，更爲嚴厲的「約翰遜－里德法案」推出了，一年中義大利和猶太移民人數分別降低了89%和83%（Torrey, 1992, p. 55）。

　　主張智力由基因決定，與人種有關的論調，其正當性來自心理學家在一戰前及一戰期間收集的數據，利用這些數據，優生學家竭力主張要創造一個「純淨的美利堅」。除此之外，他們還將低智商與所謂的道德敗壞、懶惰、卑劣以及犯罪等聯繫起來，拿這些東西給數以千計的人貼上標籤，說他們不宜享有美國公民應有的權利，也不能承擔相應的責任。這些言論頗有說服力，以至於到了1928年（5年前在納粹德國強制絕育已合法化）全美有21個州透過了強制絕育法，禁止智力低下的、殘疾的、眼瞎的、無家可歸的和強姦犯、酒鬼以及那些道德墮落、放縱情慾的人生育後代。截止到1928年，約有8500人被強制做了絕育手術（Torrey, 1992, pp. 47-48）。

　　佛洛伊德關於兒童期的創傷決定人格和行爲的理論與那些反對這些野蠻政策和實踐的人們意氣相投，增強了他們的力量。人類學家弗朗茨・博厄斯（Franz Boas）、魯斯・本尼迪克特（Ruth Benedict）、瑪格麗特・米德（Margaret Mead，她早年曾受過心理學的訓練）都極力反對優生學家的遺傳理論。彼時，如何在不斷極化

對立的世界政治背景中解釋人類行爲成爲了熱點。採取環境決定論的社會科學家也傾向於尋求自由，因此成爲了尋求個體自由的社會行動者，他們中有不少人是社會主義者、共產主義者或無政府主義者，還有一些人推崇佛洛伊德的人文主義。優生學家則不同，他們在關於政治和性的問題上都趨向保守。

輝煌了不到10年，優生學就開始走下坡路，官方對他們的支持也越來越少。隨著到達美利堅海岸的移民日益減少，「低等血統」的威脅幾乎消失了（大蕭條時遷出美國的人比移民進來的還要多得多），大批的窮人和失業者此時已成了最爲緊迫、最需要解決的問題。一些像亨利・福特和心理學家布里格姆這樣曾經醉心於人種主義，爲其搖旗吶喊過的人也公開轉變了他們的態度（福特顯然是個機會主義者）。二戰結束後，納粹的暴行被認爲是優生學導致的必然「邏輯」結果：先天－後天之爭走到了令人毛骨悚然的種族滅絕這一極端。而在接下來的幾十年裡，「後天決定論」不僅政治正確，也爲美國的經濟進步、在國際舞台上取得更大的權勢提供了助力（Cushman, 1995; Torrey, 1992）。

▌神經症的流行 —— 原因、康復與預防

佛洛伊德理論中的人文主義 —— 比如他認爲每一個個體（除了那些有嚴重精神病的人以外）都能從對童年創傷的再次經驗中得到幫助 —— 在個體、社會和世界的各個層面上都能與人類進步的願景聯結，而在接受精神分析的知識分子開始追求個人成長的過程中，一股

融合了馬克思和佛洛伊德的有關人類文明的解放理論浪潮也隨之湧現。

納粹德國肆虐之後，大約有200名精神分析學家搬到了美國，他們當中有不少出色優秀的人是馬克思主義者，他們開始了將馬克思理論與佛洛伊德理論融合起來的嘗試，並很快在美國的政治界和精神分析圈子裡有了影響力。《黨派評論》（*Partisan Review*）於1934年創刊，它持有激進的政治和文化立場，當時一些知識分子領袖在這個刊物上公開宣稱將人類從痛苦中解放出來是馬克思和佛洛伊德的共同願景（1952年以後這本刊物的立場轉向譴責史達林主義、極權主義和蘇聯式的馬克思主義，擁護美國式的民主，並單單只推廣佛洛伊德理論）。

那些深信佛洛伊德的知識分子透過他們一手創造的文化產品，將佛洛伊德的人類解放理想、潛意識驅動力以及他「發現」的時刻影響著人的被壓抑的性……等觀點傳達給公眾，使佛洛伊德的影響變得幾乎無所不在。詩人、戲劇家和小說家在了解了佛洛伊德的這些理論，以及／或自己接受了精神分析之後，開始將童年早期的創傷、戀母情結、精神分析以及佛洛伊德理論中的其他元素都放在自己的作品中。托里（Torrey, 1992）為我們羅列了50年來受佛洛伊德影響創作的文學作品、話劇、電影和電視：最早的一部戲劇是1912年在百老匯演出的「浪子回頭」（*the Fatted Calf*）；第一部與精神分析有關的獨幕劇是1916年的「被壓抑的慾望」（*Suppressed Desires*）；Theodore Dreiser發表於1919年的《陶工之手》（*The Hands of the Potter*）將性變態者的行為歸因為佛洛伊德博士正在研究的「巨大的

力量」（pp. 30-31）……這個名單還有很長，像Moss Hart, Lillian Hellman, Tennessee Williams以及Eugene O' Neill等人都在其中。他們的作品中瀰漫著佛洛伊德理論的各種主題，他們的努力使佛洛伊德在美國社會中幾乎無人不知，無人不曉。

從瘋子和罪犯被一起關在收容院裡的那一刻開始，瘋狂和犯罪之間的聯繫就沒有中斷過，而有一段時期優生學家還努力在公眾面前讓這一聯繫更清晰直白了。但是佛洛伊德反轉了這一情況，讓這一聯繫變得人性化，使人們開始重新審視它。二戰前，精神分析師將大部分時間花在青少年中心和監獄中，在那裡開展他們的精神治療實踐。在這一過程中，佛洛伊德提出的犯罪行為並非天生，而是受社會力量尤其是家庭成員和幼年時的早期經驗決定的觀念也隨之付諸實踐，開始為人們熟知。還有一些精神分析師在實踐中將犯罪行為的根源歸結於心理創傷，認為犯罪是性慾受壓抑的結果，可以透過精神分析療癒，如1917年英國精神病學家威廉姆‧希利（William Healy）在貝克法官輔導中心（the Judge Baker Guidance Center）率先主導了犯罪行為的「佛洛伊德式康復」項目。貝克法官輔導中心是哈佛大學的附屬機構，是全美預防青少年犯罪機構中的翹楚。希利在項目中讓社會工作者作為治療小組成員全程參與，這一做法將「心理領域」開放給社會工作者，從而戲劇性地改變了社會工作職業的方向（Torrey, 1994, p.149）。

在其他一些接受了精神分析訓練的精神病醫生中，伯納德‧格呂克（Bernard Glueck）與威廉姆‧懷特（William A. White）將精神分析的治療模式應用在監獄裡的成人罪犯身上，他們的工作相當引人

注目。他們和希利都在轟動一時的利奧波德與洛布殺人案（Nathan Leopold and Richard Loeb）中作證。托里寫道，這些心理學家挑戰了行為完全應由個人負責的理論預設，將問題的焦點轉向了整個社會，影響了美國人對心理學的認識，對推動佛洛伊德理論的正統化和合法化大有助益（Torrey, 1992, pp. 153-157）。

彼時利奧波德與洛布殺人案是媒體關注的熱點，甚至有兩家芝加哥的報紙願意出錢邀請佛洛伊德來給利奧波德和洛布做精神分析，並承諾說只要佛洛伊德願意，要多少錢都由他本人說了算。但佛洛伊德拒絕了這個邀請（Torrey, 1992, p. 154）。給利奧波德和洛布辯護的是鼎鼎大名的丹諾律師（Clarence Darrow），他主要憑借精神病學的證據為這兩位年輕人辯護。在庭審及後來的日子裡，丹諾一直強調利用科學和精神病學來處理刑事案件的重要性（庭審結束的一年後，丹諾律師還作為特邀演講嘉賓走上了美國精神病學會年度會議的講壇）。

丹諾以及作為證人的精神病學家們認為利奧波德和洛布不應對他們的殺人行為負責，因為這一行為：是他們情緒上不成熟的結果，而不成熟的原因乃是那些發生在兒童期的事件；兇手在精神上有問題，而且他們興許還是同性戀；這是兩個有精神障礙的人聚到一起必然會發生的後果（引自Torrey, 1992, p. 155）。在總結辯護詞並判處利奧波德和洛布終身監禁（而不是死刑）時，法官還引用了辯護詞中對這兩位罪犯生命故事的相關分析。於是，丹諾開創了精神病學和法律結合的先例，證明了利用精神病學來辯護是有用的。其後，美國一些州開始對重罪犯進行精神病學的評估，不少監獄還添置了治療精神病的

設備。精神病學和法律的結合使瘋狂和犯罪不再被視為人類兩種不同的「遺傳雜質」，而它也創造出一個介於精神病和守法的神經質之間的新東西：精神障礙型人格。

利奧波德和洛布案不僅改變了犯罪學，也使佛洛伊德理論得到了進一步發展和傳播。托里引用一位歷史學家的話說，利奧波德和洛布案讓「普通美國人上了一堂精神分析的速成課」（Torrey, 1992, p. 157）。

20年後，大眾媒體又主導了另一場佛洛伊德閃電戰，這回戰役的焦點是事關父母和孩子幸福的家庭。針對這個問題的精神分析主題首先出現在亨利和克萊爾夫婦（Henry and Clare Boothe Luce）主辦的《時代》和《生活》雜誌上，後來成為流行雜誌和報紙上備受青睞、排名前列的主題（Torrey, 1992），精神分析學家、名人和普通民眾紛紛撰寫相關文章，定期發表，其中一些詳細解釋佛洛伊德理論的某些概念，另一些則描述成功的治療過程。比如當時一位喜劇演員席德・西澤（Side Caesar）就在《看客》（*Look*）雜誌上發表了題為《精神分析為我做了什麼？》的文章，在這篇文章中西澤這樣寫道：「當我清楚地知道童年時發生的那些事情都已經過去了，我發現我可以開始新生活了……我的工作也開始改善了。」（Torrey, 1992, p. 119）

人們對兒童教育和預防神經症的興趣越來越大，因此二戰後不久，不少精神分析師就主張將佛洛伊德的理論用在兒童教育上，這種主張雖然有人支持，但卻並沒有得到推廣（Torrey, 1992），因為彼時這個領域已經被行為主義者占領了。

　　1946年，佛洛伊德的追隨者、兒科醫生本傑明・斯波克（Benjamin Spock）的《全方位育兒教養聖經》（*Baby and Child Care*）一書的問世，改變了成千上萬父母的教育思想和育兒實踐。斯波克很肯定地斷言道，只要知道嬰兒們在什麼情況下會感覺到什麼、在想什麼，父母就能預見他們的需要，因此便可預防兒童期的創傷。斯波克舉例說，除非父母給了兒子一個可以解釋為什麼他的姊姊和妹妹們沒有「小雞雞」的好理由，不然小男孩就會擔憂他的「小雞雞」遭遇不測（他可沒告訴讀者們到底這個「好的理由」是什麼）。

　　這樣，斯波克用育兒技巧巧妙地包裝並推廣了佛洛伊德關於個體發展的觀念，書中承載的由心理驅動的軟弱人類有機體與「社會世界」的衝突沒完沒了的觀念先是影響了上百萬人，最終傳播到整個世界（《斯波克育兒經》創造了僅次於《聖經》的銷售紀錄，斯波克真算得上是國際金牌銷售）。兒童早期的心理創傷會決定成年人能否有正常的社會功能，而創傷的危害可以減少的觀念使佛洛伊德的理論有了些許進步色彩。神經症是天生的，但精神分析可以在人的成年期將它治癒——不僅如此，更好的消息是我們還可以預防它。

▌建構顧客

　　在知識分子和文化的生產者們以及那些在今天稱為助人專業中工作的人們發現佛洛伊德的理論對他們大有用處的同時，美國的商業領袖也發現了這一點。不同的是，知識分子和專業工作者將潛意識視為一個解放性的概念，他們使用具有普遍性的、由生物性決定的性驅力

概念去理解人的行為，這一認識具有治療價值；而商業領袖是以典型的美國人的實用主義和貪婪，爲了經濟目的牢牢地將潛意識和性驅力理論攥緊在手裡。早在1920年代，佛洛伊德的理論和一些概念就被用在商品兜售上，從那時起，就有人將人的解放與消費主義畫上等號。而後來佛洛伊德與廣告的聯姻，使當代文化不可避免地受到了性驅力的壓抑與想要獲取商品的驅力表達這兩者的雙重影響，由此建構起現代個體——一個被本性驅動著去積累、占有和消費物品的主體。

菸草業是始作俑者。佛洛伊德的外甥、爲人熟知的公共關係之父以及這一領域的絕對權威（Fry, 1991）愛德華‧伯奈斯（Edward Bernays）1929年與美國菸草公司簽了個旨在推動更多女性吸菸的合同（Ewen, 1976; Torrey, 1992; Cushman, 1995）。在跟一位出色的佛洛伊德主義者布里爾（A. A. Brill）聊天之後，伯奈斯決定使用「潛意識」來消除人們對女性吸菸的成見。他們的新「發現」是這樣的：香菸是陽具的代表，吸菸是口腔性慾的昇華。如此一來，香菸這種陽剛象徵就與女性解放扯上了關係，他們也由此創造出一個熱門的公共話題。此外，伯奈斯還發起了一場戰役，讓一群女人在紐約第五大道上舉行的復活節遊行中叼著菸走完全程，末了他宣布這件事是個偉大的成就：這10位年輕女性在復活節遊行中點燃了「自由的火把」，而此舉是爲了「撼動全國，抗議女性受到不平等待遇。」（Ewen, 1976, p. 161）

Cushman（1995）認爲精神分析在伯奈斯的這場廣告戰役中起到了巨大的作用，因爲它創造了現代的「消費者自我」（consumer self）。正如佛洛伊德所教導的，拒絕我們的感官滿足並不健康，所

以我們可以透過社會可接受的某種滿足（比如吸菸）來代替那些不被社會接受的渴望（比如吸吮）。這樣，吸菸就被建構成「應對現代文明壓力的解決之道……在一大堆看似『自然』的慾望中只有1個首先被廣告創造了出來並得到證明，這很顯然會促進相關產品的消費。」（Cushman, 1995, p. 156）

從這件事裡伯奈斯得到了成功，於是便寄望於大眾心理學，希望透過它能夠控制公眾的意見，刺激消費。他看到了使用心理科學來「根據我們的意願，在大眾不知情的情況下控制和管理他們」的可能性（Ewen, 1976, p. 83）。工業界的領袖對於他們想要對大眾施加什麼樣的控制一清二楚，他們想透過反覆灌輸消費的意識形態，宣揚消費主義來避免激進的社會變革，從商業上徹底杜絕「階級思維」的發生。

在《意識領袖》（*Captains of Consciousness*）一書中，透過審視廣告與消費者文化勾連的歷史，尤恩（Ewen, 1976）讓我們親歷了伯奈斯與商界、金融界領袖在1930年代的對話。在這些對話中，這些人形容廣告是「布爾什維克主義的答案」，「美國化的基本過程」，讚美消費是「一個民主化的進程」。百貨公司的創辦者愛德華・法林（Eward Filene）甚至認為消費要比代議制政府要民主得多，因為透過消費人們不僅選舉出「他們的工業政府」，同時也「持續地參與其中」。尤恩寫道：「參與到工商業定義的市場中去（『參與』一詞在任何時候都與『控制』或者『決定』沒有關係），已成為大眾政治行動的當代表達，即使這一行動確保了讓美國的商業貴族能夠一直左右這個國家發展的方向。」（Ewen, 1976, p. 92）

早期資本主義公司如此這般使用心理學（尤其是佛洛伊德理論裡的一些元素）的過程幫助我們看到，（心理驅動和認知化的）個人主義主體的社會建構如何成爲隱密的社會控制中必不可少的一部分。而與此同時，與人類行爲有關的專家知識的合法化使想要操縱大眾心理的企圖成爲可能。認爲每個人都是獨立的個體，個人的行動回應了源於自身的情緒、想法、信念和態度——這一預設在我們的文化中根深蒂固。而我們未加思索便將這一預設全盤接收，於是它們搖身一變，成了客觀眞理。

▌重溫心理學之主題

在對二十世紀上半葉美國文化的轉變——即其佛洛伊德化的過程——做了一個某種程度上說是簡化，並且肯定是有選擇性的概覽之後，讓我們來再次審視心理學。大眾文化業已完成了對異常的規訓（以及人性教化），這一做法進一步強化了社會建構中個人化的主體這一神話。這一神話構架精妙，它的主要元素：具體化的心理課題、抽象的心理結構、二元劃分和因果關係已經深深嵌入我們的文化之中。佛洛伊德主張人是被迫進入社會的生物有機體個體，如此一來，個體的行動便可以被由人的處境所累積起來的無處不在、無處可逃的心理衝突所解釋——這樣的觀念已全然滲入了美國社會。如此一來，人類行爲的「初始原點」就從天上掉入塵世，被牢牢鎖定在了個體化的人身上，哲學也以徹底商品化的面貌重生了。

現在，公眾和這個國家都已經準備好要迎接心理學那長盛不衰的

暢銷產品粉墨登場了。人們已經認識了一種叫做心理健康的東西，那麼隨之而來的就是要喚起與之相應的心理健康服務需求。二戰期間，有100萬人因為心理條件不適合服兵役而被拒絕入伍，這種情況引起了政府對心理疾病的關注；與此同時，在國會聽證會上人們聽到的那些關於聯邦精神病院的惡劣情況也要求政府要採取行動。

在這種情況下，1946年美國國會通過了第一個心理健康法案——《國家心理衛生法案》，其中包括設立國立精神衛生研究所（the National Institute of Mental Health, NIMH），透過科學方法提升大眾心理健康水平，並向「與精神疾病的原因、診斷和治療有關的研究、調查、實驗和實證」（引自Magaro, Gripp & McDowell, 1978, p. 63）提供經費。4年後，國家科學基金（the National Science Foundation, NSF）也成立了。儘管無論是NIMH還是NSF都不是軍方組織，但從它們成立伊始就以不同的方式與國防部捆綁在了一起。

借著政府為大眾心理健康提供新的經費支持的機會，心理學與政府的關係空前緊密起來。NIMH指導頂尖大學在全國建立訓練中心，這些中心不僅培訓醫學院的精神病醫生，也要培訓心理學家。從1950年代到1970年代，聯邦政府透過基金項目支持的研究數量日益增多，它也越來越多地介入高等教育和專業培養，心理學這一學科領域的發展呈現出驚人的態勢。相比其他學科而言，心理學能得到聯邦的更多補助，因為它不僅可以作為一門科學從聯邦（和私人）基金中拿到錢，也可以以助人專業和人文學科一員的身分獲得經費支持（Gilgen, 1982）。真可謂是左右逢源，處處沾光。

　　《國家心理衛生法案》的通過促進了心理健康－心理疾病行業的增長，也促進了心理學的發展：1945年全國只有9000位心理學家、精神病醫生和精神病社會工作者；而到了1992年，這一數字上升到20萬（Torrey, 1992, p. 204）。有意思的是，人們所知道的精神疾病的數量在這一時期也同樣出現了可觀的增長：第1版的《精神疾病診斷準則手冊》（DSM）於1952年出版，列出了50至60個分類；到了1987年，這個數量翻了三倍；而1994年第5版的DSM出版時，就已經包含了超過200種精神疾病。隨著精神疾病的專業化程度的提升和種類的激增，美國國民接受各類心理治療的人數也同樣增多了：1957年接受專業心理衛生服務的人占全部人口數量的14%，而1977年這一比例則超過了全美國民總數的25%（Gergen, 1994, p. 159）。而到了現在，Hunt（1993）報告說按照目前的評估標準，每3個美國人裡就有1個要接受心理治療，而這一數據還並未將成癮和戒酒治療項目包括在內。

　　在這個擴張時期，精神分析理論的地位如何呢？雖然它在轉變我們關於什麼使我們成為人的思考中扮演著重要角色，而且從佛洛伊德以來的每一個心理理論和治療方法都無一不受其影響（即使只是「形成了一個反應」），但精神分析作為一種治療方式就從來沒有得到過大眾的青睞。我們看到，即使在精神分析處於高峰的1950年代，在14%接受專業心理健康服務的人群中，也只有不到1萬人選擇了傳統的精神分析進行治療（Hunt, 1993）。

　　戰後主要心理學專業組織的發展同樣驚人。1940年代中期，美國心理學會有4200名會員，到了1970年代中期，會員數激增至4萬

人，增加了850%，（Gilgen, 1982, p. 31），而1994年會員數達到
了13萬2千人。有跡象表明，這一數字已到達頂峰，部分原因是心理
學博士學位授予數量在逐年減少（Albino, 1995）。美國精神病協
會的發展也同樣驚人：從1940年代以來，它的會員數每10年就會翻
1-2倍。

　　早年有不少心理學家在學術機構工作，而現在則不然。根據美國
心理學會的數據，全世界聘用心理學家最多的機構是美國退伍軍人事
務部（the Department of Veterans Affairs），可見心理學與軍方始
於一戰時期的友誼仍然緊密如故（Fowler, 1995）。30%的美國心理
學會成員受聘於學術機構（他們中有三分之一的人認為他們的工作是
科學研究），25%在醫療健康機構工作，另有三分之一則是自由職業
者（Albino, 1995, pp. 622-623）。聯邦政府規定下的醫療及保險給
付制度 （Medicaid and Medicare）、對心理治療師應執有執照的要
求，以及對心理學科學研究的撥款支持……等等，這些都進一步加強
了心理學與政府之間原本就密切的關係。總的來看，目前大部分心理
學家要麼直接為聯邦政府、州政府工作，要麼就是受政府的各種代理
機構支配，由這些機構來決定他們要做什麼工作。

　　儘管近些年已經完成或正在接受心理學訓練的女性數量直線增
加，但跟古元（Furumoto, 1987）描述的1890-1940那段時期一樣，
女性心理學家仍難獲得更高的職位。雖然會員中有42%為女性，但美
國心理學會（以下稱APA）對於女性心理學家數量增長一事的看法頗
值得玩味，一如他們在《五年報告》中所說：「會員數量的增長是件
憂喜參半的事。」（Albino, 1995, p. 622）為此，APA還專門設立

了一個智庫小組來研究性別問題，這個小組在他們發表的專業報告中指出，女性會員數量的增多一方面顯示出心理學會在消除性別歧視上所做出的努力，另一方面他們又擔心「大部分公眾對於一個由女性主導的專業的態度可能會帶來的影響」。為了要跟所謂的大多數社會態度劃清界限（也就是標榜說「我們不是性別主義者」），這分報告提到，一般人會認為一個職業中女性從業者數量的上升會導致這個職業的薪資下降，但真實的情況剛好相反：當一個職業的薪資和威望已經開始走低時，女性從事這個職業的機會就會增加。因此，它警告心理學和心理學家們「不要掉入了未經證明的刻板印象陷阱，想當然地認為性別和專業威望有直接關係」。為此，它提供了正確的「已經證明的刻板印象」來幫助大家理解心理學這個行業，以減緩它衰敗的態勢（其實，少數族裔在APA中只占5%，這一非常低的比例其實也是可以被拿來說說事的）。

在這一報告的後幾頁，APA詳述了目前本「法人」社團在100年的時間歷程裡如何做出改變。「（它）已不再是100年前G斯坦利霍爾和他的同事們一同創立的那個簡單的科學和專業協會，我們已成為了真正的建設者、主要的圖書出版商以及關於科學、實踐和社會政策方面立法強有力的建言者。」（Albino, 1995, p. 631）。在我們看來，APA這一身分認同源自它的歷史，但問題是：即使是在誕生時，它也不是一個「簡單的科學和專業協會」。

▌分類、詮釋和解釋之迷思

　　若說心理學與工商業和教育界的聯合著實顯示了它對以最俗不可耐的實用主義和商品化的方式獻身於市場和政府的熱情，那麼臨床心理學與心理治療的變革則完全透露出心理學一廂情願地試圖在「科學化」的旗號下建立一個完全不真實的類別（分類系統）的企圖。為了創造一門「關於主體性的客觀科學」，心理學努力生產新的理解模式，並以一種全新的本體論來修正舊有理解模式。（若不是這樣，為什麼要建立一門稱之為心理學的獨立「科學」呢？）

　　乍看之下，心理學的研究內容（比如意識、意象、情緒）似乎將人類的主觀性與非人類的無生命現象，以及醫療和生物現象（比如肺、肝、大腦等方面的疾病）區分開來。但是，大部分人都知道，主觀性並不是在某人身上「展現」，而是屬於某人「所有」，因此嚴格地說，所謂「關於主觀性的客觀科學」其實是一門「關於非客觀真實的主觀性的偽科學」。這也是在說，心理學（尤其是臨床心理學和心理治療）本質上與宗教類似。而且，它實際上也起到了現代世俗宗教的作用，從結構和意識形態上越來越像前現代和前科學（前學術化）的宗教。臨床心理學虛構的各種本體元素（各式標籤）好似荷馬筆下的奧林匹亞眾神，區別只在於後者用的解釋工具不是現代科學，而是世俗故事，它們創造出了前猶太教和基督教的虛幻信仰，以此來解釋萬物之因。

　　佛洛伊德主義與科學和技術的結合是心理學虛構的核心部分。儘管佛洛伊德的世界觀（就如其他一些信仰一樣）不是太積極，也不特

別有發展性，但縱觀他一生的理論宣示和臨床實踐，毫無疑問其中充滿了對那些身處痛苦之中的人的人文關懷。有人認為精神疾病、精神病理學、神經症、精神分裂症及相關問題並不是科學要解決的問題，而實質是人文道德範疇的問題（如Goffman, 1961; Ingleby, 1980b; Szasz, 1961），這樣的觀點頗有道理。公允地說，正是佛洛伊德把「瘋子」帶回了文明社會（Deleuze & Guattari, 1977），推倒了將「瘋子」與世隔絕的那堵牆。

佛洛伊德曾認為自己是位科學家，認為他的工作是科學的一部分。不過後來他將精神分析作為理解人性和文明的一般理論，而並非是治療神經症的一種技術。這一轉變使他與醫學拉開了距離，但卻並未離開科學（Timpanaro, 1976）。佛洛伊德關於心靈內部結構的新本體論（自我、本我和超我）僅僅是將由來已久的哲學上的認知主義知識論及其後繼者現代科學、正在萌芽的心理社會科學擴展到了主觀性和情感性的領域，由此它與已經被普遍接受的康德哲學範疇中理性的、詮釋性的構架完全吻合。佛洛伊德對意識（如口頭語言）和潛意識（潛藏在其後的力量或驅動）的關注與結構主義完全一致，後者正是建立在對現象（語言是用來描述它們的）與其背後推動之因由的系統關係的理解之上。

詮釋是佛洛伊德用作分析的新方法，它被認為是理解主觀性的獨特、必要的方法，但這種方法卻與科學的基本原理八字不合。佛洛伊德以為他可以用這種方法有效地替代以經驗主義—實證主義為依據的解釋方法，但他卻完全沒有意識到自己已經走在了背棄原本的科學世界觀的路上。而美國的精神病學和心理學帶著它們典型的美國企業家

的創新力，努力將詮釋方法和佛洛伊德理論的方方面面結合起來，打
包整合進實證主義的範式之中，結果造成了主觀性和情緒性的對象化
（實際上是虛構化）和醫學化。同時，透過佛洛伊德主義相繼與醫學
化的實證精神病學、實證行為主義心理學在臨床上的融合，「詮釋」
這一方法的內在矛盾似乎被「解決」了。

　　不過，並非所有的心理學家和精神病學家都願意透過否認人類生
活獨一無二的主觀性（比如否認意識）來解決矛盾。特別是很多臨床
工作者（心理治療師、社會工作者以及心理學家）選擇不將心理學簡
化為如醫學、神經學、行為科學或生理學那樣的系統，但結果卻是創
造出同樣虛假的實體，他們也因此成為了這一新的信仰中不同教派的
人文主義牧師。不過，正是透過這些臨床工作者的實踐，我們才將晚
期現代主義神話創造出來的結構看了個清楚透徹。

　　若將「精神疾病的神話」與心理學這種詮釋、分類和解釋的偽科
學放在後現代主義的視角下來進行比較，前者不免黯然失色。諷刺的
是，在對「純粹」的臨床心理學工作（未曾被其他系統或學科汙染的
心理學）的研究中，我們竟然發現其中充滿了形而上學的東西（當然
是從看誰都不順眼的實證主義的角度來看）。在我們看來，心理學的
後現代主義化（對這一神話／騙局的解構是一種方法上的建構，這一
建構是既不哲學也非科學且去系統化的實踐，不過它仍是心理學的）
需要治療躲在精神疾病背後的哲學（正如維根斯坦致力於療治哲學的
精神疾病一樣），需要將科學的心理學棄之不顧，需要創造出一種既
非詮釋，亦非分類，更不是解釋的途徑。

▌分類

　　不過，即便是那些輕易地將心理學完全或部分簡化爲醫學的人在此過程中也會遇到形而上學的問題。將佛洛伊德「醫學化」是什麼意思？這個問題還包含了其他問題：什麼是醫學？由於對醫學的社會建構主義和行動－理論的分析超出了本書討論的範圍，故而在此我們且借用下福柯對醫學和疾病所做的社會－文化的歷史分析。在我們看來（詳見本書第三部分），要處理精神疾病背後的哲學，需要（是必要而非充分條件）我們拆解和重建它的論述──這就是爲什麼福柯的那本《臨床醫學的誕生》（1975）如此有價值的原因。

　　在這本他早年的作品中（最早於1963年在法國出版），福柯將現代科學化的醫學在十八世紀末十九世紀初時如何在伴隨法國資產階級興起而出現的文化、政治和經濟巨變中誕生的過程逐一顯明，這一讓人目眩的歷史其焦點在於醫學如何「取得了一種哲學的質感，而這種質感以前是只有數學思維才有的東西」（p. 198），以及一種關於疾病的新論調如何在人們對疾病的感受和對疾病治療方式改變之時被社會性地建構了起來。

　　現代醫學把疾病的發生歸咎於個人因素，不過以前人們看待疾病可不是這樣的。福柯發現，在十七世紀和十八世紀的一些講到恆久不變的法則和本質的隱喻中，疾病被視爲遵從一個不可避免的生命過程（就像一棵植物）而自然發生的現象，它也許只是「恰巧」生長在了個體的身體裡。而醫學若要實現現代方法（解剖與臨床應用）的轉化，疾病必須要經歷客體化的過程。對福柯而言，這種轉化反過來代

表著在感知和論述之間，在看到與訴說之間的一種非比尋常的認識論上的改變－他稱之爲「凝視」（the gaze）。在從被動到主動，從看到顯明的到看到隱藏的（即雖可見而肉眼看不到的）── 這一凝視的轉化中可以找到現代臨床醫學的起源。

福柯描述了發生在醫學知識的嶄新建構下感知方式的轉變。比如對病理現象從症狀的叢簇描述重新建構爲症候的規則；身體組織被拿出來檢驗；疾病被定位在身體的某些部位，認爲它的原因和影響就發生一個三維空間裡（p. xviii）。與這種觀看的新方式相伴而生的是那些科學地建構起來的與疾病有關的話語。透過這種觀看－對之前那些從來不曾被觀察到或者不可言說的東西的揭示 ── 將疾病客體化，開啓了一個新的語言領域：「可感知與客觀性建立在可見的與可表達的兩者聯合的基礎之上。這樣，科學話語就被定義了一個新的用途：透過對一個人所看到的東西的言說，展現出對沾染著主觀色彩的經驗完全而且無條件的屈從。」（p. 196）

疾病的客體化話語只是發生在現代醫學建構過程中的轉變之一，福柯還描述了在法國大革命期間及之後不久，診所和醫院如何被重新建構的過程，這些改變最終導致了醫學體系的建立，建制化了健康、病痛、疾病和療治的意義，這些新定義影響我們至今。這些新定義成了醫學中心、醫院及其他機構治療疾病的基礎，社會在此之上達成了共識；它們也正是疾病的政治化以及它在哲學上的客體化之肇始。

在此期間，「健康管理工作者」和「醫生」也有了區分。健康管理工作者是實踐工作者，負責治療工作。他們並沒有什麼對理論的需求，他們有的是一種「局部的經驗主義」，知道的是如何依靠前人的

例子來進行實踐——這其實就已經足夠了。另一方面，醫生在他們從臨床得來的經驗上面補充了理論訓練的部分。憑借著從事臨床工作的優勢，醫生（以及臨床工作者）占有了「作為知識的凝視，作為脫離了一切經驗的真理掌權者的凝視，儘管這一凝視一直都在利用各種經驗。」（pp. 81-82）

隨著健康管理工作者和醫生這一新的區分而來的是醫療和醫學訓練的重新建構。醫院是人們治病的地方，醫學中心則成了醫生們受訓的地方。這種體制上的重新建構與資產階級萌芽、自由主義意識形態及相應的配置和社會共識步調一致，生發出來的是一整套存在於富人和窮人、個體和國家、治療者和病人以及治療者和國家之間契約化的關係。

政府從它要為醫院提供經費的責任中解脫出來了，這一責任曾委託給市政管理者：「在富人和窮人之間存在著的責任和救濟的系統不再靠聯邦法律來維持，而是依靠契約的方式……它屬於自由同意的秩序。」（p. 83）福柯告訴我們，在這個時期，由於醫學中心也要為窮人治病的想法帶來了一個道德難題，所以醫院和醫學中心之間就達成了一個更加穩密的約定。福柯如此描述在十八世紀末出現的這個轉變：

在追求知識的興趣和照顧病人之間，當然應該要注意保持平衡；不可損害病人的自然權利，也不可損害社會給予窮人的權利。在醫院的領域裡……，醫院又囿於各種義務和道德的要求，而這些要求正來自於一種不可言說但確實存在的把人們繫於普遍貧困的契約。醫生在醫院裡即便可以為所欲為，他也不會進行理論實驗，因為一旦他在醫

院裡扎下根來，就體驗到一種決定性的道德經驗，這種經驗會用一種封閉的職責體系將他本來無限制的實踐給封存了。（p.84）

而醫學中心又是做什麼的呢？在這些治療機構裡「對知識的興趣」凌駕於「病人的權利」之上嗎？福柯這樣問道：「如果爲了認識而觀看，爲了教學而展示，這難道不是一種沉默的暴力嗎？當一個病人的身體需要的是安慰而不是展示的時候，這種暴力越是沉默，不就越發顯得過分嗎？難道說，一個渴求緩解痛苦的人可以成爲一種景觀嗎？」（p. 84）福柯總結道，這不僅可以，而且因爲那正蓬勃發展的自由的社會契約的緣故，它必須成爲一種景觀：「沒有人能倖免，窮人尤甚，因爲他只有透過富人的介入才能獲得救助。要想治療自己患上的疾病，必須有其他人用他們的知識、資源和憐憫介入進行干預。病人只能在社會裡治療他的疾病，因此把某些人的疾病變成其他人的經驗，這樣做是公正的……」（p. 84）

因此，富人從幫助窮人中獲得了某些東西：透過爲窮人治病付錢，他們提高了增加對那些可能會折磨他們的疾病的了解程度的可能性。如此一來，「對窮人行的那些善行就會轉化成對富人有用的知識。」（p. 84）

福柯如此總結了富人窮人共同參與的臨床經驗組織化的契約：

在這樣一種經濟自由的體制中，醫院找到了一種方法來吸引富人；臨床工作促成了契約其他部分的持續反轉；它是窮人爲了要讓富人向醫院投入資本而付出的代價；這種利益必須在其沉重的附加費中加以理解，因爲它是一種補償，對科學的客觀利益和富人的重要利益的先後次序的補償。當病人原本是到醫院來治病，結果卻變成了一道

奇觀，從那時起，醫院就成了可實現私人的動議之處。得益於臨床工作的凝視，醫院對病人的幫助以病人的付費結束。（p. 85）

　　福柯認為，醫學中心和臨床經驗（臨床的凝視）使關於個體的結構化科學話語成為可能。而今話語的客體也可以成為話語的主體而不會喪失任何客觀性。這種全新的話語不僅創造了新的本體論也創造了新的認識論。可知領域不斷擴展，將之前曾是不可知的東西（個體的、看不到的）收入囊中。生產知識的手段擴展了，人們透過凝視就能了知，而這一獲取知識的方法（真理的來源之一）在被激活的同時也被異化了。鎖定身體裡的疾病，也就是將疾病從身體裡分離出來，從持續的生命歷程裡分離出來。醫生們的問題從「你怎麼不舒服？」變成「你哪裡不舒服？」（p. xviii）這一改變在福柯看來正暗合了醫學中心所做的一切和它整個話語的規則。

　　在現代主義者眼裡，肉體的疾病無論是在政治上還是哲學上都已經客觀化了，雖然彼時康德的客觀性範式仍在建構的過程之中。對所見之物的言說同時也是它的顯現。與其他重構和再定義一樣，客觀疾病的話語對於將臨床經驗建構成一種知識形式至關重要。

　　兩個世紀過去了，臨床經驗—這種「由凝視而來的知識」變成了什麼樣子呢？戈夫曼（Goffman, 1961）在他所著的《精神病院》（Asylums）一書中對二十世紀中葉包括醫院和精神病院在內的「全控」機構進行了社會學分析，他將醫生們（精神病醫生）能夠增加他們診斷合法性的現象稱為醫生的「神奇之力」。（p. 370）身體已被視為有用的資產，那人的心靈也是。精神病人「變成了某種精神服務可以為之服務的對象。但諷刺的是，在成為服務對象的同時，我們

實際上卻又幾乎得不到什麼服務。」（p. 379）

　　當臨床的凝視由身體擴展到心靈之時，它就開始了分裂。關於精神的結構化的科學話語建造並構成了精神病學的知識。精神病醫生透過講述他們之所見來展示（心靈的眞理），這樣一來，在當代他們——跟牧師蠻像的——就有了可觀的詮釋空間。精神病學的知識既不能被證實也不能被證僞；判斷的標準是要畫出一幅與精神病學家的建構一致的病人圖像。在全控的機構中，凝視「提供了系統化的方式來建構病人過去生活的圖像，以此來揭露這個疾病是如何緩慢地滲入病人的行爲直至整體行爲成爲病態……一些病理現象被冠之以綜合的名稱，如精神分裂、病態人格等，它們提供了理解病人那些『內在』特徵的全新視角。」（Goffman, 1961, p. 375）

　　不過，正如英格爾比（Ingleby, 1980b）和其他學者所指出的那樣，這種實用主義的、政治化和主觀性的觀察模式被錯誤地認爲是「純粹」科學和客觀的了。

　　在將來自醫學的臨床經驗和凝視應用於心理領域時，心智哲學就與醫學攪和在了一起。戈夫曼的分析幫助我們看到了被用於心理狀態和心理過程的那些客觀化的哲學前提（以及與之相伴相隨的各種矛盾），這些前提來自醫學，難以辨認。現代醫學和醫學化的精神病學已經教會我們將諸如「心臟」、「肝臟」、「癌症」、「多發性硬化症」、「精神病」、「偏執狂」、「精神分裂症」、「自戀」這些詞視爲格根（Gergen, 1994）所說的現實的鏡像（mirrors of the real），而不是結構化的科學話語元素。更厲害的是，心理客體的概念甚至比它附著其上的生理客體的概念還要有力量。舉個例子來說，

我們的文化裡極少有人會用「心臟病」或「多發性硬化症」之類的詞來描述某人的特質，但卻極少有人不會用心理類的用語去描述一個人。

（經驗和凝視）這種詮釋性的臨床取徑揭示了分類和診斷這些實證主義醫學工具背後假定的真理。疾病是某種可交換的、確定的、可命名的和個體化的東西，它可以被原因所解釋，也可以得到治療。疾病的這一概念在現代醫療體系中占統治地位，我們中的絕大多數人（包括醫生和病人在內）將其視爲理所當然（Feinstein, 1967）。不過，比起僞科學的心理學來說，由於它簡明扼要地指出了我們人類的科學和神話的相對價值之間的差異，醫學對於人類還算有過巨大的價值。

本書第二章告訴我們，自前蘇格拉底時期以來，類別分析就一直存在；它確認了構成世界之物。從恩培多克勒的土、水、空氣和火以來，我們人類就一直在分類這條路上躑躅前行。時至今日，若用莎士比亞的口吻來說，那就是：我們相信天地之間還有希臘哲學不曾夢到過的東西。實際上，我們人類已經發展出了高度複雜的系統來對物質界和人文領域的事物一一分門別類。我們相信萬物組成世界，更重要的是，我們相信萬物有系統類別，它們離不開分類這個社會活動。

然而「分類」在哲學／方法論上一直有個無法回避的問題：社會建構起來的系統化（它對人類文明有過巨大的作用）總是被認爲是與所謂的「眞相」一致，被認爲是揭示了與「眞相」有關的眞理。本質，包括人類的本性在內，被（莫名其妙地）假設爲如它們在分類下歸屬的特徵般，有系統地存在和運作著。但是，什麼是這所謂的與眞

相一致的本質？在這種假設中實際地景和地圖有著什麼樣的關係？分類的這一基本矛盾存在於諸如照片與被拍攝的事物、語言與被言說對象、分類與被分類的事物，以及語言與眞相那謎一般的關係之中。

　　維根斯坦對這些問題的理解尤爲有價值。他的《哲學研究》（*Philosophical Investigations*）一書從檢驗奧古斯丁的《懺悔錄》（*Confessions*）中關於語言和對象的命名關係開始。

　　當他們（我的長輩）稱呼某個對象時，他們同時轉向它。我注意到這點並且領會到這個對象就是用他們想要指向它時所發出的聲音來稱呼的。這可從他們的動作看出來，而這些動作可以說構成了一切民族的自然的語言：它透過面部的表情和眼神兒，以及身體其他部位的動作和聲調等顯示出我們的心靈在有所欲求、有所執著、或有所拒絕、有所躲避時所具有的諸多感受。這樣，我便逐漸學習理解了我一再聽到的那些出現於諸多不同句子中的特定位置上的語氣究竟是指稱什麼事物的；當我的嘴習慣於說出這些符號時，我就用它們來表達我自己的願望。（1953, PI, §1, p. 2）

　　在關於這些摘錄部分的討論中，維根斯坦將關於意義的圖像理論進行了一個元理論的理解，即：意義即命名，意義與眞相一致。比如他這樣寫道：「在我看來，上面這些給我們提供了關於人類語言的本質的一幅特殊的圖畫。那就是：語言中的單詞是對對象的命名。……我相信，如果你以上述這種方式來描述語言的學習，那麼你首先想到的是像『桌子』、『椅子』、『麵包』以及人名這樣的名詞，其次才想到某種動作或性質的名稱；而把其餘各類詞當作是某種自己會照管自己的東西。」（1953, PI, §1, p. 2）這一關於意義的理論自哲學

（自我意識和抽象）出現以來，在西方思想（以及關於語言的思想）中占有絕對的優勢。在更現代的時期，意義的圖像理論及其分類從某種程度上讓位給了意義的範式理論及其分類。在科學哲學和語言、語言學和心理學的諸多討論主題中，實用主義在奎因的《經驗主義的兩個教條》（*Two Dogmas of Empiricism*）中被直截了當地表達出來：

作為一名經驗主義者，我完全把科學的概念系統看做是一種根據過去來預測未來的工具。從概念上講，物理對象是作為便利的中介物而涉入其中——不是經由經驗的定義，只是在認識論上將其簡單地作為類似荷馬史詩中的諸神那樣的不可化約之假設。對我來說，作為物理學家，我確實相信物理對象而不相信荷馬的諸神；而且，我認為若不那樣做就犯了科學上的錯誤。但就認識論的立足點而言，物理對象和諸神只是程度上不同，而非種類上不同。它們都只是作為文化的設定物（cultural posits）進入我們的思想。物理對象的神話之所以在認識論上優於其他的大多數，是因為它已經證明了在將可處理的結構嵌入經驗流這一工作上它做得最為得心應手。（1963, p. 44）

但是，這裡所說的「文化設定物」和「得心應手」自身都是有著複雜歷史的文化假設。過去幾百年科學分類的歷史中有的是圖像化與實用主義論證的相互交纏。因此，按奎因那實用主義的觀點來看，科學化分類這一「神話」既不比希臘諸神好，也不比他們差，只是有更嚴格的定義，更易被經驗證明，在功能或實用層面上更有價值。現代哲學（認識論）從未成功地將「真理」與「實在」之間的關係闡述清楚過，不過，現代科學（和也許更為重要的現代技術）以它那業已得到證明的影響和轉化本質的能力使這一哲學謎團變得毫無意義，或者

至少是將它進行了重新建構。當技術常常被視爲科學的一個分支時，在某些至關重要的方面將科學視爲技術的產物似乎也顯得合情合理。比如當代的研究者們使用的實踐方法常被認爲是一個從自覺的科學原理到發現和發明的完全理性的過程。但是，很多正在工作的科學家、工程師和研究者們會說其實才不是這樣一回事，因爲靈光乍現、試驗和出錯，還有混亂（比如像混沌理論說的那樣）的狀況在發現和發明過程中可是一點也不少。而且，我們的流行文化會把偉大的科學家描述成他們將自己視爲在方法上和理性上對發明和創造事業一直保持關注，知道如何去實現那些他現在所做一切的人。但是，根據當代科學家對他們自身努力的敘述，以及科學哲學家和史學家對科學實踐的描述，科學工作實際的樣子可不是這樣。在《近代物理科學的形而上學基礎》（*The Metaphysical Foundations of Modern Science*, 1954）這一經典中，伯特（Burrt）這樣談到牛頓：

　　若回顧此人的一生，在他達成那令人目眩的成就的過程中，我們或能找到那些關於他那強大思想所用方法的清晰陳述，這或許對那些天賦比不上他的人有特別的啟示；又或發現在他給出了決定性解決方案的這場前所未有的知識革命中，一種精確和一致的邏輯分析成爲了這場革命的最終傳動器！但是，當我們翻動關於牛頓工作的頁面時，失望之情不由湧上心來！關於他的方法只有一些司空見慣而且常常是模糊的說明，就這還是憑藉對他的科學檔案的苦心研究，透過他努力解釋和補充得來的——儘管可以確切地說，與像笛卡爾和巴羅這些卓越的先行者相比，他在這方面幾乎沒有遭遇到什麼困難——這個偉大樂章最讓人好奇和抓狂的一點是：沒有什麼令人滿意的證據表明，這

一樂章中那些不凡的代表中有哪一位對於他正在做的事情或者他如何做一清二楚。（p. 208）

在實踐中，科學和技術兩者呈現出不同樣態，兩者在實用性和功能性上的相似程度遠勝過在認識論上的。到了本世紀，當現代主義轉向後現代主義之際，科學的真相才越來越多地被披露出來。對科學（活動和它深層的理論、原理）的科學分析揭示了在「科學」這個詞和科學活動之間一直存在的差異。從維根斯坦到哥德爾到奎恩，再到科恩、格根，他們對科學的抽絲剝繭、細緻審視越來越多地打破了科學的種種神祕。

但若按奎因與福柯所說，硬科學和醫學的分類都是虛構不實的——即硬科學的各種類別和它真實研究對象之間的關係實質上是模糊不清的——至少我們認識到有一種真實，或者說實在，是分類無法正確捕捉對應的。對我們而言，只是在塔斯基主義的意義上，「物質對象」和「荷馬的眾神」對奎因而言似乎有著同樣的認識論基礎。此外，若在其他更為嚴肅的意義上，奎因的主張對我們來說並無特別的社會意義。只不過，科學和技術作為實踐了的（歷史活動）無關乎傳統的認識論，而傳統認識論對我們而言似乎與任何事物都沒有關係。儘管如此，星星和微生物們以及或許更重要些的它們的運動規律都是重要的事——不是僅僅被感知到的東西而已。以它們為對象的科學和技術活動（實踐上和關係上）是足夠真實的存在，即使分類的方法說到底不過就是這一過程中實用主義的部分，並非是對事實真相的精確描述。換句話說，即便我們不能確定無疑地說天文學的分類是對天空的精確描述，那些星星和它們運動的規律，以及天文學那些有用的分

類仍然存在著。說到底，即使我們完全不能理解眼睛與那些被看見的東西之間的關係，我們的眼睛還是能夠讓我們看見這個世界。

　　從認識論的角度講，由於曾對科技進步做出過貢獻，自然科學和醫學建立的複雜分類系統已不再神祕，但是，由於科學和道德─政治的緣故，精神病學、臨床心理學和精神衛生專業的分類系統在這個問題上卻要麻煩得多。正如人們在對精神疾病的分類進行的批判中所指出的那樣，對人類主體性的分類完全沒有客觀性可言（Ingleby, 1980; Newman, 1991b; Szasz, 1961）；精神病學和心理學的分類在它們試圖仿效的實證科學的檢驗面前失敗了，這些分類是人們發明出來而非被發現的疾病系統（Szasz, 1961）；它為政治問題提供了技術解決方案（Ingleby, 1980）；「它對它的主人而言就像石油對於石油輸出國組織一樣有價值」（Schacht, 1985, p. 515）。

　　如果說奎因主張「物理對象」的「認識論基礎」與「荷馬的眾神」是一回事不會帶來什麼大問題，但要是說「精神對象」與「荷馬的眾神」是「相同」的，那情況可就不一樣了。如前文所述，馮特之後，心理學幾乎很快地就從真實世界轉向了自我意識創造出來的各種範疇之中，這些範疇替代了真實世界、人的主體性和有意識的生命活動。它棄絕了主體的內容（以及它的主體），轉而偏好商品化了的眾神手上那些很容易就能上手的偽科學套路——那些把人分類的各種標籤。實在地說，這些東西並沒有在技術上取得什麼成功，它們只是實現了商業價值的最大化——讓人吃驚的是，儘管幾乎沒有任何成就，它還是賣了個非常高的價錢，實現了供給和需求的最大化。總之，無論從哪個角度來看，它都比起現代物理學還要貼近遠古宗教。

　　心理學是一種前經院哲學。它很早就認識到自己跟物理學一點也不像，它沒什麼不依賴它而獨立存在的研究對象，於是就打著現代科學的旗號，以現代資本主義的商品形式造了一個出來，但骨子裡它仍然是我們所熟悉的古代擬人化宗教的那種觀念形態。很諷刺的是，心理學似乎走了回頭路，它回歸到了像人一樣會犯錯的荷馬眾神和亞里士多德式的目的論，並在其中摻入了康德理論核心的因果律（現代／後現代科學卻是向另一個方向發展），以此來解釋人類的關係活動。於是，心理學的方法就變得人格化了，儘管它那完全是虛構的學科內容根本沒有將人的生命看得有多重要。作為一種新的世俗宗教，心理學（尤其是臨床心理學和心理治療）什麼也解釋不了，它所擁有的「規範權力」所具有的解釋價值實際上跟中世紀思想家對為什麼飲酒會讓人沉睡問題進行解釋的價值一樣。心理學自成體系、自我證成，還有著不那麼重要的一貫性，而對於這個國家——尤其是一個自由的資產階級來說，心理學的商品化有助於它（最終在理論上）與教堂和國家劃清界限。

　　心理學沒什麼研究主題，這倒不是說人類主觀（意識）的關係經驗或獨一無二的人類互動並無什麼可研究的，而是說這些活動和這些生活本質上與涉入其中的人們對它的研究密不可分。無論有沒有被觀察到，「星星」應該都是「發著光」的，然而對一個人類觀察者（感知者）來說，除非他要觀察的東西被看到，觀察者（感知者）就不能說自己正在「觀看」某物——如果這個對象只是被「某位」觀察者看到的話。對主體性的研究不太可能達到成為一門科學的要求，於是心理學就卯足了勁在自身存在和可以馬上兌現的金錢價值上下功夫，想

要跨越與科學之間的萬丈鴻溝。但是，在這樣做的時候，它「丟失」
了自己的研究對象！在我們看來，科學心理學不過是披著現代化（科
學化）外衣的古代宗教。

▌詮釋

　　要被人們的認可爲一門新的科學，只有一套新的範疇系統是不夠
的，科學必須要使用範疇系統去理解事物，必須進行解釋以及／或者
預測。心理學的實踐者們——臨床醫生和心理治療師決定要保衛所謂
「純正」的心理學，他們是如何做的呢？將佛洛伊德的解釋方法做些
改變並投入實踐，以此作爲聚焦於人類生活獨特性的一種方式；將對
人類行爲普遍規律的發現用在「解釋」之中，這種方式剛好滿足了演
繹法的要求，因爲這種規範形式是硬科學捍衛其光環的一種方式。但
是，大部分現代的臨床心理學和心理治療實際上都是（如前所述）將
上述兩種方式摻和在一起，再加入了道德的一鍋亂燉。

　　佛洛伊德發明的精神分析創造了一種詮釋方法，也就是凝視和／
或神話。批評者和贊同者都認爲這種方法使他的工作看起來更像是
藝術（或文學工作）而不是科學。當然，讓意義（不管是什麼意義）
站到舞台的中央並不是實證主義科學最傳統的方式。爲了讓人類那些
看上去莫名其妙、不可理喻的行爲變得可以理解（也就是合理化或
理性化），佛洛伊德創建了一套外顯情境（「現實」包括「心理現
實」，也就是意識）和人的無意識情境的二元論。佛洛伊德說，病
人的思想、感覺和行爲能夠透過凝視（也就是「藉由人所說而得以

顯露」），和對人們並未曾意識到的那些事物的意義的解釋來得到理解。

　　精神分析的主要概念是移情，透過移情，病人以分析師為對象表現出來的行為和感受得到解讀，或者幫助分析師理解病人，將他們從過去經驗裡得到的重要感受轉移到分析師身上。精神分析也使用了包括釋夢和口誤（slip of the tongue）在內的特殊技術，藉此收集系統性的意義。每一個夢和每一個口誤都來自於潛意識的動機和渴望，這些都可以在一個經驗豐富的分析師進行的治療裡顯露出來。

　　對佛洛伊德這些方法的批評多如牛毛。來自左派的批評者有義大利馬克思主義者、語言哲學家廷帕納羅（Timpanaro, 1976），他提出了有力的觀點，認為佛洛伊德的解釋方法無甚用處，因為它們沒辦法證偽。關於一個人死亡的夢是願望的滿足，是被壓抑的嬰兒情慾，希望那人毀滅的幽微表達；夢到自己死亡是由原罪帶來的被懲罰的願望。對此，廷帕納羅問道，一個夢要有什麼樣的特徵才會被認為不是某種願望的滿足呢？（p. 218）在他看來，佛洛伊德關於夢的理論（透過某些操縱）使其根本無法被反駁，因此「從一開始就毫無科學性可言。」（p. 219）

　　透過文本考證的技術，廷帕納羅提供了與佛洛伊德在《日常生活的心理病理學》（*The Psychopathology of Everyday Life*）一書中分析的口誤的不同解釋。他批評說，佛洛伊德試圖解析「潛意識語言」，但在此之前卻未說明潛意識如何符合作為語言的一般標準。除此以外，佛洛伊德應該為僅解釋一個單獨的口誤並不解釋「整個症狀」感到羞恥，因為「任何醫生都會對這一做法感到荒唐，從來就

沒有誰能夠僅憑單一的症狀就得出診斷結論」（p. 222）。

　　廷帕納羅從整體上看到了佛洛伊德理論的非科學本質，並特別指出他的解釋方法也是不科學的：「精神分析是從科學倒退到了神話」；它雖然「極大地豐富了現代人對於自己的知識」，但是用「卡夫卡和喬伊斯的方式……而不是達爾文或愛因斯坦式的」；它是「資產階級對自身的不幸和悲痛的自我供認，混合了一個行將傾覆的階級那尖刻的洞察力和意識形態上的盲目」（p. 224）。儘管我們對廷帕納羅的方法和結論深為贊同，卻對他認同了佛洛伊德關於人和文明本質的宣告不以為然。我們與他的最大區別在於認為什麼才是不可捉摸的這件事上。作為一位老牌的科學馬克思主義者，廷帕納羅認為詮釋方法不可捉摸的原因是它那非科學的本質。我們則從它背後潛藏的哲學和認識的預設來捕捉它：分類是本來就存在在事物之中的；內─外的二元性；合理性（有意義）；與真理一致的理論（表層事物的內在意義）；假設人類行為有最終得到解釋的必要性。佛洛伊德主義正是帶著這些哲學抽象（在我們看來就是形而上學）與醫學化的實證的精神病學混合了起來。

　　詮釋和移情是信念之物，包含著在一個完全異化的文化裡理解商品所必需的、信仰式的經濟世界觀（資本主義意識形態）。說到底，詮釋和移情是「看到」一個完全異化之社會的諸多產品的主觀路徑，它已經脫離了這些產品的生產過程。但是，人類生命從本質上來說是關係性的歷程。由於在資本主義之中的實在同樣並不真實，因此佛洛伊德的詮釋方法不失為偽造現實的好方法──透過將移情作為「心靈的一般狀態」（Newman, 1983）。但是，它解釋不了鮮活的生命。

▌解釋

如前所述，科學心理學關心的是科學解釋的形式。心理學家自以為是地將心理學類同於那在凝視基礎上致知的醫學，認為心理學能夠也應該揭示出被認為是管理著人類機能的普遍規律。這些規律為心理學家照亮了發明一些新實踐的道路，他們發明了心理測驗、心理實驗這樣的實踐，數據的相關、模式和聚合被認為可以拿來解釋現象，也就是說，個體的問題解決行為、人格或智力能夠從他們透過特定任務的表現得到的數據與他人數據的對比結果中得到解釋。行為是有規律可循的，而這些規律就藏在數字裡。這種「統計的形而上學」（Kvale, 1992）是心理學的解釋神話（實質上是訴諸於「催眠之力」）。這種解釋神話聲稱它可以解釋現象，但實現上它並不能。所謂的規律是空泛的，並常常是同義反覆，最後什麼也沒有推導出來。這就好比是我們說「酒有催眠之力」，也只不過是描述了酒能使人入睡這樣的事實而已。這種「解釋」並沒有讓我們對酒的認識深入多少，只是「可催眠的」這類看上去似乎科學可信的表述所發出的信仰式光環讓人們目眩神迷（Newman, 1991b）。在我們這個將DSM-IV的描述當成解釋，且過度心理學化的文化裡，人們要看清這個解釋神話並非易事。更何況，心理學已經成功地將範疇的分類結構（如糖尿病）跟解釋的分類結構混同在了一起（見Newman, 1991b, pp. 128-129）。現今有多少人會認為「成癮行為」或「IQ」（不管是82,102,還是182）和「x在0.005的水平上是顯著的」都是虛構的解釋呢？

解釋人類行為和心理狀態或心理活動之間那有規律的關係曾是古

典哲學的任務，而現在心理學接過了這個任務。這個偉大的任務扎根在根深蒂固的哲學預設之中：首先，它假設在行為和心理之間存在規律聯繫；其次，它假設這種聯繫有模式可尋，有規律可循，且在某種方式上為規則所轄制；最後，這一前提假設最為普遍的形式就是因果律，也就是假設個體的行為能夠透過對查找原因來進行解釋。

　　讓我們再來看看由亨佩爾（Hempel）在《普遍規律在歷史學中的作用》（*The Function of General Laws in History*）一文中所說的歷史普遍規律（它們也同樣適用於心理學）。這些普遍規律的膚淺（比如歷史「事實」：「科爾特斯在1519年征服了墨西哥」被賦予一種演繹律的形式，包括諸如「當類似科爾特斯這樣的人在征服時，他們……」）這樣的偽規律同樣出現在像物理學這樣的硬科學中（當然帶著同樣的問題），揭露出實證主義所捍衛的解釋的演繹律範式。「類似科爾特斯這樣的人」就是這樣的演繹律！諸如此類的運作幾乎要讓「催眠之力」愈演愈烈了。就像在DSM-IV中我們看到的一樣，人工創造出來的或暗暗描繪的「普遍規律」是心理學聲稱要達致科學化的關鍵所在。但是，這些偽規律並非心理學家觀察到的生命模式（就在某些情況下，物理學家透過對自然界的觀察得到的物理定律），它是心理學家從單個的「事實」中經過無關緊要、非邏輯推演的方式創造出來的發現。亨佩爾對演繹解釋及戴維森對因果關係的堅持被當成是對理解的定義，拿來加強心理學科學化的主張。但是，正如維根斯坦所言，人們可以輕而易舉地相信什麼而無需科學地相信。我們在這句話之後也可以再補充一句：人們可以輕而易舉地理解而無需科學規範地 —— 或因果或演繹的方式 —— 理解（Newman,

1965）。科學會很好地成為人們進行理解的模式，但它是人們理解的適當模式嗎？更重要的是，它是理解「理解」這種生命活動的適當模式嗎？

　　在我們的文化裡，人人都知道地圖跟它所描繪的真實地景之間是有差異的，只有什麼也不懂的小孩子才會奇怪為什麼在地圖上明明是「挨著的」奧爾巴尼和紐約走起來卻要花上相當長的時間。若地圖與它描繪的地景之間不能一一對應，那它就談不上有什麼品質，因為沒有作為表徵指南的價值。而若兩者越來越接近（如一個有120英里長，50英里寬的東南紐約州地圖），地圖的有用性就會成比例地減少。如果我們不是那麼在意認識論上的問題，那麼確實可以說地圖與它所描繪的景物之間的差距（鴻溝）使硬科學中的分類語言越發有價值。但是，人類生活中最基本的關聯性卻不希望人們搞出什麼模式或規律。因為在人類活動和對它們的研究之間本就不存在什麼溝壑，在人類生活中就沒有什麼可以描述的模式，除非我們生搬硬套地硬要編造一個出來——它既不是奎因所說的神話，也不是我們所說的故事，而是華特・迪士尼可以任意發揮的「白」或不那麼白的東西。（「純粹」而又接近流行的）心理學就是一門聖誕老人科學。

　　個體差異、心理測驗和操作性定義都是心理學拿來製造人們對它的解釋迷信不已的工具。這些研究所生產的「知識」有一個解釋的形式，意味著它們想要提供對原因或理由進行解釋的名詞術語。前面我們已經講到，佛洛伊德主義提供了在某種意義上說是終極解釋的東西：成年後的人格問題以及那些看上去不合理的人類行為其根源在於內心衝突和童年期的創傷。透過這樣的詮釋方法（虛構方法），人們

多多少少都能爲這個能解釋一切的故事找到些證據。

　　從1920年代一直到1960年代，主導心理學的行爲主義與佛洛伊德的理論或實踐看起來都沒什麼共同之處。行爲主義極端反對詮釋方法用一種簡單的（即使有時是挺聰明的）技術代替了還算有誠意的理論。爲它早期獲得成功的擁護者和倡導者約翰•華生（John Waston）早在1913年就旗幟鮮明地提出了他的原則：行爲才應該是心理學的研究對象，而不是意識；心理學的方法應當客觀化，而不是採用詮釋的方法；心理學的目標應當是預測和控制行爲（Hunt, 1993）。對行爲進行嚴格控制的觀察對達到這一目標來說是必需的。

　　當行爲主義發展和擴大了它所研究行爲的領域，從某種程度上說，它的研究實踐就已經發生了變化。不過，它背後的原則仍然保存完整：所有行爲（以及行爲即是全部，這話聽起來幾乎沒什麼意義），從最簡單的反射到最複雜的人類互動或成就，都可以用條件反射——也就是刺激和反應的聯結來解釋。

　　華生本人對所謂的變態行爲頗有興趣，他相信從簡單的動作習慣裡就能發現「情感傾向」（Magaro, Gripp & McDowell, 1978）。在他那些並不確鑿的研究中，最有名（看上去蠻成功的）的可能就是對一個1歲大的孩子進行的利用條件反射原理形成恐懼反應的實驗。一隻白鼠（最初這個孩子看上去並不害怕它）放在孩子旁邊，華生在他身後用一個大錘敲擊鋼條，這時他產生了恐懼反應。接著，這只白鼠被放在孩子前面，當他要伸手去摸它時，華生又用大錘敲打鋼條。這樣的過程反覆經過多次，花了差不多幾個月的時間，之後這個孩子不僅害怕這只白鼠，也對其他有白色毛髮的東西感到害怕（兔子、海

豹皮大衣、聖誕老人的面具……），而研究者並沒有想要透過「去條件反射」消除這個孩子的恐懼。這個方法與精神病學的分類範疇和佛洛伊德的精神分析一起，成了將情緒客體化的另一途徑。

若不是美國心理學會確立了對待「人類被試」的嚴格倫理規範，華生的這個實驗會讓心理學一直尷尬下去。興許是關於這個實驗的完整論述會讓人不舒服，霍特便在《心理學的故事》（*The Story of Psychology, Hunt*, 1993）中談了一些華生本人的軼事。原來，這個著名的實驗其實並不是毀掉華生職業生涯的罪魁——並不是因爲一個孩子受到了罔顧道德倫理的粗暴對待，而是華生在這個實驗中跟他的助手發生了婚外情，他的妻子向學校揭發了這個祕密，華生因此被解僱。後來華生加入了智威湯遜廣告公司（Water J. Thompson advertising agency），致力於除臭劑、雪花膏、香菸和咖啡的廣告，「幫助身處辦公室、工廠和家中的美國消費者『忙裡偷閒，享受時光』」。（Hunt, 1993, p. 280）

在1920年代至1930年代期間，心理學家曾嘗試用條件反射技術改變精神病人的行爲，但一直等到1950年代斯金納的強化理論出現，將行爲主義用於心理疾病治療才算有了最引人側目的進展，因爲這一理論認爲只要強化聯結被找到了，那麼所有人類和動物的行爲都能被預測和控制。斯金納本人從1930年代起就用他的理論主張（和技術發明來證明）行爲主義。在他的推動下，人們認爲由童年期的情感和創傷引發的不正常行爲可以透過條件反射來改變，於是行爲矯正技術和代幣獎勵法得以流行。更重要的是，它提供了一條使佛洛伊德理論與實證主義的行爲主義心理學和解的道路。

　　行為主義帶來了一種解釋的迷信，這迷信跟佛洛伊德的詮釋一樣令人目眩。刺激——反應的簡單規律（行為主義者雖然嘴巴上不承認，但他們實際上認為這就是一種因果關係）被推至前台，用來解釋人類行為。科學心理學那已經有點分量的迷信／騙局被行為主義炒得更加火熱，它們使控制和預測的觀點越來越能夠被人們理解和接受了。

　　動物行為實驗獲得了成功，將行為主義技術運用於複雜人類行為上同樣也取得了成功，在這些成功的鼓動下，斯金納在《言語行為》（*Verbal Behavior*）一書中對行為主義大加吹捧。兩年後，喬姆斯基從心理學和心理哲學的立場出發，為這本書所表達的斯金納式的行為主義敲響了喪鐘，認為它必將命喪系統的科學心理學之手。喬姆斯基的系統分析表明，斯金納的這本書從字裡行間來看與語言行為並沒有什麼關係，他也沒有在原來的行為主義上增加什麼新東西。當然，行為主義並沒有因此而失掉大眾對它的熱愛，它甚至還成了「科學心理學」的代言人。不過，二十世紀末已有不少來自心理學內部的批判聲音認為，佛洛伊德的詮釋主義和斯金納的行為規律都不能使心理學成為一門科學。越來越多的人開始質疑，到底有沒有科學心理學這回事？或者說，心理學到底是不是一門科學？

第七章
心理學與人的發展：完美（主義）的婚姻

　　科學心理學與發展之間的那些事與我們之前所講述的那些完全不同。首先，與個體間的差異和精神疾病相比，一個人的性格更難以捉摸，主流文化對人類發展和兒童發育的理解建立在哲學、宗教以及心理學實踐的基礎之上。其次，所謂發展心理學的地位還不清楚。官方的說法是，雖然發展心理學比臨床心理學、實驗心理學、工業心理學、教育心理學等其他心理學分支學科出現的都晚，但它依然是心理學的一個分支。然而，它在誕生之初（甚至在它被命名為發展心理學之前）就有人認為，發展並非是心理學的一個專業領域，而是研究人文社會現象的一個路徑。

　　此外，心理學家構建的有關發展的知識在它的功利主義價值上，與個體差異和精神疾病的心理知識也不相同。經濟、政治、文化和科學變革催生出這些領域的掌權者新的需要：選拔人才，預測學業成績或工作績效，控制行為和治療最新命名的精神疾病……，正如我們看到的那樣，所有一切均來源於這些不斷變化的需要。市場需求塑造了心理測量學、工業心理學、教育心理學和臨床心理學的產品。不管是不是虛構的，這些心理學的「領域」都是來自關於某物以及為著某個

目的而被使用的功利主義立場。

　　我們不清楚發展心理學是不是對待任何事情都使用同一個方式。表面上看，它的主題是貫穿人一生，每一個人都經歷過的事情，比如：孩子出生；以何種不同的方式和程度被照顧；長大並成熟；成為成年人；然後死去……。這個學科研究所有這些問題，好像什麼都研究了，又什麼都沒有研究。這就好像是個知識的市場，看上去好像可以為所有人服務，卻又不針對任何一個人。一言以蔽之，發展在工業資本主義之前就已經存在很久了，更別說心理學了；關於它好像並沒有什麼明顯的來自實踐的需要，要它發展出一套知識主張來。與此相反的是，十九世紀末二十世紀初對消費者的建造是需要心理學的。同樣需要心理學的，還有為了生產力的最大化，選拔、測試和教育孩子，招聘和培訓工人，以及用野蠻的方法去治療那些遭受精神痛苦和／或被認為是精神不正常的人……等等。

　　正是在這種特殊的背景下，政府官員和企業家那些明目張膽的投機倒把和不擇手段才沒有成為關於發展的心理學專業知識形成的一個主要推動力。（在過去的幾百年裡，西方文化對於發展的態度，更多地是對與人性相關的根本問題的系統關注。）但這並不意味著，關於發展的心理學研究在意識形態或政治性上的意義就沒有其他心理學研究那麼強。相反，我們將要談論的是，恰恰是因為同樣的原因，對發展的心理學研究才更具有意識形態性，才具有更大的影響力。本章要講述的是，心理學如何構建了一個發展的以及童年期的虛假故事，這些故事又如何被用於構建整個心理學的神話／騙局。

　　當代對人類發展的研究是哲學那未曾成形的孩子。相較其他任何

社會科學領域而言，發展心理學已成了哲學家探問了好幾個世紀的認識論問題的試驗場。我們如何認識（看，思考，感覺）到我們所認識（看，思考，感覺）的一切？發展心理學自己的認識論是：（簡單卻不失精確地說）要理解成年人的認識，可以透過理解嬰兒的認識來實現──這實際上重申了心靈哲學的基本前提。

對人類發展的心理學研究一度充斥著欺騙和反欺騙。關於思維的哲學思考在更深地潛入西方文化中的同時，它也（向那些願意看到它的人）顯示出它再也經不起系統研究的檢視。頗具諷刺意味的是，當人們將二十世紀的科學化研究介入對人類心靈發展的探尋之中時，卻將那些（現代科學中的）古今雜燴的哲學思想如何阻礙了歷史性的有深遠意義的發現的事實暴露無疑。

▌進化的必要

讓我們來聊聊眼下正發生的事情。有人說，心理學與新的革命性的理論研究範式建立了密切關係，它能整合碎片化的理論，將心理科學從雜亂無序、亂成一團的狀態中帶出來，送往二十一世紀。這一新範式被稱作「進化心理學」（evolutionary psychology），它經常出現在學術期刊（如《心理學探究》（*Psychological Inquiry*, 1995）或者流行刊物（如《時代週刊》（*Time*, 1995））上。在它的主要倡導者戴維・巴斯（David Buss）看來，進化心理學是一把解開我們從哪裡來、如何達到現在這個階段的謎題的鑰匙，也是解開定義我們是誰的心智機制的鑰匙。（1995, p. 27）

　　簡單地說，巴斯的觀點是這樣的：人類行為的事實指明了內在心理機制的存在，所有的心理理論皆是如此。因為心理理論中必然包含了潛在的機制，所以它們之中也必然包含了人的本性（pp. 1-2）。巴斯提出了一個問題：這些操控人性的機制可能的起源到底是什麼？面對累積了幾個世紀的諸多答案，巴斯認為總結起來無非只有三種可能性：神創論、播種理論（外星生物探訪地球並播下生命的種子）以及自然進化的演變。巴斯排除了神創論，因為它並不屬於科學理論；他也不考慮播種理論，因為該理論並沒有解釋問題，而是把問題推向了另外一個層面（種子和外星生物的起源又是什麼呢？）；於是，剩下的就只有進化論了。大多數心理學家都贊同說，進化論能夠最大程度地解釋「我們是如何發展至今」的問題，因為這些有意思的問題與「心理機制的本質透過自然選擇的進化逐步成形」有關（p. 5）。

　　巴斯認為，進化心理學的機制有一個基本假定，這一假定排除了錯誤的心理學二分法（比如他認為先天—後天的區分就是一種什麼都能往裡裝的分類筐）。他認為，並不存在所謂的生物和環境這兩種原因，因為實際上只有一種原因，那就是進化的心理學機制。這一機制根植於有機體之中，在解決「在人類進化歷史中周而復始出現的那些個體生存或繁衍的特定難題」的過程中逐漸形成（pp. 5-6）。經過研究，他假設存在10種這樣的機制，比如：「更強大的女性空間位置記憶」是為了要「在覓食／聚會中增加成功率」；「男性因愛生妒」是因為要「增加親子血緣的確定性」；「男性偏好年輕、有吸引力和一定腰臀比的女性」是為了「找到有高生育率的配偶」；「自然語言」的功能是「交流和操控」（p. 6）。問題是，現今男人和女人

的行為方式並不意味著他們就是（像社會生物學家所主張的那樣）被有意識或無意識驅動著，要透過自然選擇以達成最大程度的適應。更有甚者，這些行為方式被認為是指出了所謂的人類「就是活化石——是由我們的祖先一路傳承下來的、在自然選擇的壓力下產生的諸多機制的集大成者。今天，我們仍然在運行和執行這些特定的機制。」（p. 10）

　　我們想要指出的是，這一範式和想像實在是滑稽可笑。它同現代科學講究證據和邏輯的標準有著諸多衝突，從哲學上看巴斯的分析異常天真（比如，機制問題顯然不等於起源問題）。不過，更有意思的還在後面。現在先讓我們用莫爾斯（Morss, 1990）《童年期的生物性：發展心理學和達爾文謎題》一書中對發展心理學的觀察來檢視巴斯所謂的「新範式」：

　　發展心理學構築於其上的根基早已是昨日黃花。不僅它的經典陳述，包括它的當代形式，均依附於已經過時的生物——哲學本質的觀念……，它在學科內容上也訴諸於進化論的邏輯和相關學科，並沒有什麼自己獨特的東西。這樣一來，我們似乎可以認為，發展心理學從十九世紀晚期以來就沒有什麼長進，它就是社會和生命科學在不斷向前發展的道路上遇到的一個黑洞。

　　莫爾斯透過強有力的論證指出，縱觀發展心理學的歷史，它一直追隨的其實並不是進化論，而是前進化論（尤其是拉馬克學說）的生物學假設。莫爾斯提醒讀者注意：個體發展的過程是物種進化史的重複，這一觀點並不是達爾文進化論的觀點。達爾文的學說沒有提到進化過程必須固定、有序和分層發生，也不迷信習得的特徵。莫爾斯告

訴我們，達爾文自己的表述與那些將進化論的要素向前推進了一步的人們不一樣，他用非目的論的機制來解釋變化，與那些後繼者在自然選擇的想法上並不相同。達爾文理論具有革命性的地方並不是遺傳可能性，而是變化的觀念。（Burman, 1994）

莫爾斯（Morss）總結了發展理論歷史上那些代表人物（霍爾Hall, 鮑爾溫Baldwin, 佛洛伊德Freud, 皮亞傑Piaget, 維果茨基Vygotsky和維爾納Werner）的思想中，受到生物學影響的那些見解。他讓我們看到，持續性、層級性、發展性和過程重演的進化論假設是如何影響了皮亞傑那智力發展機制是生物發展機制重演的觀點，以及那種（爲心理學家普遍接受的）對感覺的「原初」覺知是人類思維最早形式的看法。

儘管莫爾斯深入批判了發展心理學及其前置的進化論假設，但他並不認爲發展心理學會變成進化論學說（他看起來不是巴斯進化心理學的追隨者）。同時，他也不認爲生物學在人類發展的研究中完全沒有作用。莫爾斯所做的，是提醒我們生物學已經越過達爾文主義走得太遠了，他支持發展心理學成爲後達爾文主義（post-Darwinian）。這種撇開十九世紀（進入二十一世紀）的做法也許意味著「現代生物學的同化以及與十九世紀舊觀念的切割」或者是「連同生物學一起的切割」（p. 232）。

根據莫爾斯的歷史分析，我們要如何理解進化心理學呢？若發展心理學就是進化心理學，那麼新的範式是什麼呢？此外，如果當代的發展心理學建基於十九世紀的生物學理論，那麼就當前心理學的解釋性神話來說，是什麼讓達爾文死而復生成爲復興這一領域的必要條

件？什麼是自然選擇的進化應該填補的空白？爲了探究這些問題，我們需要檢視關於人類發展的基本進化觀念是如何建立起來的，以及發展心理學是如何深化了生物學與認識論的結合的歷史過程。

發展心理學及兒童的建造

何為兒童及兒童為何？

發展心理學之所以從兒童開始研究，不僅僅是因爲這是近年來發展心理學的主題，而且還因爲作爲一門學科的發展心理學正是從「兒童研究」發展而來的。我們知道，正是查爾斯‧達爾文透過《一個嬰孩的生活簡史》（*A Biographical Sketch of an Infant*, 1877）開啟了兒童研究的大門，這本書摘錄自他40年前對他兒子進行觀察的筆記。當然，在達爾文之前就有過不少關於兒童的研究，研究者多爲女性，但是這些研究並沒有出現在心理學的正史中（Bradley, 1989; Burman, 1994）。

達爾文感興趣的是從動物到人的連續性，他特別想找到那些能夠證明我們的心理能力和道德天賦是從動物祖先進化而來的那些證據（Morss, 1990）。早期發展很重要，它被看做是「遺傳的稟賦，是成人期時可能出現的那些變化的基線」。不過，達爾文對兒童研究的興趣是個偶然事件，並非刻意爲之。這與大部分追隨達爾文的發展心理學家們（其中最著名的是皮亞傑）一樣，他們之所以對兒童研究有興趣，是因爲想把它作爲表達自然規律的一種方式。

爲了讓兒童成爲值得研究的對象（若僅從工具主義的角度來

說），首先得有兒童啊！換句話說，就是首先要建立「兒童」這一概念，要將人生階段中的一部分截取出來，定義爲與成年期不同的兒童期。法國歷史學家菲利普・阿里耶斯（Philippe Aries, 1962）把現代西方關於兒童期和家庭的觀念聯繫了起來，他認爲這兩個概念都是在十六世紀和十七世紀期間由社會構建起來的：「那時，家庭這一概念已經不限於生物學和法律上的意義，而成了一種價值觀念、一個表達的主題，以及情感的一種緣由。」（Philippe Aries, 1962, p. 10）

透過對四個世紀中產出的日記和繪畫作品的檢視，阿里耶斯展示了發生在歐洲上層社會中那些與兒童有關的談論，以及當時的藝術家們表現兒童的畫作中的變化，這些變化告訴我們當時的人們是如何看待兒童的。例如，一直到十四世紀人們才能在畫作中看到兒童的形象。在此之前，人們可以在一些圖片（例如某些描述基督宗教活動的場景）中看到被描繪成小小人的兒童形象。中世紀時，兒童、聖嬰或者靈魂在藝術繪畫中都被畫成裸體，十七世紀以前的藝術繪畫中幾乎看不到一個平凡普通的孩子。另外，阿里耶斯還大量引用了那個時代的日記——比如，他引用了爲法國國王亨利四世治病的醫生的日記。這些引用的日記片斷表明，當時對兒童並沒有區別於成人的治療方式，對於他們也沒有什麼特殊的保護措施；兒童出現在包括性、醉酒、暴力和死亡在內的生活的各種場景中。

阿里耶斯認爲「兒童期的發現」與發生在十七世紀歐洲的那些削弱了生活的社會性（公共性）並促成（更私人化）家庭概念產生的各種文化和經濟變化有關。

十九世紀中期至二十世紀早期的兒童觀是浪漫的——兒童更「接

近」原初天然，是還未被文明教化的不成熟的生物有機體；他們雖在通往知識和理性的道路上，但在這個階段還尚不具備什麼知識和理性（Burman, 1994）。因此，在二十世紀早期，不少兒童研究把兒童拿來跟猩猩、「原始人類」（「野人」）及瘋子比較。科學家們想透過這些研究尋找如身體和心理從簡單到複雜、從同質到多樣化、從一體到分化的此類進化適應性復演的證據。

被譽為發展心理學之父的美國心理學家G·斯坦利·霍爾（G. Stanley Hall）認為，發展理論不是心理學的一個分支而是一種路徑，這一「真路徑」可以取代錯誤地建基於靜態地看待知識和靈魂之立場上的心理學（Morss, 1990, p. 34）。除了心理學史（和霍爾擔任校長的馬薩諸塞州的克拉克大學）外，霍爾在本世紀前20年那高度的影響力現在已經沒有幾個人會記得了（在霍爾的努力下，克拉克大學贊助了佛洛伊德1909年的美國之行）。對於我們來說，霍爾的重要性在於他把童年期和發展理論放在了心理學的版圖上。

作為復演論堅定不疑的支持者，霍爾認為人類學習應自然地遵循文明進化的過程，而「教育的作用只是促進和縮短這個過程」（引自Morss, 1990, p. 33）。因此，教育應該是「發展性」的——它應該幫助兒童經歷文明教化的所有階段（各種文化紀元），因為這樣的課程才能滿足他們（進化復演）的需要（Morss, 1990），故他將這一發源於歐洲的模式引入到美國。與此同時，他大力推廣心理普查，將其作為收集大量學生訊息的一種工具，期望從中獲取有關心理特徵分布的知識。

很快，前文我們討論過的那些更複雜的統計學方法進入了兒童研

究領域，借由人們對心理測驗的「狂熱」影響了這一領域。將「心理年齡」與實際年齡類比，人們能「看到」（福柯所說的「目視即知識」）在可量化和可測量的區間中各種能力的分布情況（比如大家熟悉的「發展指標」，就是指在不同年齡段嬰兒要能夠抬頭、爬行、1次說1個字或掌握了50個詞彙等）。伯曼（Burman, 1994）提到，這一時期產生了現代意義上的兒童觀，這對於培育兒童期觀念和將其概念化有著至關重要的重要。兒童研究將進化論作為理論基礎，輔之以依靠統計數據而進行的分類、測量以及量化等這些心理學的新探究實踐，生產出所謂有關人類生長過程的自然演變的知識主張。同時，年齡這一簡單的基準也使得那些與一般標準不同的偏差可以得到確認。伯曼在回應丹齊格（Danziger）的重要分析中，加入了一個福柯式（Foucault-like）的反轉，他這樣說道：「標準小孩是從按年齡分類的人群的比較數據中抽取出來的，因此，這種理想型是一種虛構或者說根本就是個神話。現實生活中，沒有誰，也沒有一個真正的孩子會是這樣。拜凝視所賜，成套的測量裝置創造出來的空想、幻想、虛構，無中生有，生生地構念出了一個孩子。」（1994, pp. 16-17）

在我們看來，兒童和童年期這類產品還談不上是唯心主義和形而上學。現如今「自然」和「正常」這兩個概念已經與進化牢牢聯結在一起（而這兩者與革命的聯繫卻是相反），它們被定義為連續、穩定和線性發展的。萬物皆在變動之中（自伽利略在幾百年前首次提出這一觀點後，人們逐漸地接受了它），但是運動和變化發生在固定的間隔週期中。此外，發展（僅僅被定義為「成長」）這一概念已適時重構，使我們在提及它的時候，必然要和年齡聯繫起來。這樣，另一層

抽象涵義被埋了下來。

　　若「自然」和「正常」就是進化（evolution），那麼變革（revolution）就變得不正常了。維果茨基（Vygotsky）對傳統發展觀的挑戰之所以如此獨特珍貴，部分在於他對以進化的觀點來理解發展的批判（不過，他在這個問題上並不是前後一致的），以及他對變革才是常態的認識。他曾說：「變革解決的只是那些歷史已經提出的問題」（p. 26）。這裡我們引用了完整的一段：

　　在天真的思想看來，革命和歷史似乎是不相容的，因為它深信歷史是直線發展的。如果這個過程中出現了某個變化，打破了原有的歷史結構，使之出現了一次飛躍——這對那些天真的思想來說，就意味著災難、失敗和破敗，因為在他們看來，歷史只能終結在直直的窄路上。而與這種思想完全不同的是，科學思想把變革視為全速前進的歷史的火車頭，認為它本身就是歷史那有形、鮮活的化身。變革解決的只是那些歷史已經提出的問題，站在這一立場，我們便會認為一場革命中所謂的變革與社會文化生活的方方面面一樣，都是真實無疑的。（轉引自Levitan, 1982，封面內頁）

　　維果茨基將實證主義者的進化觀點（天真的思想）與辯證的歷史唯物主義觀點（科學的思想）進行了對比，他認為我們應該採取歷史的（革命的）而不是社會的（進化的）的發展觀。雖然他用的是現代主義的語言，但其所包含的訊息卻與後現代主義對知識和世界觀的歷史嵌入的強調不謀而合。

　　維果茨基並未得到人們的關注。事實上，直到二十世紀60年代他的成果還一直被史達林壓制著，（只在一個極小的圈子裡傳播）而

沒有機會被更多的人了解。即使到了後來他的作品已經可以在市面上找到了，也很難說它們能產生什麼重大影響。因為早在二十世紀30年代，心理學的神話／把戲就已根深蒂固，生物學和行為主義的還原論（它們是同一枚硬幣的兩面），以及哲學的理性主義已經深深扎根於學術界和心理學研究之中。當時佛洛伊德學說在很多方面正在改變文化地景（cultural landscape），其中包括我們如何思考兒童以及童年期的本質，而且，這個問題也開始被整合進心理學的理論化進程。同時，我們之前提到的方法論正大行其道，心理學家關於如何理解具體資料的爭論會求諸於各式方法、儀器、技術和統計數據，而非訴諸理論立場。

將兒童視為一種能夠被訓練、塑造和社會化的被動有機體是在這一時期在心理學中占主導地位的觀念。新出現的兒童觀開始流行，雖然它顯然更道德也更具張力，但仍是被動和缺乏變化的。一個又一個的孩童形象占據了主流地位卻須臾而過，現代兒童看上去時而性善時而性惡，時而天真無辜時而不值得信任，時而要依靠「他人」時而容易被「外人」傷害，時而需要自由時而又需要管教。在關於孩子的社會建構中，流行的觀念和科學概念相互影響，當然，兩者同樣受到政治、經濟和文化變革的影響（同時也影響著政治、經濟和文化的變革）。

最明顯的例證來自生活形式的改變，這些改變是由城市工業化而來，伴隨著生活水平的提高，對經濟剝削做出反應的政治上的激進主義。二十世紀以前，兒童對他們的家庭和社會來說有的純粹是經濟價值。在前工業社會，他們（除了貴族之外）的生活就是在地裡勞作；

在工業革命時期，他們的生活就是在礦山和工廠工作。十九世紀末，西歐和美國透過成功的群眾運動廢除了令人憎惡的童工現象，與其同時，伴隨工業化出現的經濟發展和生活水準的穩步提高，以及顯著降低了嬰兒的死亡率的醫療和公共衛生的發展……所有這些因素都創造出用全新的方式來理解兒童的可能性。

維維安娜・澤利澤（Viviana Zelizer, 1985）就美國這一變革時期及它對兒童概念形成的影響進行了社會學分析。在《給無價的孩子標價》（*Pricing the Priceless Child*）一書中，澤利澤提出，在十九世紀70年代至二十世紀30年代，在父母和整個文化中，15歲以下兒童在經濟上的價值和他們在情感上的價值的重要程度已經被反轉了。1個世紀以前，兒童還是必要的收入來源（對於工人階級來說，他們仍然保持這種情況直到二十世紀30年代），比如當時父母會因為兒童的非正常死亡獲得補償，補償金額取決於兒童的收入能力。而現如今則是人們花費數十萬美元來撫養不會帶來任何收入的孩子，更有養父母只需要付幾萬美元就可以收養一個孩子。法院雖然常會為一個孩子的非正常死亡判決賠付百萬美元，但這樣的決定是基於父母遭受的不幸、傷痛和情感上的損失。兒童的價值不再是經濟的，而是情感的了。

澤利澤將這種突如其來的轉變部分歸功於社會的商業化發展，兒童開始占據一個獨立的、更商業化（extracommercial）的空間：「將兒童從金錢關係中排除出去……是兒童生活『神聖化』這一文化過程的一部分。『神聖化』一詞意指對某客觀對象的感受中注入了情感或宗教意義。」（1985, p. 11）

澤利澤提供了一些有意思的資料，告訴我們僅有情感價值而沒有經濟價值的兒童是如何被建構起來的。這些來自現實生活的資料讓人有些不舒服，不過對現代人來說，它們要嘛已經無關緊要，要嘛人們處理起來已駕輕就熟。在包括公眾對兒童死於交通事故的反應、對童工立法的抗爭、對兒童生命的保護、對死於意外的兒童的父母的補償，以及收養兒童和販賣兒童等那些與兒童的生活和死亡有關的事情中，兒童的經濟價值和情感價值互相交織著。

澤利澤的分析在幾個方面頗有建設性。首先，她關注的是普羅大眾，關注他們在參與到富有歷史性的變化和活生生的生活中時所面對的世俗問題。澤利澤聰明地避免了成為批判者（尤其是對資本主義的批判），她並未將工業資本主義視為萬惡之源，也沒有給它在意識形態上的轉變簡單地扣上頂陰謀論的帽子。像伯曼（1994）就在她的另一本還不錯的書裡幾次三番地掉到這樣的套路中，比如她認為英國人對童工現象的極度憤怒與「害怕經濟獨立會帶來無視規則和可能不受歡迎的行為」有關，而不是因為在這種情況下兒童被剝削了（p. 35）；她還認為義務教育是對兒童的剝奪，認為它「將工人階級的孩子界定為需要教育和社會化的」（p. 35）。我們搞不懂在生活形式已經發生了徹底改變的情況下，還有什麼理由可以否定工人階級的孩子需要接受教育、需要社會化？

澤利澤認為，兒童純粹的經濟價值向純粹的情感價值的轉變也強化了建構兒童和童年期的工具主義的基礎。心理學家們（他們也是學富五車的哲學家）要嘛透過孩子來研究成年人，要嘛拿他們來了解人性的抽象法則，要嘛這兩件事兒都幹。實踐者們關心的是透過訓練

孩子和他們的家庭，生產出有用的（有生產力的、順服的、快樂的）成人。至於父母，當然就是要將他們的精力投入到「養育」自家小孩——也就是生產大人的各種活動之中。

　　然而，我們不是想對兒童或童年期的概念來上一頓褒貶了事。我們想說的是，作爲生命的一種形態，被西方文化建構起來的孩童概念其實並不完整。童年期被視爲生命的一個階段或一個片斷，是抵達所謂的「成年期」這一終點的途徑。發展（獨立於它的產物）本身就被視爲是必能使人進入另一（更好、更高級）境界的過程；要是它沒做到這一點，那就意味著這個過程是有問題的，是偏離了正軌的。人們並不把它看作是不斷進行著、一直在持續的生命活動。發展（這一抽象概念）或是與我們人類的祖先以及／或我們的未來和以及文明一樣「具有連續性」（這又是一個抽象概念）。然而，對於我們而言，發展（或成長）——這一人類的社會性和關係性活動——不斷發生且一無用處地進行著。

▌自我建構的發展

　　皮亞傑（Jean Piaget）改變了一切。這位瑞士生物學家、哲學家和心理學家從二十世紀20年代到70年代50年間所做的工作一直到二十世紀60年初都並未給美國的心理學領域帶來什麼深遠影響。不過，當美國心理學已具足合適的條件時，雙方的蜜月期便翩然而至了。

　　藉由皮亞傑，發展心理學從此步入坦途。關於人類發展和我們如何知道那些我們所知一切的知識主張在複雜性和數量上都增加了。發

展心理學確有一些新的、有創造性的東西，這使它在心理學形形色色的領域中站穩了腳跟。皮亞傑的哲學思考相當出色，他的工作被不少獲得了一些心理學中已走失很久的哲學正統真傳的人所接受。首先，在皮亞傑這裡，「被動的兒童」這個概念被埋葬了，他眼中的兒童是活躍主動的。他們並非是只是知識的被動接受者，而是知識的發明者和構建者。更重要的是，他們作為行動者並非愚昧無知——在皮亞傑看來，孩子知道的東西只是跟成人不一樣，而不是比成人少。

　　皮亞傑對於認知的新穎視角，他那一絲不苟、讓人著迷的觀察，以及新的反經驗主義的研究方法……等等這些東西，我們要說上三天三夜也說不完。然而，發展心理學中所有的這些變化也不過僅此而已，因為實際上皮亞傑的範式對心理學的神話貢獻頗豐，那些心理學的基本哲學前提他都沒有棄絕——哪怕是一丁點兒。皮亞傑的範式為心理學對兒童的社會建構添磚加瓦，加強（和放寬）了在十九世紀就已經被浪漫化了的將兒童看作「他者」的觀念（我們認為從1960年代開始出現的所謂「以兒童為中心」的教育和養育觀念即是其中一例）。正如我們所見，皮亞傑獨特的兒童觀是一個奇特的抽象觀念——一種笛卡爾－康德－佛洛伊德式的人類思想。

　　透過皮亞傑的範式，我們要談的不只是他的大部分工作，還有他留下的那些遺產的延續（尤其是在美國）。直到前不久，他的理論中的階段論和結構性的元素仍然主導著美國的研究。現今出現的轉變重點在於致力於其建構主義的部分，使它能帶領皮亞傑式的研究從當代兩種不同（且對立）的力量左右夾擊的境地之中突圍而出，不致被淹沒。這兩種對立力量一個是後皮亞傑主義的「嬰童是天才」運動，另

一個則是受後現代主義、社會建構主義和維果茨基影響的行動——理論運動。

　　作爲一種研究範式，皮亞傑主義也許會日漸衰落，但它也滲透到了發展心理學、教育理論和實踐以及更加廣泛的文化中（儘管它並沒有像佛洛伊德主義那樣的影響力）。舉個例子來說，智力發展是穩定不變和線性增長的觀念已成爲理解成長這一概念的一部分，就跟童年期心理創傷這個概念一樣。在本體論上，皮亞傑同佛洛伊德一樣看重個體，他對自主的、個性化的主體的構建做出了重大貢獻。他們兩人都預設內－外二元性和生物學的優勢在結構和遺傳上具有先驗性。佛洛伊德的個體化的主體處在與「外在」（社會世界）不斷的衝突之中，由此形成個體的人格；皮亞傑的個體化的主體「同化」了那些「外在」，由此形成了知識個體。皮亞傑理論中的兒童是主動的，不過他們的主動是一種工具性的主動，也就是說，兒童與環境中的客觀事物的互相作用是一個手段，它最終指向內在心理圖式。對於皮亞傑來說，智力的發展也就是知識的增長。

康德的傳統：知識的心理學化

　　知曉到底意味著什麼？判斷兒童思維水準的標準又是什麼呢？什麼樣的人才算得上是貨眞價實的知曉者？皮亞傑模式結合了西方哲學的理性主義、心理學的心靈主義和生物學的還原論，他不僅把笛卡爾的「我思故我在」變成了一個由生物性決定的心理現實，還「成功地將康德的每種知識類型從第一原則轉變成一個科學研究的主題」（Gruber & Voneche, 1977, p. xxix）。比如，皮亞傑觀察了幼兒關於客體的概念如何產生，以及對客體持久存在的認識如何發

展的過程，提供了非常詳細的記錄，並且，他還寫了一本又一本的書來探究康德留下的其他知識概念（比如《兒童的空間概念》（*The Child's Conception of Space*）、《兒童的時間概念》（*The Child's Conception of Time*），還有《兒童的物理因果概念》（*The Child's Conception of Physical Causality*））。

皮亞傑所指的思考是指邏輯思考。當他說兒童的思維與大人不同時，他所指的大人是特定的一類大人，即現代科學家。當兒童能夠進行一整套的假設推理演繹時即到達了智力發展的最高階段——形式運算階段（人在青春期就會到達這個階段，但不是每個人都可以）。處於形式運算階段的兒童能夠認識到一個扁平的泥團在變成圓球形後，與之前的那個是「同一個」或「具有相同的量」。皮亞傑聲稱，他覺得這一過程中兒童進行了三種心理運算：同一、補償和逆轉。要是從智識上來講，皮亞傑的這一觀點意味著只有透過這些心理運算，個體（或透過自我構建的知識）才能認識物質守恆的事實。

在皮亞傑關於思維以及心理運算能力如何增長的模型中，解決矛盾衝突扮演著一個重要角色。處於具體運算階段的孩子看到兩個同樣的圓球時，會說它們是一樣重的，但如果我們當著他們的面，把其中一個圓球變成蛇形，他們就會說這個蛇形的泥團比那個圓球形的在量上更多（或更少）。皮亞傑如此解釋這一現象：這樣做的時候，兒童否定了他之前看到的和之後看到的東西之間的矛盾，或者說，他不承認他所看到的（即兩個泥團看起來並不相同）和他「知道的」（即沒人加入新的膠泥，也沒有人拿走了原有的膠泥）是矛盾的。在皮亞傑看來，智能的最高形式是「日漸增長的對衝突的覺知，想方設

法解決這些衝突的意願，簡言之就是邏輯性的增長。」（Gruber & Voneche, 1997, p. xxi）。於是乎，將思維等同於邏輯，把衝突歸咎於思維錯誤，這樣的哲學前提由此被編織進了心理學關於發展的認識以及心理學的神話／把戲之中。

▋佛洛伊德的子子孫孫：「自我」的智力化

皮亞傑主義中的兒童同樣是自我中心的。他頗有創造性地將佛洛伊德的自我概念進行了改造，將其由人格結構中的要素變成了早期認知的一種特徵。不能從別人的觀點看問題的兒童無論在思維和言語上都是自我中心的。比如學齡前的孩子們會排排坐、肩並肩地玩耍，但卻互不說話。他們所說的東西雖然有社會性的部分，但相當膚淺，其中沒有想要了解他人觀點的那些對話具有的特徵。直到七歲以前，兒童的語言仍然是自我中心的，也就是說，他們說話的目的並不是為了交流，而只是說給「他們自己」聽的。

皮亞傑堅持認為，自我中心的言語足以證明以自我為中心的思維方式的存在。他這樣寫道：「大部分兒童話語的特徵指向某種以自我為中心的思想本身……而且這些思想是無法用言語準確表達出來的，因為它們並不是在只是想要與人交流、與別人分享自己的觀點的慾望驅動下發出的。」（Piaget, 1955, p. 206）

按照皮亞傑的說法，兒童的自我中心會在某個階段衰退，又在另一個階段重新出現（然後它又會經歷一個衰落期）。兒童那些自我中心的思想未經分析，是前邏輯式的。它們來自「按照兒童內在的

觀點而不是按照事物本身的關係」被圖式化的事物（Piaget, 1995, p. 249）。因此，兒童的想法和觀點非常狹窄這種觀點不僅是在相對於他人而言的意義上說的，還因爲這些想法和觀點中並沒有包含事物的普遍規律和性質。

　　讓我們來看看皮亞傑那著名的「三山」實驗。這個實驗將特定年齡的孩子放在三座高度、特點各不相同的模型假山前，同時將一個娃娃放在從另外一個角度看這些假山的位置。實驗要求這個孩子首先說出他或她看到了什麼，然後再說這個娃娃看到了什麼。自我中心的孩子不能「說出這個娃娃看到了」（不能在感知到的物體身上執行必需的心理運算——比如不能改變空間中的物體），什麼根據這個娃娃而提出相應的觀點（例如在空間中變換對象後就不能夠對認知的對象進行心理運算），只能夠簡單地重複之前說過的那些話來描述娃娃看到的東西。

　　皮亞傑關於自我中心的主張依賴並延續了二元論和因果論的哲學前設——他的分析建立在內─外／個體─社會世界的二分之上，以及認爲在心理領域有著與外在物理世界發生的因果機制的對應性上。皮亞傑內外二重性本質上是精神分析，而爲了解釋自我中心到社會言語以及自我中心思維到邏輯思維的轉變，他不得不引入「需求」。如此一來，兒童的世界就有了兩個——內在需求的世界和客觀現實的世界。年齡較小、自我中心的兒童的動機僅僅只是滿足內在需求，而思維的發展是在後來對外部現實世界的逐漸適應中達成的。維果茨基的批判倒算得上是對皮亞傑的這種形而上學一個頗爲恰當的描述，他這樣寫道：

　　皮亞傑借用了佛洛伊德追求快樂的原則優於現實原則的理念，採
用了有關追求快樂原則的整個形而上學的部分。於是乎，追求快樂的
原則從生物的一種輔助或者附屬的特徵變成了一種獨立的關鍵力量，
成了推動心理發展整個過程的原動力。（1987, p. 77）

　　維果茨基並不認同佛洛伊德和皮亞傑的二元性，他指出將滿足需
求和適應現實分開來看的假設本身就有問題。如此，他揭示了皮亞傑
所謂的主動的兒童身上的被動性：

　　皮亞傑認為，事物並不會影響兒童的心靈。但是我們看到，當兒
童的自我中心言語與他的實踐活動相聯繫時，他的思想也與實踐活動
發生了聯繫，可見事物的的確確影響了兒童的心靈。「事物」一詞我
們指的就是現實。然而，**當它被動地反映在我們的感知之中，或抽象
地被認知時**，我們心裡卻**不認為它是現實的**，因為我們所說的現實是
在實踐或生活中遇到的那些東西。（1987, p. 79，黑體重點為本書作
者標出）

▊自我建構的消解

　　前文提到皮亞傑範式的替代者中有新皮亞傑建構主義和社會構建
主義。二十世紀70年代，隨著發展主義者對「社會世界」的日漸關
注，他們對皮亞傑研究中脫離社會的兒童的質疑也日漸增長。新的實
驗和觀察技術（如錄像、影片和其他可以觀測眼動、吮吸速度等生理
活動的設備）使得嬰幼兒可以前所未有地被細細觀察。人們從中發現
了社會互動（通常情況下被認為或被理想化為僅母親和孩子之間的交

流）的重要性，修正後的發展心理學也將兒童生活在「社會世界」的這一事實考慮在內。下面讓我們來看看，這些新路徑中的那些知識主張和研究實踐是不是能夠讓心理學成功地擺脫掉它的哲學前設的影響。

在《解構發展心理學》（*Deconstructing Developmental Psychology*）這本書裡，伯曼（Burman, 1994）用批判的眼光分析了發展心理學在過去25年的歷程，描述了發展心理學近期的研究是如何試圖彌合個體的生物性和社會性之間的鴻溝但最終又如何失敗。她認為，這一失敗的部分原因是發展心理學無法拋棄其進化論的理論框架。在她看來，當代的發展心理學者把兒童定義為一種生物有機體，這種有機體「具備全套對行為的反射系統，這一系統的功能是誘發人們對他們的關心、養育和注意。這被解釋為……對個體和人類具有「生存價值」（因為個體被認為是人類這一物種的未來）。」（Burman, 1994, p. 35）只要是誘發照料者做出滿足幼兒需求行為的，幼兒的任何行為的差異哪怕再細微，都會被發展心理學者視為是兒童樂於進行社會互動的證明，比如母親很快學會針對嬰兒哭泣的不同方式做出不同反應。於是，兒童被認為早就「預置」了從生物個體向社會個體轉變的程序。

伯曼指出，研究者並沒有消除生物性—社會性／內部世界—外部世界之間的二元性，而是進一步強化了它。那種認為發展發生在「對社會世界由少到多的涉入和認知中」的觀點召喚出「一幅個體從孤立過渡到社會化的圖景，再加上用所謂的『社會』給『世界』定調，再以此反身回觀，兒童之前所在的世界於是便被認定為是前社會或非社

會的了。」（Burman, 1994, p. 36）

　　皮亞傑理論的「幼兒」勾勒出可能掌管著人類智力發展的普遍的預定法則。「外在世界」是必需的，它可以被幼兒操縱，如此他們的內在心理結構才有可能轉變。這樣一來，兒童的發展便是個體化且自主的自我構建事件了，而與他人的社會互動只是到了兒童中期才成為了一個發展的重要因素。

　　相比之下，新皮亞傑主義和後皮亞傑主義都認為，兒童在個體上原本就有社會性的傾向。不僅是兒童的照料者能夠及時對他們的心理狀態和細微的行為變化作出反應，兒童也同樣能夠觀察和解讀照料者的行為（參見Burman, 1994，書中提供了確證這一問題的研究設計和對數據的解釋）。兒童心理發展的驅動力不再是康德的知識分類或佛洛伊德的內在心理衝突，而是我們與生俱來的社會性——這是生活在一個社會世界的必需品。這一新的發展概念需要像共同意向性（mutual intentionality）、主體間性（intersubjectivity）和關係（relatedness）這類新的心理研究對象。對於這些新構建的心理研究對象，近年來發展心理學家們已經發展出各種知識主張。例如，這三個研究對象都與假定個體具有共同參與對話的先天傾向有關。從兒童和他們的母親在身體運動上保持同步的方式中我們可以看出（Kaye, 1982; Trevarthen & Hubley, 1978），這種關係的最初形式可以說是為後來的對話奠定了基礎。

　　話語本身也得到了發展心理學者的極大關注。近些年來研究人員試圖在話語的社會建構主義和構造論的框架下來解釋發展。而在大部分此類研究中，話語都會被視為是個體與社會聚合的舞台或手

段。同時，這些研究爲了要從實證角度切實展現大人與孩子是如何必然會建立起主體間性，它們往往採用了敘事或對話的視角（巴赫金（Bakhtin, 1981）在此事上可謂功不可沒）。那種一度盛行，認爲幼兒在受到刺激、表達意思或處理訊息時才會透過口頭語言作出反應的觀點已經過時了，取而代之的觀點是：當幼兒與在他們小心靈看來是重要的成年人進行口頭互動或對話交流時，他們正在學習如何「超越」他們的「私人世界」。

　　頗有影響的美國維果茨基學派學者詹姆斯·沃茨爾（James Wertsch）爲我們提供了一個很好的例子。二十世紀80年代，沃茨爾進行了一系列他稱作「微發生學分析」的研究，主要內容是讓一對母子完成拼圖任務。沃茨爾對母親和孩子如何合力完成拼圖的問題頗有興趣，他認爲，只有主體間性達到一定水平，才能產生出有效的共同認知活動（Wertsch, 1985a, p. 175）。

　　在他的實驗中，一個幼兒和他的母親沒有成功地完成拼圖。在分析了他們的對話之後，沃茨爾做出了以下解釋：

　　　這段對話初步顯示出孩子在「超越他的內在世界」這件事上並不是很成功。他顯然從來沒有理解，這些零碎的拼圖塊代表著卡車上的車輪，在整個與母親的互動中他一直把這些拼圖塊當成甜甜圈或者餅乾，而不是車輪。完成這個有文化意義的任務有更適宜的情境定義，但孩子一直沒能力全盤接收到（折衷也不行），於是他的母親不得不調整交流策略，使孩子可以在另一個可替代的框架裡理解這些拼圖塊。（1985a, pp. 172-173）

　　雖然母親把這些拼圖塊稱爲輪子，但孩子卻一直認爲圓形的物體

就是甜甜圈和餅乾。在這個實驗任務中，我們認可沃茨爾關於母親在建立與他們的孩子共同認知的活動時，使用了各種符號機制（「卡車車輪」，「沒錯，他們確實像甜甜圈」，「這個和那個很像」）的分析，而且，從文化的角度講，在這個由實驗者定義的任務中，說它們是車輪可能比說它們是甜甜圈或餅乾更合適。但我們不認可沃茨爾將這一切訴諸於內一外／個體一社會的二元衝突，因為他斷言這個孩子不能超越其「個體世界」，或採用了諸如「買帳」、「不得不」、「折衷接受」和「可替代的框架」這樣的表達。沃茨爾想要建立起主體間性來滿足共同活動的要求，但在我們看來，他那「甜甜圈」和「餅乾」居於這個孩子那疏離又分立的內在生命的某個不為人知的深處的說法實在是相當可疑。請問有什麼證據表明這個孩子身上有所謂的「某個可替代的框架」（或者確切地說隨便什麼框架）呢？為什麼我們需要假設存在著一個拿來解釋「交流策略」的框架？當我們與人對話時，一般來說我們真的會「解釋交流策略」嗎？

此外，在沃茨爾的研究中，母親們被認為是與孩子說的話或發出的聲音有關的私有物。她們創造性地使用語言，這一舉動被定義為用來鼓勵孩子產生出新的情境定義——拿沃茨爾自己的話來說，即「用不同的話語」幫助孩子「進行不一樣的思考」（p. 176）——透過迫使孩子放棄她／他的「個體世界」而採用成人的世界與語言的方法，產出更高水平的主體間性。我們不同意這一說法。先搬出我們在本書第三部分會說到的關係性的、非工式的、活動理論的展演分析方法來看，我們認為，沃茨爾實驗中的媽媽們回應的並不是我們原以為的孩子言語的中內在含義（個人世界），而是談話雙方共同的非釋義性

活動，是製造談論／對話／敘述的創造性意義。只有當我們預設了個體與社會二元性存在的這一前提，主體間性才會是共同活動所必需的東西。要是撇開二元性，主體間性即是共同活動。因此，即使是在沃茨爾（自稱的）活動理論式的、具有社會文化性的解釋中，我們仍然能夠發現一種解釋偏見，一種對個體化的本體論的委身，以及一種對個體的拔高。

　　心理學建立的發展神話（以及心理學的把戲／騙局）中的這些元素同樣也出現在將臨床視角融入發展的研究工作中，這一工作止於（毫不讓人驚訝地）透過母親—孩子的對話來解釋語言的發展。接下來的例證來源於頗負盛名的發展心理學家、精神分析學家丹尼爾·斯特恩（Daniel Stern）的研究。

　　斯特恩告訴我們，在精神分析中，語言的習得在兒童與父母分離以及個體化的過程中十分重要。但斯特恩要立定的觀點卻是語言「有助於和睦團結、親密無間。」（1985, p. 172）說話、對話、交流、構建共享意義，使還未社會化的幼兒社會化（伴隨著整體個人意識的顯著喪失和潛在的神經官能症）。斯特恩（支持多爾的觀點（Dore, 1985））認為，當存在強制遵守「社會秩序」的壓力時，為了重建一個媽媽認可的「個人規則」，幼兒就會有動力開口說話。根據多爾的觀點，這時媽媽開始要求她的孩子以務實的社會目標來組織個人行動：自己的事情自己做（撿自己丟出去的球），實現角色功能（自己吃飯），按照社會標準做出良好的行為表現（不亂丟玻璃）……等等。這使幼兒開始害怕，擔心自己必須以（朝向社會要求的）非個人標準來行事，而這些非個人的標準會引導他與自己的個人規則漸行漸遠。

　　無獨有偶，若我們回過頭再來審視那個皮亞傑—佛洛伊德式的自我中心的兒童（你應該還記得，他們為了要適應外在現實而被迫壓制自己的內在需要）就會發現，不論是斯特恩和多爾眼中的兒童，還是皮亞傑和佛洛伊德筆下的兒童，他們全都披上了「理性」的外衣。

　　另一個由發展心理學建構的心理學名詞是斯特恩強調的「自我意識」。正如我們在第一章中所指出的，人們對於幼兒如何形成自我意識這個問題很有興趣（而對自我意識這個概念是如何形成的則興趣寥寥）。斯特恩（1985, 1990）身處預定傾向論陣營，他認為主體性是一種再自然不過的現象，幼兒一早就有自我意識傾向，而且實際上幼兒自我意識的發展會從出生直至一歲半，期間要經歷四個階段（即：萌發的自我意識、核心自我意識、主體自我意識和言語自我意識）。在每個發展階段，幼兒的主體感覺都會被重新組織。

　　在《被遮蔽的意識形態：斯特恩的幼兒的政治作用》一書中（*Ideology Obscured: The Political Uses of Stern's Infant*），庫什曼（Cushman, 1991）對斯特恩進行了意識形態上的批判。庫什曼認為，自我是被社會建構的。斯特恩關於幼兒自我意識發展的主張帶著歐洲中心論的成見，就此來說，他的觀點只是不自覺地維持了現狀，因為現存這些文化的主要特徵是那些與斯特恩界定的那個自我意識在本質上並不相同的自我意識。我們認為庫什曼是對的，但他還應該走得更遠一點。他那「政治正確」的批評指出了斯特恩那特別的自我如何透過強化神話般的個體化的主體來維持現狀，但他並沒有對自我本身是否做著同樣的事，維持著同樣的神話提出質疑。關於自我的哲學前設是被社會所建構的心理學把戲／騙局的核心。在我們看來，對斯

特恩的幼兒進行批判的關鍵在於要將「自我」解構為一種由社會建構的，帶有政治偏見的意識形態概念。

對嬰幼兒的動機和意圖的推斷本身就面臨科學和哲學上的風險（斯特恩和多爾都掉進了這個坑裡），為了避免這些風險，一些發展心理學家採用了伯曼稱為「當作是」（as if）的立場。也就是說，他們主張成年人對待孩子要「當他們完全是新的社會夥伴，認為他們可以參與到這個社會系統中來」。（1994, p. 39）他們用「把幼兒看作有能力參與社會的人⋯⋯她就會變成那樣的人」這樣的觀點來解釋發展。（p. 39）

伯曼對她認為使這個觀點更有說服力的一本書—— 肯尼思・凱（Kenneth Kaye, 1982）的《嬰兒的心理和社會生活》（*The Mental and Social Life of Babies*）—— 進行了回顧。她的總結和評論幫助我們看到，在發展理論中，解釋論、進化論、二元論和因果論的偏見有多麼根深蒂固。根據伯曼的說法，凱開了一個很好的頭，她斷言「就其發展從一開始就依賴於他與成人交流的模式來說（原文如此），幼兒生來便有社會性。」（Kaye ,1982, p. 29，轉引自Burman, 1994, p. 40）當嬰兒開始對於互動模式有所期待時（比如他們會期待媽媽會做些什麼），我們可以說母親和嬰兒是一個社會系統。這些期待並不是被基因安排好了的，而是經驗的產物。因此，這個社會系統是母親與孩子共同建構起來的。

伯曼列舉了凱對哺乳的互動模式這樣的一個社會系統進行分析的早期例子。嬰兒在猛吸一陣奶後會暫停一下，這時母親「多半會輕搖一下乳頭（或者檢查一下奶瓶裡還剩多少奶）」。凱認為，這些

互動模式組合起來，「構成了相互適應、輪流上陣的早期形態」。
（Burman, 1994, p. 41）在這種狀態下，母親把幼兒視作一個次序
建立者——透過建立輪換次序來掌握和設定互動模式——並且幼兒
「會開始要接替母親的次序並奪取她在這一社會世界裡的位置」。
（p. 41）

　　伯曼在很多地方都與凱有分歧（且拋開伯曼字裡行間那些明顯的
性別與文化歧視不說）。一方面，他保留了他試圖想要超越的生物—
社會立場，母親搖動乳頭或奶瓶，嬰兒吮吸又停頓成了被賦予了某種
社會功能的生物行為。此外，互動模式成了進化的產物，因為「我
們認為，這些特徵的點點滴滴都是有機個體與生俱來的。」（Kaye,
1982, p. 24，轉引自Burman, 1994, p. 42）。於是乎，在進化的框架
下人類的社會性得到了理解。伯曼接著指出，凱並未挑明早期發展與
後來的發展之間存在因果關係，因此他也不會將任何一個基本單元
（比如輪替）「變成其他任何事情的構件」。在伯曼的基礎上我們要
補充的是，透過前述方式，凱再生產了理論的簡化形式，並借此想要
找到一個能夠解釋一切發展的原理，他堅持認為肯定有一種模式能夠
涵蓋所有的情況。

　　伯曼讓我們看到，心理學對身處社會之中，有參與社會能力的嬰
兒的建構並沒有讓我們遠離達爾文的影響。進化仍然是發展的驅動
力，這點顯然對於我們能否理解由心理學構建的發展的神話十分重
要。不過，如果我們想了解心理學的把戲／騙局是如何被社會所建構
起來的，那我們還要考慮其他一些關於這些身處社會之中、有參與社
會能力的嬰兒的問題。

　　包括伯曼在內的很多對心理學的發展觀提出批評的學者，都指出心理學的發展觀有意識形態和政治上的偏見。正如我們在講述發展心理學的故事時所展示的，它的研究實踐與知識主張中泛濫著內在於心靈主義、理性主義、因果論、二元論、解釋和詮釋中的性別偏見、階級偏見和文化偏見。我們的分析關注的是發展心理學的方法論上的問題，而不是它在本體論上的問題。這樣做並非是因為我們認為後者不重要，相反，是因為本體論的問題已在推動一些後現代主義者對發展心理學哲學和方法論上的錯誤，進行最有力和貫徹始終的批判上發揮了重要作用（Burman, 1994; Morss, 1990; Burman, 1990; Gilligan, 1982; Morss, 1993, 1995）。

▌發展了什麼？

　　在講述心理學如何構建發展的故事時，我們必須注意，不論是過氣的英雄（拉馬克、達爾文、哈爾、皮亞傑、佛洛伊德、斯特恩、沃茨爾、凱），還是那些將他們打倒的人（莫爾斯、庫什曼、伯曼），他們都沒有問到一個關鍵的問題，這個問題就是：到底是什麼被發展了？發展心理學的分析單位是什麼？或者（如果你喜歡這種表達方式的話）進入人類─社會領域的發展路徑是什麼？難道發展的構成單元不值得好好地解構下嗎？

　　沒有什麼文獻對可以稱得上是個體的分析單位進行了檢視。人們假定個體（幼兒、孩童，甚至在某些情況下是母親）得到了發展，這樣心理學哲學的一個關鍵部分就被隱藏了起來。諸如個體是在社會中

生，在社會中長，具有參與社會的能力，由社會建構的⋯⋯等等說法都不能撼動「得到發展的是個體」這一假設一絲一毫，它們不過是往業已成形的房子上添了些磚瓦罷了。

什麼是融合了個人主義的發展？為了解決這個具重要價值的問題，我們需要一些新的工具。幸運的是，我們可以得到這些由維果茨基和維根斯坦發明／發現的。在下面的章節中我們會用到它們。

現在，我們只想提出兩個觀點來進一步討論，這兩個觀點就是現實性與侷限性。對現實的執念難以泯滅。雖然我們可以對現實進行質疑，質疑它是不是給定的、客觀的、功利的、有價值的，或是不是「真是」社會建構的和相對的⋯⋯但凡此種種都有一個前提，那就是假定確有「現實」存在。至於侷限性，它被認為是一切客體（包括人在內）的普遍屬性，世間一切皆有生滅。

筆者懷疑我們文化中的成員們將對來之不易的寶貴生命的追求訴諸於發展的個體觀點一部分是因為我們對現實的接受、對特殊性的接受，以及對侷限的接受。人們的理解雖各不相同，但必有侷限。「人類」的侷限在哪裡？多少年來，這個問題的答案都是「身體」。沒有哲學的心理學，非科學的心理學 —— 也就是從現實、真相和解釋之神話中解脫出來的心理學 —— 也被剝奪了（有侷限的）特殊性的神話。對發展的神祕建構為心理學的把戲／騙局出力不少。正如我們在本章開頭所說的，人類的發展並不由心理學決定，恰恰相反，近一個世紀以來，科學心理學一度受益於人的發展；而現在它越來越多地希冀於人的不發展。也許，在一個非科學、非哲學的心理學中，根本沒有發展的單元。也許，一元論本身就是一個問題！

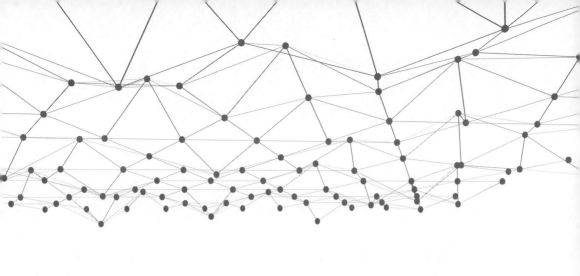

◆ 第三部分

方法的實踐：非科學心理學的全新認識論

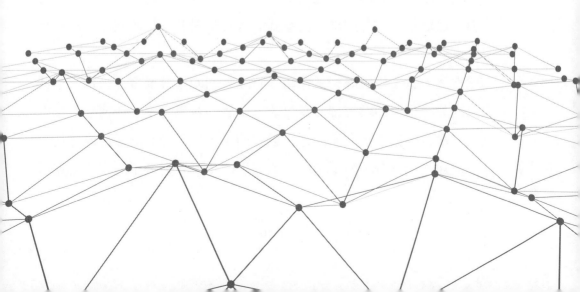

「我的癥結是什麼？」你一次又一次地問。

—— 如何可以讓你停止這樣的追問呢？

把你的注意力放到別的事情上面吧。

　　　　　　　　　　　　　　　—— 路德維希・維根斯坦

　　對哲學、心理學以及更常見一些的我們和其他學者所持的現代主義進行詳盡的批判（訃告），在尚未完全理解維根斯坦所說的「由此及彼」的那種實踐（方法的後現代主義實踐）的情況下，我們認為這樣做實在沒多大意義。在過去差不多四分之一個世紀裡，在生態有效性方面我們確實進行了徹底、激進的反實驗室運動，創造出了發展性的環境的那些無止盡的活動已經「超越」了我們在此要向讀者呈現的「學習」（通常好幾十年，有時是幾秒），而這種「學習」是作為我們發展的知識論先行者（並非暫時的）來呈現的。據我們所知，維果茨基所說的引領發展的學習需要一種活動—理論的（方法）實踐，這一實踐可以建立和維持一種有助於成長的環境。因此，我們覺得，那些試圖客體化或系統化我們的結論，想用它們來構建知識—理論的環境或實踐——也就是那些用知曉和學習主導或決定發展的實踐（它們與一個統一、辯證的維果茨基式的實踐相對）——的做法多半不會成功。

　　當然，這不是說學習這件事只有在我們的社群或者在結構上與我們相同甚至相似的環境裡才有可能。我們的意思是說，任何想要增進發展性學習的努力，如果漠視了環境的重要性，是難以獲得成功的。在一個建基於身分上的環境中（比如專門化、各有分工的大學）進行

以關係為基礎的活動，這一活動及其產物就會最終貶損為以身分為基礎的物化知識。若環境是基於身分的，人們會對活動（故事）做出與環境相關的解釋。因此，不管治療師或講故事的人抱有多麼好的意圖，真實的東西還是會從他們的手邊悄悄溜走。沒有「他者」這一二元化角色的環境必須持續不斷地被建構，只有這樣，關係活動才不會依賴於概念性的他者，而是依賴於活化的關係，或是實踐－批判的關係活動。最終必將獲勝的不是方法，而是一種持續不斷的方法實踐。

　　在我們與其他很多人一起建立起來的環境中，維果茨基和維根斯坦通力合作。他們的工作為我們所做的方法的關係活動實踐提供了指引，也透過這些實踐傳播開去。在一個發展的環境中將維果茨基和維根斯坦的思想結合在一起，這幫助我們創造了一種新的知識論，一種朝向人類生活，與對它的理解緊密相連的一種臨床實踐／文化－展演的路徑。

第八章

非解釋性社群及其臨床實踐

非解釋性社群

維果茨基和維根斯坦均已投身其中的這個（引導著發展的）學習環境的本質是什麼呢？它是一種社群，但不是一個由地理特徵決定的社區，也不是一個由共同的任務或意識形態定義了的社群。它是對維果茨基工具及（其）結果理論的改敘。我們的社群並非是旨在實現某種結果的中介工具，而是一個支持發展，有著如同它所支持的發展一樣的非工具性、非實用性活動的社群。

借用馬克思的政治隱喻，我們可以說這個社群是自爲而非自在的。而且，這一自爲的工具和結果社群並沒有與世界隔絕，更重要的是，它也未曾與歷史隔絕。恰恰相反。畢竟，人類歷史本身就是一個社群及（其）結果。的確，在與歷史相聯繫這一點上，我們這一社群比那些典型目標導向的社群和社會機構（比如自我維持的學術機構／社區和心理健康治療中心）具有更大的可能性。

人們可能會認爲，這種目標導向的社群和機構與他們所在的工具主義社會更相配。不過，我們不這樣看。首先，從歷史中抽象出來

（或與從歷史中抽象出來的社會相關聯）的社會越來越多地生產出對社會生活扭曲的、疏離的理解。（如馬克思所說）各種各樣的異化在我們在對商品化的社會的詳盡觀察中發揮著關鍵作用，越來越多的、程度越來越深的異化使社會與它的歷史日漸分離，在這種情況下，世界並沒有讓我們看得更清楚，反而是變得越來越面目模糊，讓人困惑。倘若完全切割掉歷史，那社會必會變得無法理解。因為即使是異化的理解，也需要意識到一個社會被異化了，否則這種理解就會從根本上、迅速地回歸到基要主義的自在社會的曲解，如此一來，社會就會完全地站在了與歷史認同的對立面上。事實上，後現代的美國社會和國際社會就是這樣一個例子。

在目前這個社會衰退的關頭，舉足輕重的是那些與我們無一、無時不身處其中的歷史／社會辯證法最為密切的歷史元素，而自為的工具與結果社群演變成後現代時代更廣闊的文化背景下越來越具象的亞文化。我們的目的並非改變世界（因為我們沒有任何目的，無論是隱藏起來的目的或是其他別的什麼目的都沒有），我們的志趣在於成為這個世界：不是要「掌管它」，而是要「被它掌管」。要是有一個改變我們人類發展的全新理解——一種新的知識論，那麼我們想它一定具有工具與結果式的特徵。

西方科學近350年的超凡成功顯然得益於它關涉某物的非同一般的能力（它當然需要一種解釋萬物為何的精密本體論的發現——這事多虧了伽利略和牛頓）。我們認為，人類發展的下一步需要一個對無所關涉的理解，或（更準確、更消極一點地說）是對連關涉的關涉都不存在的理解。無關性（若仍抽象地說）是一個在性質上就不同以往

的新的方法實踐，我們將要開始的與它為伴的旅程，類似於在太空旅行中我們得與失重為伴。

很少人關注到，後現代主義、女權主義、後結構主義和社會建構主義對環境、社群頗有說服力和洞察力的批判是自我發展的。如果他們關於現代主義的一整套東西都是物質的、意識形態的，是完全二元性的（建立在標籤、真理和認同基礎上）主張是正確的──正如我們對此深信不疑的那樣──那建立在這樣的觀點基礎上的社群難道不是一定會盡可能地遠離物質和意識的多因素決定論？我們這樣認為。四分之一個世紀以來，我們致力於「實驗性」的工作，以此努力創造出一個具有生態效度，一個不僅可以自由解釋，而且可以自由假設的社群。雖然有越來越多來自傳統社群的人對我們的工作貢獻頗豐，他們中有一些人甚至已經得出了與我們相似的「結論」，但實踐─批判的歷史和（工具與）結果的方法論將我們與他們區別開來。雖然我們的工具與結果的方法論無疑體現了我們自己的假設（以及整個社會的假設，因為它們存在於我們之中），它們被用來挑戰一切假設，但我們工作中缺乏自我意識的部分卻不是在思想上，就是在行動中有意地肯定了這些假設。我們的論著中沒有明文說過，也沒有暗示過，更沒有用什麼潛台詞表達過那種所謂透過一些智性行為，人類就可以在一定程度上降低我們所批判的體系化的現代主義的有害影響的想法。

那麼，我們的工具與結果社群最關鍵的特徵是什麼呢？是發展、治療、哲學化和展演。

▋發展的社群

一個發展社群（自為的工具與結果社群）是徹底的反工具主義者，用馬克思的話來說，它是「一種實踐性—批判性的革命活動」。不過，它並非有意圖地要謀求革命，它只是持續不斷地、無止境地在發展自己。在發展社群這裡，系統哲學及其工具主義的工具們是被有意識地拒絕了的。

哲學家唐納德・戴維森（Donald Davidson）在他為哲學和因果關係所做的最後一個辯護中說：「因果是宇宙的黏合劑，這一概念將我們對宇宙的圖像結合在了一起，否則我們的心靈與外在世界這一雙聯圖就會分離開來。」（Davidson, 1980, p. 91）我們的社群對諸如「圖像」、「概念」以及「黏合劑」的此類用語有種後現代主義和維根斯坦式的謹慎小心。不過，戴維森和其他分析者——尋求真理的哲學家們——仍矢志不渝地尋求解決他們（和一般意義上的現代主義）創造出來的致命的二元問題的方法。我們與他們的不同之處在於——用維根斯坦的話來說——我們的發展社群要治療性地解決這些問題以使它們消失無蹤。

我們的發展社群並非不談論因或果。我們只是不把它們看成是黏合劑，因為我們既不與概念黏合，也並不借用概念來黏合彼此。在我們這裡，什麼黏合都沒有。哲學家總是想創造出某種可以被估價的東西（包括他們這個創造行為本身），但是，雖然評估這事（以及那些需要這樣做的複雜的概念化的東西）無疑在現代主義的「相關性」比賽中起到了至關重要的作用，但在我們看來，現代主義的評估者認識

論不能使人類和個體的發展得到持續。若我們採用了一種主體性和活動的邏輯，這一方法的實踐必將使眞理的參照、同一性、殊相（及其邏輯）和其他的評估方法工具被棄用。

　　它不僅給我們畫了一個錯誤的地圖，更重要的是，畫地圖這件事本身就已經讓我們誤入歧途了。對（客觀）眞理的追求在人類發展史上已延續了2500年之久，但它現在已經成了人類持續發展的主要障礙。「啊哈！」我們幾乎可以聽到那些懷疑論者、批評家、狂熱的反對者和自以爲是的評價者們大聲喊道：「如果沒有客觀的標準，教條主義、威權主義或專制（父權）統治就會大行其道。所謂的無領導結構可能是最不民主、最獨裁的。現代科學透過引入客觀標準來取代各行其是的主觀性而開啟了啟蒙運動。這就是爲什麼美國是一個共和國，而並非是一個民主國家。」

　　我們同意這些話。但是，客觀標準仍有著嚴重問題。客體性的規則製造出了一個嚴重限制了社會和個人成長，正日益癱瘓、日益晦澀的時代，格根將其稱爲身分政治（Gergen, 1995），我們稱之爲身分心理學。難道（眞理）主張的客體性就比主觀或客觀的主張中的主體性更加民主、更具有發展性嗎？難道說一系列的客體性沒有可能（透過包括從人權到計算機的一切不同發現）產生出需要全然重新思考主客二元性本身的關於主體性的全新意涵嗎？我們難道不應該想想，（最早成形於古代希臘）綿延在2500多年的人類發展史中的認識論體系是不是有可能使我們裹足不前？要是我們連這樣的問題都不會問了，那麼客體性豈不成了一支獨大？

　　相較對主體性的客觀研究而言，我們的發展社群對客體性的主觀

研究更熱心，不過，這兩者對我們的吸引力都比不上要尋求在實踐中發現基於關係和活動的發展邏輯（一種方法實踐，一種全新的認識論）和創造出生活新的樣式、不斷變化的維果茨基所說的最近發展區——在其中所有的學習都會帶來發展——而維果茨基說，惟有發展才名實相符。

▎一種治療社群

（在自我意識抽象之後出現的）從古代希臘開始的，包括知識、信念、描述、真理（和虛假）的言說、指代、指涉、「關於」（談論某物）、判斷、評價、認知等等在內的一系列複雜的相互關聯的東西，在現代主義時期達到頂點。我們西方文明簡單地對認識論進行定義（無論這個定義是什麼），認為它是所有與知曉有關的東西。在現代主義時期，「理解」幾乎淪為了與認知及其各種各樣的工具相同的東西。現代主義不斷發展的結果，就是「理解」完全成為了對於某物我們知道了什麼。如前所述，現代科學的輝煌之處正是在於它精確地（或似乎）發現了「有關」的正確事物，而關涉性的統治地位來自現代物理學本體論所帶來的效用性和技術性後果，此二者不可分割。這並不是說關涉性代代相傳，是人類文明中一直存在、處處適用的「一條道路」，而是現代物理學及其技術（或至少是兩者關係的假設）造成了這種情況。

科學社群——這一自為的工具和結果社群的早期版本——曾主宰著現代社會與人類文明。儘管好萊塢曾將科學家描繪成瘋狂地想掌握

全世界的人，但是，科學本身卻從未掌管過世界。相反，是世界控制著科學。社會主義的失敗根本不在於它沒有能力控制世界（儘管它一直有這種不切實際的渴望），而在於資本主義那令人驚異的將社會主義內在的人文主義棄之不顧，而只將其形式化爲己用的能力（比如福利國家）。在歷史上，與科學社群聯繫在一起的一些破壞性的活動（和藝術）曾進一步塑造了它反發展的認識論，比如從1600年代直到原子能的發現這三百多年的時間裡，現代科學與軍事的聯結就存在著將「知識」與「控制」過分等同的趨勢。

十九世紀晚期誕生的心理學對現代科學世界觀全盤接收，其中當然也包括了對知識與控制的過分等同。不過，即便是建立在現代科學形象之上的心理學，也有一種另外的認知態度在逐漸展露，尤其是在臨床心理學這一領域。我們認爲佛洛伊德本人在這個問題上十分矛盾。一方面，他對現代科學的世界觀和認識論的執著左右了他的精神分析方法。他的解釋方法經過精心設計，和物理學一樣均以解釋、描述、事實參照以及同一性－特殊性爲基礎。儘管科學界認爲精神分析寄居於形而上學之上，毫無意義，但也有不少人（其中當然包括佛洛伊德）認爲它的核心是客觀科學的。

據說，「談話療法」或「臨床療法」的實踐在其最初的形式中——或者說多一點，在其後來的新佛洛伊德主義和後佛洛伊德主義的形式中揭示出兩人（或多人）談論情緒生命的活動本身就似乎具有發展性的價值。在「科學」（客觀）解釋爲什麼如此的同時，有時對於不少人（其中大部分是從業者）來說，似乎談話療法的價值本身就比「事實」或「見解」要大。但是這不就違背了精神分析一直倡導的

科學規範了嗎？為什麼談話中的關係活動會比發現來訪者的事實認知更有價值？每一個稱職的從業者都常會有這樣的經驗，那就是來訪者或患者「單單」是從與治療師或治療團體談話的簡單關係活動中就能「變好」（怎麼都會好轉一點點），而這些談話活動是建立起了生命的另外一種新的關係／形式。

物理學家和物質之間的談話可肯定不會產生什麼變化——陽性反應的或其他別的什麼都不會有，科學認識論的認知形式「不允許這種情況發生」。畢竟物理學的目的又不是讓物質們「感覺好些」，而是對它們了解得更多一些，以此來達到可以更好地控制它們的目的。也許我們應該想想，這種治療性的關係活動本身的價值在於情緒上的「理解」，而不是一種控制過程中的步步為營。也許治療性的理解根本就不是什麼知識和認知，關鍵的問題也並不是要使治療更科學，而是要挑戰這那種無所不包的科學範式，因為包裹在治療中的理解也許是科學性之外的東西。

這些想法不需要訴諸於十九世紀的內省知識理論——這一理論曾賦予個體一種關於自己的特權視角，由此獲得了關於自我的特殊知識。不，我們這裡所指的是一種關係活動，它產生的理解既不是內省的也不是認知的。它不是關於某物的知識，不是一個揭示了某個個體深層真相的洞見，也不是關於這個個體的某種特定斷語或描述。相反，它是一種與創造理解的關係活動密不可分的理解，它不需要為了評價之目的而引入任何一個抽象概念。即便心理學和心理治療越來越科學化、客體化，有越來越多的掌控並獲得了越來越多的「成功」，這一臨床工作傳統也會繼續蓬勃發展，並吸引到那些訓練有素的理論

家有興趣來探索這一特別的非科學知識。它是後現代主義思想的一個重要來源。

　　不同於1960年代的那種典型的治療社群，在對待「精神性疾病」上我們的治療社群並不是一個更開放和更仁慈親切的環境，但它在求知態度上比認知控制要更具治療的發展性。相反，在治療方面認知態度比認知控制更加超前。我們的操作性問題不是誰對誰錯，或何者為假何者為假，而是我們如何能夠從現在所在之處向我們共同選擇要去的道路上更進一步？在從「此處到彼處」的過程中，我們當如何行？我們所學的（知識）在這樣的發展中是必需的。因此，恰在社群發展成為任何一種學習的外在先決條件時，所有的學習都會帶來發展。人類對自然的研究或許對控制有不少需求，而人類對人類生活的研究在我們看來，它所「需要」的發展和一種全新的認識論是實踐地、批判地植根於關係活動以及生命轉變中的。

▍一個哲學社群

　　哲學（首字母大寫的Philosophy）已死──或者只是我們認為它已經死了。因此，非系統性的哲學思考才更站上了一個批判的位置。提出問題是我們發展社群的主流，而不是「答案」，甚或是給出答案的活動。哲學化──於細微處提大哉問──將我們在歷史中不斷重新定位。提出如此這般的哲學問題使我們對於人類獨一無二的活動─理論的生命（歷史）有越來越多的清醒意識。

　　馬克思說人類（與蜜蜂和蜘蛛）的不同之處在於人類能制訂計畫

（比如設計一個建築物）並且實現它，我們認為並非如此。相反，我們認為，人類的「獨一無二」存在於我們制定計畫（「心理」活動）、修建房屋或橋梁（「物理」活動）以及將兩者聯繫起來（「概念」活動）的歷史真實之中。這些不同的行動並不是抽象的，而是活生生地存在於我們的歷史和生命之中，「定義」出我們人類的獨特性。這一「定義」是實踐性的，不是死板無趣的。沒有哲學的哲學化持續不斷地玩著維根斯坦式的語言遊戲，致力於時時挑戰在更廣闊的、靜止不動的現代主義文化中語言的「自然趨勢」，使其成為一種「高於我們」以及關於我們的自在之物。這一語言遊戲努力提醒我們注意語言活動，以及語言作為一種活動的持續變化。

在對認知科學提出的最新質疑中，賽爾（Searle, 1992）有力地指出，心理活動和身體活動只是被錯誤地二元化了，以致於當它們在語言上被具體化的時候 —— 也就是當它們的活動或過程被忽略的時候 —— 它們是不能被同時提及的。塞爾以意識之名強有力地回應數十年來行為和認知科學的質疑，他這樣寫道：「人們可以在接受顯而易見的物理事實 —— 世界完全是由力場中的物理粒子組成的 —— 的同時，而不否認在世界的物理特徵之中，有著像意識的內在實質狀態和內在意向性這樣的生物現象。」（Searle, 1992, p. xii）。

哲學化使我們的語言不能被建制。正如一些後現代主義者告訴我們的那樣，我們不需要被提醒說所說「太初有實」（而不是「太初有道」）。對我們來說，發展並沒有什麼起點，這允許我們創造意義，而不是僅僅發現或使用意義。字典僅僅是作為通往結果的工具才有價值。工具—結果意味著在我們人類最為重要的工具—結果行動中創

造、發展意義。如此一來，我們發展社群的語言就不是更多地私人化
而是更少私人化，因為作為活動的語言在結構上是民主的。這不僅包
括權威的意義生產者和真理講述者——各種大小專家、哲學家和科學
家——也包括所有可能參與其中的人。我們在本書第三章中提到的實
用主義者羅蒂就談到一個虛構的世界，在這個世界裡：

　　人們不再認為牧師、物理學家或者詩人、政黨比其他人更「理
性」，或更「科學」，或更「深刻」，文化中沒有某個特定的人可以
作為其他分子渴慕的榜樣（或者作為一個範例）。這就使那些好牧師
或好物理學家除了遵守目前學科的內在準則外，還要遵守其他跨學
科、跨文化以及去歷史性準則的做法毫無意義。當然，在這樣一種文
化裡依然會有英雄崇拜，但人們對英雄的崇拜跟孩子對眾神的崇拜可
不一樣，不會因為誰更接近永恆而將其區別對待。這種英雄崇拜僅僅
只是對超常男人和女人的讚賞，他們在不同的事務上做得特別出色，
並不是因為他們掌握了某個祕密，贏得了某個真理，而僅僅只是因為
他們在做人這件事情上幹得不錯。（Rorty, 1982, p. xxxviii）

　　我們的社群尋求成為這樣的一個世界，而持續不斷的語言遊戲
（沒有哲學的哲學化）將幫助我們達償所願。

▌展演社群

　　「最近發展區」之於維果茨基正如「生命的形式」之於維根斯
坦。我們時常將我們的社群描述為我們在其中玩耍（在維果茨基的意
義上）語言遊戲（在維根斯坦的意義上）的地方。最近發展區是一種

人們共同地、關係性地創造發展性學習的生命形式，任何一位在團體中的個體依靠他／她自己是無法實現這種發展性學習的。當代一些傳統維果茨基學者認為發生在最近發展區中的是較為經典的認知學習。我們認為，這類改良主義的觀點（Newman & Holzman, 1993）將維果茨基的最近發展區變成了促進標準化的學習的一種重要的技術手段，它並沒有承繼維果茨基要創造一門新的心理學以及對心理的一個新的研究單位——是社會單位而不是個體化的單位——的革命性的想法。對維果茨基這位革命性的科學家來說，發展性的學習單位不是身處團體中的個體（這一組織中的特定成員），而是自為的團體。

我們相信這樣一個作為自為團體的關係性單位說到底不是一個真正的單位（在這個問題上我們可能與維果茨基並不相同）。有沒有可能到最後什麼發展單位都沒有？有沒有可能「僅僅只有」整體的發展？團體的發展必須要持續不斷地進行（團體）生命形式的創造與再創造，也就是說，團體活動必須包括團體的不斷創造。但是，除非有一個允許此種情況發生的環境（社群），否則這一切都不會發生。這樣做，必須是非解釋性的。

根據我們對維果茨基的理解，自為團體本身必須「比它自己要高一個頭」。這是什麼意思呢？為了要持續不斷地再創造出最近發展區，使外在環境不會不知不覺地將活動給解釋死（甚至當最好的活動也有這樣的趨向），什麼才是我們必須做的呢？我們必須在關係中展演。綜合維果茨基與維根斯坦的觀點，生命的每一個—形式—狀態（per-form-ance1）需要有一個發展性學習的社群。只有在表演中——對於我們大多數人來說，它是一種在早期幼兒階段之後就日漸

萎縮的人類技能——我們才能變成（比我們高出一個頭）並非是自身的某人和某物。於是，持續變化的最近發展區中的生命形式便使我們的社群環境充滿了戲劇——也就是表演。正如批判者驚慌失措地看到的那樣，我們永遠是並非自身的樣子。我們在表演，我們不知恥地不真實著。而真實又從何談起呢？

▊社會治療

在過去的25年裡，我們一直透過社會治療在實踐和發展著這種非科學的、非解釋性的、關係的、活動—理論的和不真實的路徑（見Holzman, 1996; Holzman & Newman, 1979; Holzman & Polk, 1988; Newman, 1991a, 1994, 1996; Newman & Holzman, 1993）。它是發展臨床心理學（在此我們用了不那麼傳統的方式借用了傳統的分類），同時也可以準確地說它是一種反心理學，因為它那種發展—臨床的實踐挑戰了心理學那虛構的根基。主流的心理學範式（及其建制）實在是反發展的——甚至或尤其是它關於發展的概念和建構也是反發展的。我們在第七章中對心理學關於發展的神話進行了解構主義的探索，揭示了它在起源及終點的困擾，以及兩者之間那平滑的軌跡，由此產生的等級化和精英本質的結構，對完美兒童和童年期進行的建構，以及聚焦在進步的「觀念」上——認為發展是意識形態的，而不是人類的心理科學的一個有效或有用的概念（Burman, 1994; Bradley, 1989, 1991; Broughton, 1987; Cushman, 1991; Morss, 1990, 1992, 1995; Walkerdine, 1984）。

雖然我們不接受科學心理學對發展的定義／建構，但我們卻並不拒絕發展這一人類活動。在我們看來，人類的發展是在特定環境下的活動性、關係性、實質性的轉變，是已有的環境，是一個整體。舉例來說，孩子們在他們來到人間的最初兩年裡發生過很多次實質性的變化（更準確地說，是他們參與到了這個實質變化的過程中）。（在很多耳聾孩子的例子中）他們可以開口說話（或者唱歌）並不僅僅是因為獲得了某種技能或行為，而是實質性的、情緒的、智力的以及社會性的整體轉變。語言在我們的文化中至關重要，當年輕人能夠（在歷史中）製造意義和（在社會中）使用文字時，可能性的世界、學習、社會關係、想像力和創造性的大門便都向他們敞開了。

沒有完美無缺的童年（Bradley, 1991）。在此我們有個方法論上的觀點——人類的轉變是整體性的（發展，創造歷史）。孩子們成為一個語言社群中的一員的過程就是個極好的例子，因為它是如此平凡，如此普普通通（而且在我們看來，現代的一些發展心理學家和語言心理學家常對它有誤解）。從來沒有一個兒童是在完全掌握了語言之後才被允許進入語言社群，父母和其他人會把兒童的牙牙學語當成他們的話語元素來回應，而不會要求他們必須先「得到了所有的證書」才能進入語言社群。兒童能夠掌握某種語言正是因為在此之前他們就已經被視為一個有能力說話的人。

我們如何解釋這一語言發展中貌似悖論的問題？它帶來的後果又是什麼呢？為了要將不會說話的人包括進來，語言社群不得不發生改變（將焦點從語言運用轉移到語言活動上來）。為了對一個只有兩歲，還不能像成人那樣恰當地使用語言進行人與人之間的交流的孩子

做出回應，語言的環境（包括成人們約定俗成的那些東西）必須發生改變，如此語言的創造性過程——也就是相對語言運用而言的語言創造活動——才會成爲主角。爲了讓孩子們可以被納入其中，整個環境從業已由社會決定的樣貌重新形塑爲生命活動的一種形式，而能夠支持嬰童成長的或有成長性的環境正是如此。

作爲整體的學院心理學正是在它組織這門學科的方式上暴露出它那反發展的立場。自從發展心理學（連同它那反發展的偏見）成爲科學心理學的一個分支或專業，因而我們大概知道有些心理學（所謂的社會心理學、學習心理學和人格——令人吃驚的是它們把人類的某些方面以及對人類的研究包含在內）是不具發展性的。這讓我們作何想呢？

發展與臨床心理學的長期分立是另一個例證。我們的社會對精神疾病、精神病理、情緒障礙的理論研究與治療，無論是從現代主義者關於發展的觀點來看，還是我們和其他後現代主義者的發展觀念來看，都顯然是不具發展性的。儘管自佛洛伊德以來，新的治療方法不斷湧現，但心理治療的基本模式及其他臨床實踐極少認爲發展是治療的一個重要因素。即便是情緒發展最終被考慮在內，但它也只是被作爲治療的結果或產出。主流治療模式在處理情緒和傷痛問題時將焦點放在「疾病」上（正如在本書第六章中我們看到的那樣，心理學和精神病學從醫學和科學中得來的東西又適時地證明了它們存在的合法性）。緩解疾病的症狀和找到所謂的深層原因是使用得最廣泛的兩種方法，人們可能以爲這樣患者就能夠在情緒上成長了。

但是，發展卻是非科學的社會治療的臨床實踐／文化－展演路徑

之核心。它並不是要構造一個或多或少必須與「社會世界」發生聯繫的私密、個體的自我的工具主義的漸進過程（心理學關於發展的神話就是這樣的），而是對現前境況的質的改變，這改變持續不斷，創造著新的情緒意義，表演著生命新的情緒形式。社會治療並非是試圖要根除異常和障礙，或者改變行為模式（那些也許幫助了個體或在他們身邊的實踐使他們一時半會感覺好些，和／或功能得到恢復），而是要重啟情緒發展，將其作為治療的前提條件。我們覺得為了減輕情緒上的痛苦，進一步的行動是必要的 —— 這裡說的可不是什麼內心覺察、解決問題或行為改變。

　　在我們看來，後現代社會危機的一個特徵就是（在本書意義上的）人類發展已經開始蹦蹡不前，它正在被收集、儲存和檢索訊息所取代，受其壓制。在某種程度上，在面對發展的停滯時，科學心理學從沒有自省過，而這會使發展停滯的狀態持續加劇。心理學 —— 包括流行的心理學在內 —— 已經成為了人們日復一日、年復一年的情感、認知和「道德」生活的日常指導。而科學心理學（包括它的學術和專業實踐）的意識形態、形而上學、還原論及反發展的傾向瀰漫在大眾的日常生活之中，進入了他們的思考、言說以及其他行動中。我們認為，要是真有一種心理治療方法能夠真正地幫助他們，那就一定是發展的、非科學的文化—展演方法。它必能幫助人們展露出人類那實現整體轉變、創造出新的意義、變成「並非我們自己的那個人」，並持續不斷地將我們的發展進行下去的能力。

　　除此之外，我們必須對科學心理學和日常生活的心理學中那些反發展的假設和前提心知肚明，必須對它們為了我們所有人而創造出來

的那些困擾了如指掌。用維果茨基的話來說，這就是必須弄明白「事實的哲學」（Vygotsky, 1987, p. 55），而用維根斯坦的話來說，就是必須清楚「貯藏在我們語言中的整個神話」（1971, GB35）。

第九章

維根斯坦、維果茨基以及對人類生活的文化理解

維果茨基和維根斯坦兩人對各自所處歷史時期的文化、政治、社會和知識衝突做出了反思和貢獻，兩人都是圈內人，卻也被當作局外人（有人也會說他們是身處局中的局外人）[1]，同時兩人都受到學術界和大眾文化的修正和滋養，這些都值得我們深入了解他們的思想。維果茨基和維根斯坦不滿足於現有的知識論工具，同時受到主流科學範式的假設、偏見及其後果等掣肘，他們有意識地投入有關人類活動獨有的科學、方法論和實踐的研究。維果茨基對人類發展的認識，維根斯坦對於哲學與語言的觀點都與我們非常接近。

---

1 在參加1924年於列寧格勒舉辦的第二屆神經學大會，並在會上做關於心理學危機的重要發言之前，維果茨基並沒有接受過任何正式的心理學訓練。一直到1930年代，他的著作都受到了政治的／意識形態的審查，並不受史達林極權主義的官僚機構待見。維根斯坦（幾乎沒有接受過正統的哲學訓練）不斷建議學生離哲學遠點，去做點「有用的事情」。他經常談到他對學術界的輕視，還時不時地離開大學一長段時期。

維根斯坦

　　思考有時容易，但大多數時候都很難，同時卻也讓人興奮。當它搶走了人們所珍愛的觀念卻只留下一地雞毛，讓人感到只有困惑且自己一無是處時，是它最不討人喜歡的時候。在這種情況下，我和其他人要麼從思考中退縮，要麼在一段長久的掙扎後才開始重新思考。我相信你明白這是種什麼樣的狀態，並且我希望你有很多的勇氣！儘管我自己也還沒有這樣的勇氣。我們都是「生了病」的人。（維根斯坦給拉什‧里斯（Rush Rhees）的信，摘自Monk, 1990, p. 474）

　　然後我就想，如果學習哲學的全部目的是能夠讓你能言善辯地討論一些深奧的邏輯問題……諸如此類，但如果它並沒有改進你對於日常生活中的重要問題的思考，並沒有讓你比任何一個……記者更小心地使用一些為了他們的目的而使用的「危險」字詞……那麼，你學習哲學有什麼用呢？（維根斯坦給諾曼‧馬爾科姆（Norman Malcolm）的信，摘自Monk, 1990, p. 474）

　　我們的目的並不是用一種聞所未聞的方式完善或修正人們使用字詞的規則體系。

　　因為我們想達到的清晰是**完全**的清晰。但這也意味著哲學問題會**完全**消失。

　　我真正的發現在於找到讓我有能力在我想的時候停止哲學工作的東西。它帶給哲學平靜，因此哲學不會再被那些將自己置於困境的問

題困擾。與前者截然不同，我們現在透過例證展示一種方法；那一系列的例證都可以被拆解。不僅是單個問題，所有的問題都得到了解決（困難被擯除了）。

　　儘管確實有像不同療法的多個方法，但**一種**哲學的方法並不存在。（維根斯坦，《哲學研究》（*Philosophical Investigation*），1953, p. 51, §133）

　　維根斯坦或許是二十世紀最有影響力的哲學家。自1919年到二十世紀50年代，他的著作顛覆了整個西方哲學，並且可以說毀滅了它。當某些思想從根源上挑戰了一個領域時，就總會有人想要將其系統化，維特斯坦的思想也是這樣，一些當代學者力圖將它系統化，並將其放入現有正在起步發展的哲學運動光譜中（實在有點諷刺）。不同的思想學派都宣稱維根斯坦與己一脈——即使不是本派靈感的獨一來源，也至少是主要的影響者。正如第三章所言，十九世紀20年代的邏輯實證主義者（被稱為「維也納學派」的由哲學家、數學家、科學史學家和科學家共同組成的團體）將維根斯坦的早期代表巨著《邏輯哲學論》（*Tractatus Logico-Philosophicus*）奉為圭臬，而「日常語言」哲學家們（與J. L. Austin有關）更是將自己歸入維根斯坦門下。然而，維根斯坦卻並非是一個系統的建造者。他奮力活出的生命樣貌，包括他的哲學活動，都希望避免創造出一個以己為名的系統。

　　維根斯坦的一生即使稱不上精彩絕倫（據說他死前的最後一句話是：「告訴他們，我曾有過一個非常精彩的人生。」）也必是充滿了

衝突的。他於1889年生於維也納（在1870年代希特勒崛起之前，維也納是歐洲大陸文化和智識交流的中心），成年後的大部分時間他都待在英國劍橋。只是這個地方古板得讓他覺得無法忍受，並沒有讓他感到愉快，因此他會時不時地離開劍橋，去到更有田園氣息，並沒有充斥著學術辯論，不那麼自命不凡的環境中去，比如愛爾蘭、挪威、美國和蘇聯的一些地方。作爲卡爾・維根斯坦（Karl Wittgenstein，由於1808年拿破崙法令要求猶太人取名基督教姓氏，他的爺爺摩西・邁爾使用了其雇主的名字）和萊奧波迪卡爾馬斯（Leopoldine Kalmus，也有部分猶太血統）所生的八個孩子中最小的一個，維根斯坦在當時維也納最有影響力、擁有巨大財富的家庭中長大，這個家庭給年幼的他提供了豐富的文化和知識資源，使他成功地融入奧地利的上層資產階級／貴族中。

在年輕時維根斯坦就將個人財富轉贈給了兄妹，餘生僅依靠最低標準的物質資料生活。雖然在年輕時他曾被納粹、反猶太人主義及奧托・魏寧格（Otto Weininger）恐同（性戀）作品吸引，但縱觀他一生的思想和著作，皆表達了他因爲自身的同性戀取向、原罪和作爲一個猶太人所受的內心折磨，以及他對過一種有意義和道德的生活負荷著的內心責任。他雖討厭學術界的自大浮誇和局限狹隘（他一得空就躲到劇院看美國音樂劇），但他卻可能會像一位劍橋大學教授那樣自負。

1919年《邏輯哲學論》甫一出版，維根斯坦就認識到其中的教條主義和錯誤。從此以後，他的哲學著作越來越多地避談理論，在哲學研究中也捨棄了理論和假設——這就是哲學本身作爲一種方法，一

種擺脫哲學的哲學方法。在《哲學研究》這一他最有名的晚期著作的前言中（在他過世後才出版），維根斯坦批判了《邏輯哲學論》和他那「老舊的思維方式」與「嚴重的錯誤」——在學術界，這種學術上的誠實非常罕見。年輕的學生們被維根斯坦對於（捨棄）哲學的熱情和才華吸引著，蜂擁而至。

蒙克（Monk, 1990）為維根斯坦作傳，取名為《天才之為責任》（這書名取得甚好），因為在活著的時候，維根斯坦就不止一次地表達過他對要用自身的天才創造出有意義的事物的責任（有人曾說這是一種執念）。雖然他曾再三建議他的學生離開大學，但他自己卻從未真正那麼做過。在傳記中，我們看到蒙克詳述了維根斯坦生活和工作的不少軼事，其中有一個軼事是維根斯坦曾建議莫里斯・德魯利說，他如果在空氣更加健康的工人階級中工作，那麼他會生活得更好，因為「劍橋沒有他需要的氧氣」。而對於他自己為什麼要一直留在劍橋，據記載維根斯坦是這麼說的：「我沒有這個問題，因為我生產自己的氧氣。」（Monk, 1990, p. 6）。

至今已有近6000篇（本）對維根斯坦的哲學作品進行評論的文章和書籍出版（Monk, 1990）。一些與維根斯坦關係親近的人，甚或與他只見過一兩面的人還寫下了幾百本關於他的回憶錄、傳記和選集。他的工作和生活為詩歌、音樂、繪畫和小說帶來了大量靈感。他也一度成為電視記錄片、戲劇和演出的主題，其中有部電影前不久剛獲了獎（已故英國電影製片人德里克・賈曼（Derek Jarman）拍攝的電影「維根斯坦」）。維根斯坦生活的歷史時期充滿衝突、磨難重重卻又極其重要，在這個時期，舊的生活方式正在消亡，而新的生活

方式正取而代之。皆源自資本主義宏大願景的十八世紀的啟蒙運動和十九世紀的進步主義，在面對資本主義的現實侷限時全都繳槍投降，而在魏寧格著作中隱現的法西斯主義和其他德意志民族主義開始登上歷史舞台。這是一個有著最野蠻、最墮落的人類行為和信仰的時代，也是一個最具進步性和創造力的時代。人們對維根斯坦那持續不衰的痴迷，有可能正是源於他的生活就是這變化中的歐洲和世界的微觀縮影之故。

　　維根斯坦的哲學著作具有治療的傾向，他採用的方法具有臨床性，而非實驗性，也不是那種抽象、系統的哲學式方法，這一點已被不少對他作品進行解讀，或為他寫傳記的學者認同（見Baker, 1992; Baker & Hacker, 1980; Fann, 1971; Janik & Toulmin, 1973; Monk, 1990）。在對《哲學研究》的分析性評論中，作者（Baker & Hacker, 1980）以治療用的術語討論了這部作品的某些章節。在它的開頭段落，他們這樣談到奧古斯丁的語言圖像：

　　奧古斯丁的圖像中無意識地隱藏著許多關於意義的複雜論述，而這展現出一種智識上的疾病，它會引起很多症狀。即使一個哲學家身上沒有出現所有的症狀，我們還是可以診斷出他正受著這種疾病的折磨，因為它會顯示出一系列的綜合症狀。與奧古斯丁圖像的正常形態進行對比，能幫助我們識別出這些症狀。發展正常的形態或許能有治療作用。（p. 34）

　　一些哲學家將治療視為維根斯坦哲學的中心目的。在彼得曼（Peterman, 1992）對維根斯坦晚期哲學的解讀中，他強調了其具有的療癒性的特徵。彼得曼給哲學治療設定了標準模式，並把對維根斯

坦作品的評價與這一模式聯繫起來。按照他的說法，維根斯坦的作品整體來看是一個倫理性和治療性的方案，《邏輯哲學論》強調倫理維度，而《哲學研究》強調治療性。貝克（Baker, 1992）同樣認為維根斯坦的哲學化比普遍評論者認識到的更具有持續的療癒性，而且，它更關聯於人們具體的生命脈絡。這就是說，它關注的是個體思考的動態變化，而不是思想的抽象結構。還有一些心理學家開始以相似的方式研究維根斯坦，發現他的作品裡有著對情緒、感覺和信仰的洞見，這些洞見啟發後繼者深入到人類發展歷程中的主體性和倫理維度。（如Bakhurst, 1991, 1995; Chapman & Dixon, 1987; Gergen & Kaye, 1993; Jost, 1995; Shotter, 1993a & b, 1995; Stenner, 1993, Phillips-Griffiths, 1991中的一些文章）。

　　當我們以這種方式看待維根斯坦時，隨之浮現的是關於心理學、哲學以及它們之間關係的若干問題。如本書前文所述，哲學和心理學曾是相關學科（兩者是父母與孩子的關係）。但是，在這個世紀的大多數時候，它們卻是分離的，因為正統心理學與哲學決裂，轉而依附於醫學和自然科學傳統（同時它也在最大程度上將自身的哲學根源棄之不顧，並對自然科學的內在矛盾視而不見）。在當代心理學的諸多領域──批判心理學、現象心理學、女性心理學和社會建構主義──哲學和心理學再一次風雲際會，因而不少哲學家的著作得到了嚴肅的研究，維根斯坦正是其中之一（其他哲學家還有胡塞爾、海德格爾和梅洛‧龐蒂）。但是，鑒於心理學曾有過的目光短淺──和它那撲朔迷離的本來面目──我們必須詰問，難道發現和探究治療性質就能通透闡明維根斯坦的所有工作嗎？進一步說，「治療哲學」對於解構和

重建心理學能做出什麼貢獻嗎？此處所謂的「治療性」究竟是什麼意思？什麼樣的病痛需要用「治療」來處理？他想要療癒誰？療癒又是何意？維根斯坦本人又如何看待哲學和心理學的關係？

　　對於我們來說，這些問題絕非只是分析維根斯坦哲學所帶來的讓人興致盎然的附屬品。以我們的思考方式來看，用哲學治療的術語來說，維根斯坦的作品可以被視作是他自己的生活和哲學實踐的真實反映。更重要的是，維根斯坦的反哲學哲學（他的反基要主義）提供了至關重要的方法手段，以一種新的人文主義的發展臨床實踐／文化展演手段來研究情感生活。他自命的任務是治療哲學的疾病（而我們的任務則更類似於治療疾病的哲學）。維根斯坦曾說，我們都是病人。病因很大程度上歸咎於我們如何思考（以錯綜複雜的方式與我們思考的內容連結起來，甚至在更深的根源上與我們的思考活動，或我們是否思考有關），尤其是我們如何看待思考這項活動和其他所謂的心理過程和／或心理客體——筆者認為我們（指我們文化的成員）在這些方面所做的遠比我們中大部分人想得到的要多得多。這些讓我們陷入了智識——情感那迷惑不清，難以澄明的狹小陷阱中，我們被其折磨、迷惑，它使我們「心理痙攣」。我們為思想、話語和言說努力尋求因果關係、一致性、各種規則、類比，以及共性、理論，還有解釋、闡述這些東西（通常這發生在我們未起心動念，甚至我們刻意不想要那麼做的時候）。而維根斯坦卻問道，如果我們尋求的東西一個也不存在呢？他這樣描述他的方法：

　　在哲學中，人們會不得不以某種特定方式看待一個概念。我提出或者說是發明出其他看待這個概念的方式。建議你想想從前你不曾想

到過的可能性。你認為只有一種可能，或最多兩種，但你可以想想有沒有其他可能。此外，我讓你看到，想要讓那個概念與這些狹隘的可能性相一致這會有多麼荒唐。如此一來，你的心理痙攣便緩解了，你可以自由觀看語言表達的各種可能，描述各種語用的差異。（引自Monk, 1990, p. 502）

　　為什麼提出和創建這些可能性是具治療性的？我們認為「以不同方式看待」某一種特定概念能將我們聯結語言和思考的由多種因素所決定的社會表徵中釋放出來，因社會慣用而未加思索的表意再現中解放出來。一旦自由的看待語用，我們可以看到並描述多種語言使用方式（甚至以不同方式看到和描述語言）。儘管語言和思想的關係本質百年來一直是哲學、心理學和語言學爭論的主題，但在我們看來，糾結於其中的結果卻是將兩者之間關係概念化的認知／分析路徑給極度窄化了。現在有越來越多語言學家、語言哲學家和心理學家著書立說，挑戰這種潛藏在這些概念之下，已然客體化了的語言學（例如，Billig, 1991; Davis & Taylor, 1990; Duranti & Goodwin, 1992; Shotter, 1993a and b）。

　　在早期探究西方文化中思想和語言關係演變的著作中，我們集中關注了關於語言的主流概念如何（在一種拜物的風潮下）成為了不僅決定我們如何說，還決定了我們如何思考和／或看待思考的方式的東西（Holzman & Newman, 1987）。思想、信仰、想法等與人類認知相關的概念系譜，奠基在拜物的語言概念之上，被看作是有規律可循和內生性的（即使對一些分析家來說，它們是外源性的或是由外部建構的）。但語言這種行動既不是可用規律來歸納的，也不是私人的東

西，儘管人們很可能以這些方式來描述它。但是，一旦這些描述成為
了對語言的定義，那麼原本與人類創造出的各種活動和勞動密不可分
（過程和成果皆是），作為人類活動的語言就被扭曲為一種無處不在
的、有害的，且（從哲學角度）時不時讓人匪夷所思的商品化產品。
一旦被拜物化，語言就從它那充滿創造性的行動的過程／結果中分離
和抽象出來，不得不以另一種方式與生活產生聯繫，重新覓得二者的
意義（以一種指涉的、指稱的、表徵和外延的方式）。如前所述，在
當代文化中，移情就是這樣的一種支配技術。

　　至少自從現代科學到來，將語言看作是指涉和表徵（甚至於，將
心理生活基本上看作是認知活動）成為建立這種語言和生活聯繫的
主要方法：還是那個真理一致論。（「在下雪」這個句子只有在確實
是在下雪的情況下才是真的。）事實上，用語詞（至少是某些語詞）
給客體命名這事看上去挺有道理的——甚至或許是自然而然的。只不
過，這種理解模糊了語言的使用方式，因為很明顯人類用語詞做的事
可不只是命名客體——更不用提人們還使用短語和句子呢！更成問題
的是，晚近現代主義對語用的理解模糊和歪曲了語言這一行動，對其
中的創造、發展和學習視而不見。在晚期的作品中，維根斯坦意識到
唯有將語言視為行動，才能遏止哲學上那將思想和語言分離，以及將
語言與其可能如是的本質相分離的胡搞。

　　我將一而再，再而三地提到我所謂的語言遊戲。比起我們那些高
度複雜的日常語言符號來，還有很多比它們更簡單的使用符號的方
式。語言遊戲是孩子開始使用字詞時的一種語言形式，對它的研究是
對原初的語言形式和原始語言的研究。如果我們想要探究真理或謬

誤，驗證假設是否與現實相一致，得悉主張、假設和問題的本質，那麼，我們就應當好好地研究語言的原初形式，因爲其中沒有那些在思維那高度複雜的過程中出現的混亂背景。當我們觀察這些語言的簡單形式時，那掩蓋在我們日常語用上的心理迷霧便會消散了，清晰、透明的行動和反應就會呈現出來。（1965, BBB, p. 17）

　　不剝除意義（「心理迷霧」）的抽象化和物化——也就是說，不揭露語言的行動本質之前，我們無法看到或展現語言行動。爲此，維根斯坦找到了一些解決問題的方法，他發展了一種方法，將所謂的心理活動和社會活動之間的鴻溝暴露無遺，揭示出西方哲學（包括科學心理學）的認知傾向是如何在我們的思考（或者／以及那些稱爲思考的東西）中發生作用的。在一個又一個的例子中，他讓我們看到，思維在多大程度上被各種概念、假設以及關於語言的前提（以及思考的方式）所左右，它們皆來自於將語言作爲基本和被動的心理現象（而非是一種活動）的拜物主義和認同。維根斯坦的治療方法——放大語言由法則管控，在一切情境、外延等都保持不變的這一假設過程，藉此顯露出此種假設的荒誕不經——清除困惑，阻止個體詢問或思考那類會首先將其置於困惑中的問題。他的方法對於應付日常生活矛盾的普通人是非常實際又具有治療效果的。

　　維根斯坦被稱爲「日常語言」哲學之父，這樣的標籤歪曲了他的整體方法論，模糊了他的工作的治療實質。在此，貝克（Baker，在哲學界最有分量的維根斯坦的闡釋者之一）關於維根斯坦和他的分析者、跟隨者、批判者的著作頗有助益（Baker & Hacker, 1980; Baker, 1988; 1992）。這些著作質疑了哲學家不停地爲維根斯坦貼

標籤，將他歸於某一學派下，爲他的言詞編錄，並將他比作其他哲學家的做法，認爲這些想將維根斯坦的思想系統化的企圖並沒有什麼價值。他（Baker, 1992）強有力地抨擊了想要在維根斯坦對一些字詞和短語的使用上尋求一致性和普遍性，從他的作品中得出形而上的結論的做法，因爲它們除了破壞了維根斯坦的大計，其他什麼用都沒有。相反，貝克主張應「慎之又慎」地關注維根斯坦「哲學研究的一切治療性概念」。他還補充道，維根斯坦並不提倡表態「任一明確立場」，也不同意「給我們語言邏輯一個大綱地圖」，而「總是尋求解決特定個人面對的特定哲學問題」（p. 129）。貝克用醫學來對此進行了類比：

　　他（維根斯坦）並不把自己當作公共衛生官員，官員的主要任務是讓天花從地球絕跡（在哲學上就好比是透過「私人語言論證」將笛卡爾二元論永久擯棄）。相反，他像普通執業醫師一樣，治療病人在撞上語言限制時的生出的各種包塊。（1992, p. 129）

　　維根斯坦的重心不在日常語言，他持續關心的是語言——尤其是哲學家書寫的用來討論語言的語言——如何使日常生活變得面目不清。像孩子如何學講話，知曉某物意味著什麼，愛、憤怒、害怕這些感覺是什麼，我們的經歷如何與現實「相聯」……這些觀念是我們日常交談中不會去自我覺察的，但它們確實存在，且在我們日常生活行爲中發揮著約束而遠非發展的作用。維根斯坦的主要「諮客」是哲學家，正是這些人每日的專業話語中包含著這類哲學問題。正如本章引言所說，維根斯坦對於語言是如何透過對普通人的影響而使我們的生活面目不清的問題甚爲關切——對他而言，哲學更類似於「將房間打

掃乾淨」那樣的活動。

　　我們將維根斯坦的工作看成是對哲學家的治療，因為哲學家們對哲學問題的執迷是有問題的（我們有時會說，他們這樣執迷是有精神病）。至於普通人，雖然他們對哲學問題缺乏興趣（我們有時會說，他們這種興趣的缺乏是有神經症），但他們陷入的智識——情感混亂的情況可一點也不比哲學家少。得益於已經複雜化的社會網絡和溝通機制的涉入——尤其是語言機制——使哲學病態的各種版本都滲透到了日常生活中。對於維根斯坦來說，語言機制正是這些病態的載體。籠罩在「心理迷霧」中，語言的活動很難被看到。而且，當意義創造活動——它對語言產生及人類發展必不可少——變得越來越多地被使用語言的行為所主導時，要看清語言的活動就更加困難了。而語言使用本身反過來又被它與思考之間的拜物化關係所箝制（Newman & Holzman, 1993）。

　　我們可以從審視維根斯坦「對精神疾病的心理治療」的一些例子得到啟發。治療精神疾病比喻他努力治癒哲學家對解釋的執迷，以及他們對形而上的需求（秩序、因果、一致性這一類東西）。以下我們節錄維根斯坦著作中的一長段，希冀盡可能呈現他創建哲學（探究）環境的方法。在《關於心理學哲學的評論（第1卷）》（*Remarks on the Philosophy of Psychology*, vol 1, 1980）一書中，維根斯坦寫道：

　　903.對於我來說，沒有什麼假設能比「大腦裡沒有什麼與聯想或思考想關聯的過程」更自然了，換句話說，我們不可能從大腦的運作中解讀出思維過程。我的意思是，我假設當我說話或者書寫時大腦啟

動了一個動力系統，它與我的說話或書寫時的思維相聯結。但是，這個系統爲什麼必得持續向中心的方向邁進？爲什麼這個秩序不是從一團混亂中產生？這個類似以下這種情況：某些種類的植物透過種子繁殖，因此種子總是會生產出同樣的植物——但是種子中沒有什麼與產生它的植物相一致，因此不可能從種子推斷出那些植物的特性或結構——這只能透過種子的歷史才能完成。因此一個有機體的形成甚至可能來自無組織的事物，這並無確定的原因；這也適用於我們的思考，以及我們的對話與書寫。[Cf.Z 608.]（p. 159）

904.因此，特定的心理現象完全有可能不能透過生理手段探知，因爲生理上沒有什麼與之相應的東西。[Cf. Z609.]（p. 160）

905.多年前我見過一個人，現在又再次見到他，我認出了他，記住了他的名字。不過，爲什麼必須要有一個解釋這個記憶在我的神經系統中的原因呢？爲什麼此事或彼事，不管什麼事情都得以某種形式儲存在神經系統裡呢？爲什麼必須有痕跡要留下來？爲什麼不應有與任何生理規律都不一致的心理規律？這些雖擾亂了我們的因果概念，不過其實它們早就應該被攪得坐立難安了。[Cf. Z610.]（p. 160）

維根斯坦這裡討論了西方思想和哲學中的因果性，一致性和本質。顯然，當我們說話和記憶時必定有某種神經和認知進程，但這並不能推論神經活動與我們所談論和記憶的東西或是我們的言談或記憶的活動有因果上的聯繫（一致性）。這裡維根斯坦不是要誇張地呈現圍繞因果論的常見思考過程，而是因爲這樣子的情況非常普遍。他用種子和植物的類比揭露了在關於本質和內容的問題上那些根深蒂固的觀念多麼荒謬（凡橡樹必曾是橡果，這樣舊的宗教觀念仍然影響著日

常的思維）。

在下面這些節選中（同樣來自《關於心理學哲學的評論（第1卷）》），我們可以清晰地看到維根斯坦的治療方法：

912.如果有人說：「他似乎處於可怕的疼痛之中」，沒人會懷疑這是假的。爲什麼在同樣的事情上，人們要是說：「我似乎處於可怕的疼痛之中」，卻一點也說不通？我也許可以在試音時說這樣的話，類似的還有：「我似乎打算……」如此等等。人人都會說：「我當然不那麼說，因爲我知道自己是否在痛苦之中。」通常我們對自己是不是「似乎正在痛苦之中」並不感興趣，因爲我們可以根據從別人的事例中得到的印象做出結論，但我們不能依樣畫瓢地從自己身上做出結論。比如我不會說：「我在痛苦地呻吟著，我必須去看醫生」，但我會說「他在痛苦地呻吟著，他必須……」（p. 161）

913.如果有這樣一些語不成意的句子：「我知道我處於疼痛之中」、「我感受到了自己的疼痛」，或「我不會對自己的呻吟心煩意亂，因爲我知道我正處於疼痛之中」，又或者「因爲我感覺到自己的疼痛」。

不過，這倒是眞的：「我不會對自己的呻吟心煩意亂」。（p. 162）

914.我透過對他人行爲的觀察，推斷出他必須去看醫生；但是我無法透過對自己行爲的觀察得出這樣的結論。有時我也那麼做，但不是在類似的情況下。[Cf. Z539.]（p. 162）

915.以下反應對我們大有幫助。當別人痛苦時，我們本能地照顧或治療他們疼痛的地方，不只是當我們自己是這樣的時候——因此，

對別人的痛苦感同身受是一種本能反應，同時，對自己的痛苦並非感同身受不是一種本能反應。[Cf. Z540.]（p. 162）

916.但是，「本能」這個詞在這裡究竟是什麼意思？或許行爲模式是前語言的，因爲語言遊戲以此爲基礎：即思維模式的原型，而不是思維的結果。[Cf. Z541.]（p. 162）

917.做出如下解釋似乎可以說是「上下顛倒」：我們照顧另一個人，因爲他與我們自己的情況類似，我們相信他也有疼痛的體驗——反過來說應該是：我們從自身行爲的特定篇章中學習到了——用語言遊戲的方式來說——在「類比」和「相信」中有什麼功能。[Cf. Z542.]（p. 162）

維根斯坦在這裡讓我們看到，當語言被作爲偶像，爲人崇拜時；當從一個結構到另一個結構，一直存在著一種「愚蠢」的一致性時；當我們試圖從一個語言情境推衍到另一個語言情境，比如從人們從如何談論他人的疼痛到談論自己的疼痛時……會發生什麼事情。在這些情況下，語言一致性的假設只是一個代詞替換另一個代詞，從「他」變成「我」，這是非常可笑荒唐的概念和陳述。維根斯坦所說的不是喬姆斯基學派的衍生語法，他要展示的是這些語言是從生活活動中異化推衍而來的，是一種誤導。他清楚明白地告訴我們，這些都是不同的語言遊戲，來自不同的社會——文化生活，以及不同的日常活動。語言在從一個情境到另一個情境是一致的推定，比如從「他」的痛苦推及「我」的痛苦這個例子，這一平日裡看起來完全正常的過程現在看起來實在可笑。維根斯坦揭露這段過程所帶來的治療效果在於，我們得以透過分析荒謬，清楚看到平日人們是如何被系統地物化了的語

言假定給限制住了。

我們的目的是描述我們實踐的文化展演治療、社會治療中的維根斯坦成分，以及維根斯坦哲學治療在社會治療上的功用。我們解構／重建的目的是雙重的：讓我們更清楚地看到對語言行為的揭示如何展現出創生意義的行動，且展示出這種揭示（它本身是一種行動）的實踐——批判潛力，以在這個被異化，幾乎擯棄了意義創造，從而消除了人類發展的後現代歷史時期，重新開啟人類發展。

▌維果茨基

緊接第一次社會主義革命的這些年裡，維果茨基作為當代主要的馬克思主義理論家，在重建心理學和教育學，以及創建我們現在稱為特殊教育的過程中扮演了重要角色。作為當時一批滿懷激情地尋求建立一種能服務於新社會的新心理學的蘇聯學者中人所熟知的領導者，維果茨基一直致力於他繼承的兩種哲學—科學範式的方法論基礎——二元化和分類的西方科學傳統和新近出現卻幾乎立馬就被奉為圭臬，並陷入了二元化的馬克思主義。

不幸的是，這一不僅在科學、文化、教育，還在社會關係上，甚至在生活各個方面進行實驗的時期不過是曇花一現，史達林很快就終結了它（Friedman, 1990; Newman & Holzman, 1993; Van der Veer & Valsiner, 1991）。維果茨基38歲時死於肺結核，毫無疑問，他絕對是史達林鎮壓下的犧牲品。他的著作在他還在世時就受到來自學者／空談者的攻擊，在他去世後也依然如此。直到1962年《思維和語言》

（*Thought and Language*）一書英文版出版，人們才回想起20年代他與讓‧皮亞傑關於幼兒言語和思考問題的那些生動辯論。《思想和語言》一書裡有維果茨基所著的近200篇學術論文、文章和演講稿，討論的問題包括學校教育、詩歌、文學、戲劇、藝術創造和想像，以及兒童戲劇和繪畫、書面語、記憶、情感、思想延遲、失聰、失明等，在此前沒有以任何語言出版過。最近10年，發展心理學家、社會心理學家、教育心理學家，以及社會語言學家、溝通和話語方面的學者對他的工作（通常被稱爲社會文化心理學或文化歷史心理學）重新拾起興趣[2]。在蘇聯解體後，人們對維果茨基和蘇聯心理學的智識及政治歷史的興趣也越來越濃了（見Joravsky, 1989; Kozulin, 1990; Van den Veer & Valsiner, 1991）。

維果茨基在人類發展方面有重大的實質性發現，正如我們所見，這或許要歸功於關於人類心理學科學發展的方法論上的關鍵突破。維果茨基的工作既是基礎性的也是反基礎性的（在這一方面他與維根斯坦挺像的）。他檢視所有現有的心理思想和大部分西方哲學思想和馬克思主義哲學，努力想要建立一種新的科學——並在此之上播下一種

---

2 受維果茨基影響，致力於活動—理論的、文化—歷史的和/或社會文化路徑的專著、論文和期刊的數量一直成指數增長。以下這個書單經過選擇，不過毫無疑問當你們讀到這些書的時候它們恐怕已經過時了。這些書：論文集有Chaiklin和Lave（1993）；丹尼爾斯（Daniels, 1993）；莫爾（Moll, 1990）；沃茨奇（Wertsch, 1985b）；和以下文本：科爾（Cole, 1995）；霍爾茲曼（Holzman, 1993, 1995）；Lave and Wenger, 1991；D. Newman, Griffin and Cole, 1989；Newman and Holzman, 1993; Rogoff, 1990; Tharp and Gallimore, 1988; Wertsch, 1985a, 1991。

全新的心理學的種子（有時我們也稱爲反心理學）。維果茨基的著作中包含著不少關於方法論的論述，因爲他認爲方法論與科學密不可分。在我們看來，他努力避開舊有的諸多範式和新的眾多教條製造出來的陷阱，想要創造新的東西：

我不想用拾人牙慧的法子來發現思維的本質。我想知道科學是如何建立起來的，在學習了整個馬克思的方法論之後，我想往心靈的研究上更進一步。（1978, p. 8）

以及：

實踐在科學行動最深的根源之處，從最初到結束，它一直不斷地對後者進行建構。正是實踐提出了任務，成了理論的至高評判者；它是檢驗眞理的標準；同時，也正是它，指示我們如何建立概念並制定法則。（1982, pp. 388-89）

「維果茨基的心理學」和「維果茨基的方法論」之間的關係成了維果茨基的闡釋者和追隨者們常常論辯的一個主題（例如，Bakhurst, 1991; Davydov & Radzikhovskii, 1985; Kozulin, 1986, 1990; Newman & Holzman, 1993; Van der Veer & Valsiner, 1991）。他們對於維果茨基對馬克思哲學貢獻有不同觀點。

在我們看來，維果茨基是一位無人能出其右的馬克思主義行動理論家：他將活動，而非行爲，作爲獨特的人類發展的關鍵特徵。正如我們所理解的那樣，活動和行爲存在著本體論上的差異，這表現在實際變化著的整體與「變化中的」部分（用僞科學的一般規律來說）之間，以及質的改變和量的積累之中（Newman & Holzman, 1993）。人類不僅對刺激作出反應，獲得社會性、有效的技巧，也適

應於決定性的環境，在這一點上，我們認爲維果茨基追隨了馬克思的腳步。而人類社會生活的獨一無二之處，正在於我們轉變了這種決定性的情況。正如馬克思所說：「環境的變化與人類活動或自我改變的巧合，只能被認爲和被理性地理解爲**革命實踐**。」（Marx, 1973, p. 121）。在其他著作中，馬克思將革命實踐視爲「革命的，實踐—批判活動」，它持續地改變著那些正在由它改變的東西，「從實踐上顛覆現有的社會關係」（Marx & Engels, 1973, p. 58）。

我們認爲維果茨基的貢獻在於他對我們需要一種新的方法論（它與研究對象其實是無法分割的）來探究一個新的研究對象（活動）的認識。他一生都在探究作爲一門科學的心理學的本質到底是什麼。**科學活動**跟所有人類活動一樣，顯露著自身的矛盾——它必須創立（而非虛構）自己的研究對象：

尋找研究方法成了理解獨特的人類心理活動的整個事業的最重要的問題，在這種情況下，方法既是研究的前提條件，也是研究的產品；既是研究工具，也是研究的結果。（Vygotsky, 1978, p. 65）

這種方法同時作爲工具和結果的新的觀念十分激進，具有里程碑式的意義——我們也稱之爲方法的實踐（Newman & Holzman, 1993）。如你所見，維果茨基挑戰了將從柏拉圖到康德（以及在康德之上）的所有有關知識的理論包括在內的整個西方的科學—哲學範式。因爲一直以來，方法就是一種獨立於實驗的內容和結果的東西，也就是說，那從此及彼的就是方法。方法是要應用的東西，一種爲達到目的而使用的具有功能的方式，基本具備實用或工具性的特徵。（結果的工具，而非工具—結果）這種二元化的方法概念假定了一種

關於知識的理論，這一理論需要有知識的客體對象，以及有獲得關於這一對象的知識的工具（方法）。

　　對於維果茨基來說，馬克思認為方法不是一種拿來應用於什麼的東西——它是已經實踐了的東西。它既不是達到目的的手段，也不是獲取結果的工具。不存在所謂的知識客體，也沒有與正在實踐的方法活動相分離的知識；結果（產品，對象）與工具（生產過程）密不可分（這無法定義，也不能命名，也許還不可了知）。它們一體成形，進入實在，形成辯證的整體關係（正如維根斯坦的語言遊戲，玩法的規則在遊戲開始的同時就已經存在了）。在維果茨基的時代和我們的時代，占主要地位的科學範式並非是一元論的、辯證的工具—結果論，而是範式化的，旨在目的的功能性工具的方法論（關於兩者之間區別的進一步討論見Newman & Holzman, 1993）。

　　維果茨基對占主導地位的二元化、工具化、簡單化的科學範式在方法論上的突破一直不幸（但是無意識地）被當代維果茨基學派的大多數學者們忽視，他們的研究更多地被看作是調解理論，而非活動理論，關注的焦點在已有（對結果而言的）工具的挪用上。實際上，二元論和對工具——結果這類方法論的成見如此深藏不露，就連維果茨基本人——儘管他有意識地想要顛覆它——也有時會忽略它！但是若忽略維果茨基的方法就是否定他的革命性，我們認為這樣子的觀點完全漠視了維果茨基作為一名實踐—批判的心理學家（一個反心理學家）的事實。

　　維果茨基最好的論著是有關幼兒的話語以及它與思維發展關係的討論，他那大量深刻而尖銳的分析包含在他對皮亞傑關於童年自我中

心話語和觀點的批評中。當然，令人毫不驚訝的是，他也同樣針對皮亞傑的方法論提出了批評。正如我們在大多數發展心理學的教科書裡看到的那樣，不少學者慣常將維果茨基放在與皮亞傑對立的立場上。不過，也有學者試圖調和這兩種觀點，展現這兩種觀點的可兼容性（Bearison, 1991）。這兩種方式在我們看來，在方法論上都是有誤導性的。

　　維果茨基亦步亦趨朝向他的目標，致力為一門新的心理學尋找方法論，也是在這個前提下他如此描述他對皮亞傑著作的解讀：

　　要研究皮亞傑的學說，我們需要嘗試對其理論和方法論系統進行批判。在這樣的工作框架下，實證的資料對我們來說充其量也就是理論產生的基礎，或是方法論的具體化而已。（Vygotsky, 1987, pp. 55-56）

　　那麼他是怎麼描述皮亞傑方法論的特性的呢？他描述皮亞傑的方法是非歷史性的，非文化性的，抽象的，形而上學的方法論，甚至也可以說這樣的研究追求普同性、理想化的「永恆之子」。維果茨基說：「不過，心理學的任務不是發現永恆之子，而是發現歷史之子。」（Vygotsky, 1987, p. 91）

　　7或8歲之前，皮亞傑的永恆之子都是自我中心的（正從自我中心向理性和社會性轉變）。他或她的語言是非社會性的，「朝向自己的」，而非交流性質，因此他們的實際上沒有任何功能，而只僅僅是一種自我為中心的思維的反映。他們最早的思維是私人的、個體化的、孤僻的，這表達了與「外在現實」相對立（同時也是二元分化，且先於它發展）的「內在需要」。在維果茨基看來兒童是歷史性的，

牙牙學語就是一種社會歷史活動。當兒童學習說話時，他們的發展，他們自身就是歷史了。兒童的語言自始至終是社會性的，自我中心的語言也不過是社會性語言的一種形式，它「透過一種協作的社會形式的運動進入個體心理功能的領域」（Vygotsky, 1987, p. 74）。兒童最早的思考是智性的，同時也是情感性的——在他們那裡，「內在需求」和「外在現實」本來就交纏不可分。由此再推論，自我中心的思維並不先於現實的思維——前者的發展實際上依賴於後者的發展。

　　維果茨基揭示了隱藏在皮亞傑論述中的佛洛伊德式（形而上學）的框架，後者假定兒童最先為滿足於內在需求驅動，只是隨後才被迫適應客觀現實。這種對兒童世界的切分體現精神分析預設的個體（私人）和社會的二元對立。本質上來說，皮亞傑探取了「與快樂原則的概念相聯繫的形而上學。這個原則原本是輔助性或生物性的從屬原則，現在變成了一種獨立的重要力量，成為思維發展整個過程的主要原動力」（Vygotsky, 1987, p. 77）。

　　在我們之前的著作（Newman & Holzman, 1993）中，我們這樣延續了維果茨基的批判：

　　於是，皮亞傑就被邏輯上的必然推論逼迫著發展出另一種抽象——純粹的思想。既然需求和滿足與適應現實的過程毫不相干，那麼他必須處理一個空洞無物的現實思維，一個完全無關兒童需求和慾望的思維。維果茨基則不同，他緊緊抓住馬克思的歷史一元論，以及兒童的歷史性，認為需求和適應必須被當作一體兩面來看。「在兒童身上並不存在任何為了追求純粹真理而存在的思維形式，也不存在離開地球，脫離需求、願望和興趣的思維形式。」（Vygotsky, 1987,

p. 77）（Newman & Holzman, 1993, p. 124）

　　維果茨基的分析大大削弱皮亞傑的理論的正當性，因爲孩子的思維和言語都不是皮亞傑認爲的自我中心，也不是非社會性的。餘下（解構／重建）的任務是要切斷言語和思維之間預設的聯繫，因爲（從後來的大多數學者對比皮亞傑和維果茨基有關言語和思維的觀點來看）皮亞傑認爲思維反映在言語之中。然而，維果茨基（像維根斯坦一樣）拒絕個人與社會的二分，以及爲了這二分而不得不生產出來的語言和思維的因果／線性關係（例如：一個人還可以怎樣發展呢？「內在」必須透過外在表現出來，不是嗎？「外在」之物——文化，規則，價值觀等等——都必須「內化」，不是嗎？）對於維果茨基來說，言語和思維並不是兩種分開的過程，反而我們透過字義可看到語言和思維的一體兩面性：

　　語言的結構並非是思維結構的簡單鏡像。因此，它不能像是放在衣架上的服飾般疊架在思維之上。語言不僅僅是發展了的思維的表現。在轉化成言語的同時，思維也被重構了。它並非是在語言中得以表達，而是在語言中得以完成。（Vygotsky, 1987, p. 251）

　　語言完成思維（「思想在語言中完成」）這一觀點當然遠遠超越了維果茨基與皮亞傑辯論的內容。主流的西方哲學—語言學—心理學範式（維根斯坦如此評論：「將思想高度複雜化過程混亂背景」）建立在語言表達思想的假設基礎之上，而這個範式是如此根深蒂固，即使是抱持著「是人類而不是語言創造了意義」這樣觀點的形形色色的社會和建構主義者也鮮少認識到它背後的這一假設。維果茨基並沒有顛倒這一「關係」的次序，他拒斥對語言和思想的二分和僵化觀點，

由此斷絕了「重新聯結」他們的必要性：也就是說，他拒斥用本質、命名、名稱、表徵之類將語言過度概念化的做法，在他看來，語言完成思維（語言／思維的整體）就是將語言看成是社會性、文化性的關係活動。

維根斯坦後期的工作支持了維果茨基的觀點。它在實踐上挑戰了語言是思想的表達這一主流範式，也挑戰了這一範式中包含和／或暗含的（思想和語言的）二元論、對應性和一致論。他批判了將思維和語言視爲因果聯繫以及那種認爲兩者之間具有生理—心理對應性的觀點，認爲它們實在形而上學得有些荒謬。他問道：「爲什麼不管是什麼東西，都必須以某種形式給儲存起來？」他的語言遊戲——一種展示語言活動和生活形式的方式——認爲語言是思維的完成。這是維根斯坦助力將維果茨基的發展的（反）心理學形成爲非闡釋性的臨床實踐／文化—展演路徑的一種方式。

維果茨基想要創建一種可以完成以下兩個任務的科學：一是闡明人類／人類文明的歷史發展（「什麼樣的新形式活動能使勞動成爲聯結人與自然的基本方式，這些活動形式帶來的心理上的後果又是什麼？」（Vygotsky, 1978, p. 19）），二是解決新的社會主義國家帶來的各種挑戰。正是這一雄心壯志將他一生的關注點放在學習／教導和發展的關係之上。維果茨基和他的同事的實際工作集中於教育和再反思、文盲問題，以及新的國家內部數百上千不同民族間的文化差異，還有那些上百萬在這個國家四處遊蕩，被拋棄而無家可歸的孩子們的問題，以及對那些不能參與到這個新社會成形過程中的人們的照料的缺乏。維果茨基靠著（非工具主義的）工具—結果方法論，做出

了許多關於兒童發展和學習的發現，這為發展的、文化－展演的心理學奠定了（反心理學的）基礎。有趣的是，以此對照維根斯坦的探究路徑，我們會發現他們都揭示了人類生活行動的工具－結果和關係性的特點。

當維果茨基回顧他所處時代的教育理論和教育實踐時，他發現這些都是不足的。他拒絕了學習和發展關係的主流觀點：即分離主義的觀點、同一論和不確實的交互影響論（Newman & Holzman, 1993; Vygotsky, 1987）。對於他來說，學習和發展既不是單一的過程也不是彼此分離的過程，他確認此二者是一體的，並斷言說學習引領發展。他批判創造了發展水平這一抽象概念，並將教與學建基其上的教育學實踐（70年後仍在發揮著效用），他說「若教導只是利用了發展過程中已經成熟的部分，而它自身卻不是發展的源泉，那麼教導就是完全不必要的」（1987, p. 122）。辯證一體的學習－引導－發展的發見消滅了學習和發展二分的偏見分歧，也去除了（一般化和抽象化的）「純粹發展」的完美理想，而一個人能學習多少和能學習什麼正是以這一完美理想為基礎的。

若沒有最近發展區（ZPD）這一不同凡響的發見，學習－引導－發展的革命性就尚不完備（從維果茨基認為的完備來看）。人類的心靈、發展、學習，以及諸如思考、語言、記憶、問題解決等其他心理過程透過參與並內化社會－文化－歷史活動形式而被創造或生產出來：

兒童文化發展的每一種心理功能會先後以兩種面貌發生：第一是在社會層面，第二是個體層面；首先和人之間（人際心理）發生的，

然後在兒童內部（內部心理）發生。這個現象廣泛發生在所有自主注意、邏輯記憶和概念形成中。所有更高層次的心理功能都根源於人與人之間確實的關係。（Vygotsky, 1978, p. 57）

　　最近發展區是在個體能「與他人」做什麼與個體能「靠自己」做什麼之間的差距。維果茨基既不是第一個也不是最後一個發現兒童（和成人）可以透過與他人的合作「做到更多」的學者，但他第一個明確了協力共作是在社會—文化—歷史的過程中發生。學習—引導—發展這一社會活動既創造了最近發展區，也發生在最近發展區。在我們看來，最近發展區並非是一個傳統的心理單元，它不能直接套用在既存的反發展範式中，也不能拿來替換掉其他心理單元。當然這可以被做到，並已經透過它做到了。但是，我們認為這樣做並不利於維果茨基的整體計畫，會忽視了最近發展區本身蘊藏的巨大創造力。對我們來說，最近發展區是新的關係知識論的核心元素，它不植根於超定和個體化的唯心主義、二元論和功能主義的知識論述，擯棄了個體和社會、內部和外部之間的哲學分歧。最近發展區認為人並不是「慢慢認識世界」，也不是「恪守世界規律」或「構造世界」，因為這些話語都隱含著人與世界分離的論述（它帶來的結果是為了要理解「在這個世界中」個體是如何發展的，我們就不得不採用抽象的解釋方式）。

　　在我們探索維果茨基的方法論和發現時，我們將最近發展區描述為我們所有人生活在其中的生命空間——它與創造它的我們密不可分。正是在社會—歷史—文化生產出來的環境中，人類組織和重構他們彼此的關係、他們和自然的關係，這也是社會生活的要素。這樣的

生活空間當然是人生活其中，被限定且可被觀察的環境，但同時也是人們可以再從中轉化環境的地方（創造新的東西），它是人類（革命性）活動的「場所」。如此一來，最近發展區便同時也是革命活動創造出來的空間，以及促發革命活動之所了（Newman & Holzman, 1993）。

遊戲是兒童期的主要活動，維果茨基對此非常感興趣；他審視了遊戲在兒童發展歷程中的演變和角色。在他看來，遊戲不是閒散或瑣碎，而是發展中的引導因素，它創造了最近發展區——「兒童最偉大的成就可能就在遊戲中」（1978, p. 100）。當然，無論兒童玩不玩遊戲，產生（學習—引導—發展）革命性活動的最近發展區都會存在，而兩者的區別在於：在不玩遊戲時，行動主導著意義；在玩遊戲時，意義主導著行動。遊戲的特別之處在於創造了一種想像的場景，它將兒童從現有情境的約束中解放了出來。在對遊戲的發展過程（以及它在整個兒童發展中所起的作用）的分析中，維果茨基展現了從由想像場景主導的早期（自由）遊戲過渡到規則主導的競爭性遊戲（Vygotsky, 1978）。

即使最早期的遊戲（自由遊戲）在它們的創造中也包含了規則：「無論何時遊戲都帶有想像的成分，遊戲也有規則，但它不是事先擬定，也不是在競技的過程中發展出來的，而是從想像的場景中來的」（Vygotsky, 1978, p. 95）。這種規則——從想像場景的真實創造中進入現實，不為人知且並未命名（維果斯基稱這些規則為隱密的）——只有將其與它們的生產活動關聯起來時才能被理解。競爭性遊戲的規則（在遊戲之後的發展中出現）更像是我們通常想到的

指南、說明、達到目的的手段諸如此類的規則，也就是遊戲規則（維
果茨基將這些規則稱爲公開的）。之前我們在描述方法論時提到的
「爲了」與「和」的區分（「爲了結果的工具」與「工具－和－結
果」），對於理解維果茨基關於遊戲和發展的發現非常有幫助。我們
提出規則之於想像就如工具之於現實；既有「爲了結果的規則」，也
有「規則－和－結果」。

　　我們區別二者發展的目的在於，「早期的遊戲以規則－和－結果
爲特點，想像中創造的結果預示展演的方式，同時展演也影響著想
像創造的結果。只是在隨後，從結果－和－規則轉變到爲了結果的規
則，規則成了遊戲中如何做的指示原則，指導人們朝向目標結果。
規則和結果的關係脫節，規則取決於遊戲的表現模式（Newman &
Holzman, 1993, p. 101）。進一步推論，維果茨基界定眞實生活中行
動主導意義是創造工具－和－結果的革命性活動，而在想像範圍界定
爲意義主導行動的是創造規則－和－結果的革命性活動（Newman &
Holzman, 1993）。

　　維果茨基的整個工作中不斷交織著學習和發展的關係，而發展伴
隨著語言和思想的關係。言說的行動和語言（掃除思想迷霧）是由人
類創造的心理工具－和－結果，使人們的學習和發展成爲可能。維果
茨基的方法和他關於早期兒童發展的觀察發現告訴我們，人類並非僅
僅是工具使用者／語言使用者，他們還是工具製造者／語言建造者。
兒童透過參與製造意義的創造性活動學會說話，學會使用語言（從他
們的生活空間中擷取元素，將它們重新進行組織，產生新的東西）。
對維果茨基的解讀告訴我們，意義的製造引導著語言的建造（也引導

著語言的使用）。在童年早期，語言**行動**主導兒童生活。兒童用語言來遊戲，使用現成的語言工具創造一些並非現成的東西，打亂原有的音調、句法和意義——這些是發生在嬰兒和兒童早期的最近發展區的聯合行動（Newman & Holzman, 1993）。多數心理學家忽視了維果茨基工作的這個部分，沒有搞清楚行動和使用之間存在的重要區別，甚至將意義與語言使用等同起來（例如，Burner, 1983, 1985; Wertsch, 1991）。

兒童是很了不起的意義創造者，他們不知道語言是什麼，不受其制約（或者甚至知道也不受限制），他們不把那些用來判斷一個人是不是社會性地正確使用語言的規則放在眼裡，他們不會透過支配語言中的文化性和商品化的需要來「表達自己」或他人無異。學步的孩子不會說：「給我一本字典和一本語法書，再過幾年我就能掌握語言了。」他們不會這樣說的。他們說話——牙牙學語，使用字詞，製造意義——是他們參與社會生活的過程中不可分割的部分。在還不知道參與的規則之前，他們就已經參與到了社會進程（關係活動）中來。他們「超越現有的階段」，表現得「比現在更年長一些」（Vygotsky, 1978; 1987）；他們「表現出日後的自己」，參與一系列「超越自身」的活動（Newman & Holzman, 1993）。

對於兒童來說，（維根斯坦意義的）遊戲實際上是生活中的全天候活動。但在我們看來，當缺少玩耍的成分時，即使是好的遊戲也不會帶來語言（或其他別的什麼）的發生或發展。當然，對於玩耍來說也是這樣的。人類的玩耍因為和遊戲相關變得不再無關緊要了。維果茨基的玩耍和維根斯坦的語言遊戲彼此互補，我們認為，完全可以透

過進一步結合二者，構建新的發展實踐／文化－展演途徑來了解人類
生活。

　　只有透過玩遊戲兒童才學會了規則。在這一意義上，兒童是比
成人好很多的學習者，他們學得更多，也學得更好。他們的學習是
真正維果茨基式的學習──「唯一的『好的學習』是先於發展的」
（Vygotsky, 1978, p. 89）。作為成人，我們已經熟稔正經八百的語
言（和事實），完全被「外在」的語言規則所控制，已經忘記了要如
何參與──或擁有為數不多的難得的環境支持來──製造意義、牙牙
學語、進行新的語言遊戲和展演。我們越是知道什麼是進行語言遊戲
（有意思的是，我們一點也不知道它們是遊戲）的正確方式，我們以
孩子的方式進行玩耍的能力就越差，也就是關係活動上的表現就越
差。我們越善於使用語言，語言行動就離我們越遠。我們越是從社會
的視角了解語言，它就越是會帶來更多的混亂（形而上學）。

　　對於我們的思考方式來說，第一個語言遊戲是「在最近發展區
（共同）製造意義」。以不斷變化的方式玩耍的（最近發展區的）共
同活動到底讓社會性地正確使用語言成為了可能。指涉（外指）語言
發展較晚，它消滅了語言和其所指之間由來已久的分歧產生的「邏輯
需求」。正是意義製造這一革命性的活動使語言製造和語言使用成為
可能。

▌文化卻非認知取徑

　　和維果茨基一樣，維根斯坦在他晚期的著作中點出了西方哲學和

科學那形而上學的前設和假定，而且，他更加堅持反基要主義和反功能主義的立場，更直截了當地將形而上學視同為一種疾病。

當維根斯坦一面揭示我們如何過度被各種形而上學假設決定時，他一面指向了探究語言作為活動的過程中充滿的那些障礙。其中一個障礙是「我們渴望普遍性，……這是一部分與特定的哲學困惑聯繫在一起的傾向帶來的結果」（Wittgenstein, 1965, BBB, p. 17），這個障礙將哲學家們引入了形而上學的圈套。維根斯坦描述了四種這樣的傾向：（1）在我們通常歸為一類泛稱的實體中尋找共性的傾向；（2）認為要了解一個概念需要清楚總體情況（與特別個例的情況相對）的傾向；（3）混同了兩種「心理狀態」——自覺的意識狀態和假設的心理機制的意義／使用的傾向；（4）專注於科學的方法的傾向（Wittgenstein, 1965, BBB, pp. 17-18）。前三種傾向反映了若干世紀從上、從外、從特異處或超凡處尋求本質（形而上的）的哲學探索；第四種傾向代表了影響自內或自下探尋本質的現代科學哲學的東西——也就是還原論。

維根斯坦說，哲學家一方面因為受到我們的日常表達方式和過分簡化的語言結構概念影響而被語言所迷惑，另一方面又被科學方法所誘惑，因為它將對自然現象的解釋簡化到了盡可能最少的原初自然規律。對於維根斯坦來說，後者才是「形而上學的真正來源」（Wittgenstein, 1965, BBB, p. 18）。

回想我們先前關於與西方物理學和社會科學以及所謂的常識相關解釋的實證主義範式的討論，可以看到，（諸如1965年亨佩爾（Hempel）提出的）演繹—規則模型將普遍性或普遍規律作為首要

前提，將對事物的經驗上的可驗證狀況的描述（最好盡可能簡化到接近永恆經歷）作爲第二個前提。對於事物的解釋從邏輯（無論是演繹的邏輯還是歸納的邏輯）上講最終皆來源於這兩個前提。對於維根斯坦，治癒哲學當然必須擯棄這種解釋的邏輯實證主義範式：「我想說我們的工作從來都不是將某事簡化到某事，或解釋某事。哲學眞的是『純然描述性的』」（Wittgenstein, 1965, BBB, p. 18）。

而了解維根斯坦說的描述性是什麼意思，最好方法就是聯繫關於解釋的傳統實證主義／演繹模式來看。他嘗試用一另路概念取代正統（抽象的）科學概念的解釋，取代僞科學和形而上學對生命活動的解釋，這些解釋完全與生命活動（它們並不被視爲生命活動）脫節。他力圖尋求一種（非闡釋、非演繹的）方式來表達「指涉」，使社會進程更能爲人所理解（理解也是一種活動，不是一種抽象的解釋或闡釋）。

新維根斯坦主義挑戰解釋的傳統實證主義／演繹模式，與維根斯坦有關的哲學家一般泛稱日常語言學派，在維根斯坦1951年去世後20年內他們的發展十分鼎盛。這些社會科學和歷史哲學家（其中有Dray, 1957; Scriven, 1959; Winch, 1958）認爲，要領會解釋，不能透過其鋪展的結構，只能透過對解釋語言如何被使用的研究來達到。他們透過維根斯坦對描述的觀察，試圖展示各種方法，使得在適合的文本中描述可以是解釋性的。他們對解釋的探究透過揭示解釋性語言可以被使用的細微方法，對邏輯實證論進行了堪稱典型的批判，由此「證明」即使沒有滿足結構化模型的抽象標準，事物也能獲得解釋性。

　　這個過程——使某些語用／意義相等，然後聚焦在語言學或普通語言的分析上——使後維根斯坦主義的哲學家的作品頗具特色（如Austin, 1962; Searle, 1969; Strawson, 1964）。這也許有助於終結邏輯實證主義。讓我們對語言的精妙有了更深刻的理解，並毫無疑問帶來了語言研究隨後的變革。不過它也仍然爲模糊使用和活動的關鍵區別起到了作用，而這一點在我們看來是理解維根斯坦和維果茨基的根本之處。

　　當代美國維果茨基主義者沃茨爾（Wertsch）對維根斯坦的工具意象的有關論述，可以幫助我們理解使用和活動（以及維果茨基的工具化）二者間的模糊差異。沃茨爾（Wertsch, 1991）引用了維根斯坦關於語詞的最廣爲人知的論述中的一段：

　　想想工具箱裡的各色工具：有錘子、鉗子、鋸子、螺絲刀、尺子、膠鍋、釘子和螺絲——單詞的作用就如這些物件的作用這般多樣（兩種情況下多樣性之中都有相似性）。

　　當然，迷惑我們的是當我們聽到它們，或在手稿和印刷品上見到它們時，它們呈現出的一致性。因爲它們的應用並沒有如此清晰地呈現給我們。（Wittegenstein, 1953, p. 6；引自Wertsch, 1991, p. 105）

　　沃茨爾對這段話做了這樣的理解：「在《哲學研究》中，維根斯坦提到了將一種語言遊戲和其他的語言遊戲區分開來的困難，以及語言遊戲如何能夠被概念化，一如我們把工具箱看做一整體來整理工具」（1991, p. 105）

　　但是工具箱裡被組織的（如維根斯坦所說，能夠被認爲是組織起

來的）不是語詞，也不是像沃茨爾所說的語言遊戲？工具箱裡的工具
（想到它們）幫助我們了解到社會中語言的使用狀況。但是，語言遊
戲卻讓我們看到了語言的活動，而不是它的社會使用。我們認爲維根
斯坦、維果茨基和馬克思以不同的方式、在不同程度上理解活動／使
用，以及活動指導使用的辯證法（我們猜這三個人中維根斯坦最不樂
意用「辯證」這個詞）。

　　工具箱裡找不到語言遊戲（類比的或別的什麼方式），就像我們
在異化社會裡不能在行動的產物裡找到行動一樣（類比的或用其他別
的方式來看）。語言活動和其他生活形式只有在歷史/社會矛盾體裡
才能夠被發現，而不是在工具箱裡。意義來源於語言製造的社會活動
（語言遊戲），即使當它在社會中以有意義的方式表達或使用（從工
具箱中拿出來）也是如此。使用和活動的合併帶來了像沃茨爾所說的
「語言遊戲……被組織在一個工具箱裡」這種奇特的構想。

▌關於心理詞彙的不同觀點

　　弄清楚使用－活動的區別有利於創造並說明植根於非哲學的認識
論的一種新的文化療法（一種非科學的心理學－方法的實踐）。

　　在此對之前我們已透過區分和比較「有關心理詞彙的兩種觀
點」—— 意象的和實用的（Gergen, 1994）而討論過的那些東西（在
本書第六章對意義的兩種理論的討論中大致提到過）做個總結並將
它們「臨床化」。我們認爲，（從一般語言和特殊的心理語言來說）
意象的觀點占據了我們文化的主流位置，它將心理詞彙從根本上視爲

指涉性的。它主要的功能是用普通的情緒、態度、認知的術語，生理學、現象學的術語，以及心靈的術語、行為學的術語（有人相信離散和可辨識的精神生活就是與它們有關的那些行為）對心理狀態進行精確（真實無虞）的描述。從意象的觀點來看，這些描述與我們內在（以及偶爾外在）「現實」的客觀狀態是一致的。

治療中這種描述的表達通常是透過第一人稱（臨床個案）來努力表達或交流一種心理狀態，也有可能是透過第二人稱或第三人稱，將這種狀態歸於第一人稱的個體（他們被稱為病人、諮客或團體成員等，不一而足）。因此，通常治療師會鼓勵案主說出「發生了什麼事情」。也就是說，治療師會要求個案或病人盡可能在他／她擁有的特殊但卻並非全知全能的觀察關係中，詳細、誠實、深入地描述自己的「內在現實」。治療師通常很擅長鼓勵個案這麼做，更重要的是，他們被認為有資格對個案的心理狀態給予不同的描述，而這些描述又挑戰了個案以第一人稱所做描述的真實性、意義、連貫性、清晰性及價值。

因此，對於我們來說，診斷似乎只是描述和再描述（下定義）這一過程中的一個因素。雖說診斷結論有可能會也可能不會直接告知病人（在更自由的治療情境下尤其如此，儘管在大部分自由激進的治療情境中它會被「正式」放棄，或重新標籤為「故事」），但它至少表達了治療師並非論斷的二次描述。實際上，正如我們和其他學者所指出的（比如，Deleuze & Guattari, 1977; Gergen, 1994），當治療師使用這種醫學或偽醫學的意象化語言來再次描述個案的狀況時，他們往往都會收到個案的正面反饋，因為這些描述將個案的主觀心理狀態

標準化了。「精神健康專業使用的詞彙本來就是爲了要讓個案接受自己那陌生的心理狀態，讓他／她不再害怕自己的感受和經驗，而不是將其視爲「魔鬼的作爲」或「令人恐懼的陌生事物」。舉例來說，這些不正常的活動都會被貼上標準化的標籤，以表明它們實際上是自然地，完全在預料之中的，科學上很常見的東西。」（Gergen, 1994, p. 148）前文所說的談話治療（很大意義上也概括描述了日常生活中的心理談話的特點）顯然因爲其關注點的狹隘而被簡化了。但是，就目前而言，它並非是不準確的。

近年來托馬斯·薩斯（Thomas Szasz）及其他一些多少受他影響的學者已對意象化的心理詞彙，以及／或一些或所有診斷中心理描述的有效性進行了嚴屬的批判。當然，心理／情緒語言的觀點仍然主導著臨床實踐。格根（Gergen, 1994）認爲，我們需要關注的數據是執業的心理專業工作者的數量以指數成倍增長，有關的診斷性描述也大幅增加（見《精神疾病診斷準則手冊》（第四版）DSM-IV）。目前我們越來越多的治療師使用更科學的和假冒科學的醫療化或半醫療化的，以意象化爲基礎的語言來對越來越多的病人進行描述，這種情況在歷史上未曾有過。心理的診斷性描述滲透到了更廣闊的文化中，在我們看來，這會帶來災難性的後果。

在過去的半個世紀，意象化的精神語言意已經成爲許多研究哲學心理學的哲學家們治力批判的對象。大多數批評都與維根斯坦有關，尤其是與《哲學研究》有關。心理學家（和其他相關實踐領域的學者）努力在維根斯坦晚期的作品中挖掘，探求在將「心理哲學」作爲研究的一門學科，如何以非意象化的途徑，解決心理學所關注的

問題以及其中的悖論（例如，Chapman & Dixon, 1987; Gergen, 1994; Hyman, 1991; Jost, 1995; Morss, 1922; Shotter, 1991, 1993a & b, 1995; & Stenner, 1993）。正如範·德·莫維和沃斯特曼（Van der Merwe & Voestermans, 1995）所說，「目前人們對於維根斯坦的興趣復甦與行為科學的哲學和方法論越來越受關注有關，它們的概念框架、模型和隱喻影響了我們對所體歷的這個世界的思考」（Van der Merwe & Voestermans, 1995, p. 27）。維根斯坦對於心理學各個領域的影響正跳躍式地增長。

於是，對於我們來說，維根斯坦是如何（以及實際上是否）被理解的問題就非常重要了。包含範·德·莫維和沃斯特曼在內的一些學者認為他被嚴重誤讀了，因為他們認為，維根斯坦傳達給心理學家的訊息」，是「在這個世界的事物和事件中徜徉，而並不是要描繪這個世界的基本特徵。」（Van der Merwe & Voestermans, 1995, p. 38）他們認為心理學家們還沒有清楚地獲得維根斯坦想要傳遞給他們的那個訊息：

維根斯坦提供了一個逃離基本任務的機會，這個基本任務不僅是哲學所有的，也是那些致力於理解的學科包括心理學所說的理解在內的學科長期投入的主要任務。為此，他列出了兩條主要路線：一方面，他提出了語言遊戲的概念，這個概念「突顯出語言的言說是活動的一部分或生活的一種形式」（PI：§23）；另一方面，人們會說他仍然採用了淨化策略，也就是試圖透過哲學分析來澄清概念。然而透過後者，語言遊戲彷彿走入死胡同，沒有指向或者參與任何語言使用的活動或生活形……心理學家一般會採取第二條路線，而代價是要

真正面對什麼是「在這個世界的事物和事件中徜徉」的挑戰，也就是說，要認真對待生命中實實在在演出的各種角色。（Van der Merwe & Voestermans, 1995, p. 39）

　　在某種重要意義上這意味著我們得超越維根斯坦頻繁引用到的語言實證觀點。當然，語言在社會裡還是被作為工具來使用，而且受到他所著的書中的句子如「將單詞或句子看作是工具，它們的意義在於它們的使用」（PI：§421）的影響，維根斯坦常被劃分為實用主義者或工具主義者，但他本人對分類又非常不以為然。也許讓情況更糟糕的是他經常被引用的那一句「就很多情況來說──儘管不是對於所有的情況──當我們使用『意義』這個詞時，它就可以被定義為：單詞的意義即它在語言中的用途」（PI：§43）。更甚者，他還經常被其他哲學家認為是實用主義者。但是，這樣將他認為是實用主義者的看法可能（也確實會）模糊了他的「生命主義的形式」這一概念。當他以各種方式使用語言遊戲的觀念和語言時，我們相信，他理解的中心是這樣煽動性的構想：「『語言遊戲』這個術語是想提醒一件重要的事實，那就是語言的言說應該是一個活動的一部分，或者是生活的一種形式」（PI：§23），以及「只有在思想流和生命中，字詞才有意義」（Z：§173）。

　　我們認為，對字詞和語言遊戲的過分等同肇因於對語言遊戲是什麼的更深層且通常的困惑。由於維根斯坦本人的反本質主義和反定義主義，我們對他的著作中從未詳細定義過語言遊戲是什麼毫不意外。不同的語言遊戲，就像任何其他東西，簡單地看，它們彼此間具有一種「家族相似性」。但是許多（對分析性的形而上的心理學獨有興趣

的）心理學家將意義──使用這一等式視為理解語言遊戲這一概念的實用主義框架，以此為參照，試圖將語言遊戲的概念作為哲學／心理學工具，用來分析心理詞彙。這當然是維根斯坦本人使用語言遊戲這一概念時用到的其中一種方法。

不過，我們與貝克（Baker, 1992）一樣，認為意義─使用的等式不能與理解等同。實際上，沒有任何等式（認同）或任何分析會進行與生命形式和意義理論相關聯的「圍繞事物和事件」的活動。因此，我們認為，僅僅將語言遊戲視為分析的一種實用主義的工具是一個嚴重的誤會。理解並不在於「描繪世界的本質特點」（正如維根斯坦早期的《邏輯哲學論》所提到的），也不在於它需要說明概念和語言在社會中的用處。準確地說，它是一種社會活動，一種展演，一種「在世上的事物和事件之中的」徜徉。若我們要理解和改變意義，我們必須要有歷史的參與，也就是要有革命性的、實踐─批判的參與。我們必須透過我們的行動──在事物中游走，改變自己的位置──來改變（事物整體性的）「面向」，而不是透過哲學的或心理分析的方法。因為正如範·德·莫維和沃斯特曼所說：「語言和命名並非憑空出現。它們都起源於生活形式，並以身體和情感結構化的形式實在地歸屬於它。」（Van der Merwe & Voestermans, 1995, p. 42）

實際上，在我們看來，維根斯坦的「生命形式」和「思想形式」（以及在他關於它們不得不說的那些東西之外的）對於創立一種全新的、一般意義上的非科學心理學和一種全新的、特別的臨床實踐／文化──展演途徑至關重要。從語用的角度理解心理語言詞彙，與對其進行圖式化的理解正相反，它可能具有從批判的解構主義和社會建構

主義觀點出發的實在價值，我們認爲它是「生命主義的形式」，它能
眞正幫助我們創建一門新的社會心理學（Jost, 1995），一門新的發
展現象學（Van der Merwe & Voestermans, 1995）和一個新的臨床實
踐領域（Gergen & Kaye, 1993; Newman & Holzman, 1993）。

　　在過去20年的社會治療團體的發展實踐中，我們想要將維根斯
坦那具有治療性的、實踐一批判（非系統的）的生活形式以及行動理
論式的理解落到實處。這裡面有些什麼東西呢？首先必須要說的是，
爲了實踐，我們要將意象化和語用的「思維詞彙的形而上視角」通通
拋棄。雖然語用視角肯定更接近生活，也更接近維根斯坦的意思，但
顯然它是不充分的。爲什麼呢？因爲如意象化視角在本質上是認同一
理論的，與所謂的眞實有關一樣，語用的視角同樣與特定的社會用途
有關。意象化的描述會命名現實空間一時間（現實），而語用的描述
則會命名特定的社會用途（工具式的），如此一來，關係活動的重要
性就變得模糊不清了：「語言的言說是一種活動或生活形式的一部
分。」

　　社會治療取徑的基礎是關係活動，而不是意象化和實用主義理
論。因爲只有在我們活生生的生命活動中，字詞才有意義。改變生活
的形式意味著改變字詞和話語的意義。但我們在「心裡」還是掛念著
（或用現象學的語言，是「身體」掛念著）行動一理論取徑所忽略的
迫切需要解決的「一些事情」：有關實踐／理論關注又該怎麼樣表
達，它的內容包括些什麼呢？讓我們回想一下維果茨基（Vygotsky,
1987）在談到思想／思考和語言／言語之間「關係」時這樣說道：
「思想不是表達出來的，而是在字詞中完成的。」

　　因此我們認為，它帶著整個「心理狀態」或行動，而不僅僅是思想或思考。在我們看來，維果茨基的觀點是對於「表達」這個概念最出色的批評，它一擊即中，是每一個和任何一種以二元論、同一性為基礎的心理理論、心理詞彙和／或心理行動的姊妹篇。關係活動的展開需要我們在本體論上將對心理的東西與外在於心理的東西（一種笛卡爾式的身／心，人類／自然的二元論）的關注完全地轉移到自我—他人的關係中來。對我們來說，似乎只有這種行動—理論本體論能夠進一步融合生活和歷史的其他部分，以創造一種生活的形式。在這樣的生活形式下，意義得以存在，意義的轉換也得以發生。簡單來說，維果茨基—維根斯坦關於心理語言和意義的這一行動—理論的、關係性的、激進的一元論觀點非常不同於同一性—理論的、二元論的笛卡爾觀點。

▍展演診斷

　　我們現在可能更加能夠從一種新的觀點著手處理臨床工作中分類和診斷的問題。更重要的是，我們希望有關社會治療如何進行診斷的更詳細討論可以使我們「抽象」的理論構想變得更加真確。

　　也許因為我們太容易跟隨著薩斯（Szasz, 1961），被他對診斷性描述（心理學自由主義的一種形式）沒完沒了的（以幽默瑣碎的方式）批判說服，而對生活中的各類診斷形式缺乏足夠的關注。儘管在過去的二十年薩斯為我們的思想提供了大量的東西，但實際上他也蒙蔽了我們。當他將我們的注意力過多地集中在對心理疾病的錯誤認識

上時，他已將我們的目光從心理學的神話／把戲上轉移開了。也許我們的自我已經「足夠飽和」（Gergen, 1991），因此心理疾病是真實痛苦的。但是心理學被它的同一性－理論性、反關係的偽科學範式扭曲變形，已經成為異化的種種形式的天堂（說客），而這些異化的形式顯而易見是非發展性的。其中一種由來已久，治療性的異化形式就是診斷的臨床心理學的分類模式。

如前所述，社會治療的過程是在此世之事與此世之物共同徜徉。特別要注意的是，這裡說的此世之事與物是情緒性的：「憂鬱」、「焦慮」、「痛苦的三天」、「我對你很生氣」等等。我們怎樣在其中徜徉呢？當然不是透過分析來尋找它們的本質的方法，肯定也不是靠決定它們包含的各種判斷有多少真理價值來實現，甚至也不是認知取向地揭示這種語言的複雜社會使用來達到，而是透過改變關係生活的形式來進行。一言以蔽之，我們希望在群體之中共同創造性地展演（不是扮演）我們的生活，而不是活在（我們的）社會那些既存的異化形式的以身分認同為基礎的假設前提下。因為只有當我們創建起關係生活的新形式，我們才能理解既存的行動方式。只有當我們共同展演生活，我們才能將生活理解為展演。

在社會治療中，案主和治療師口中的（第一人稱，第二人稱，第三人稱）描述不管是在個體治療還是團體治療中，都不被看作是指涉性的。也就是說，它們關不關乎那些或真或假的判斷，而是我們同時共同創造和演出的一齣戲（更好的說法是一首詩）中的台詞。社會治療師作為表演者／導演為了使活動始終具有表演性，不斷提醒個案他們是在戲劇中而非「真實生活」中，而真實生活中他們的描述和／或

判斷要不是真的就是假的。

　　要創建一種這樣的環境並非易事。儘管正如維果茨基教導我們的那樣，模仿和集體表演在對我們早期的成長、發展和文化適應（比如我們如何習得語言）至關重要。當我們初入青春期時，大多數人都知道了除了在一些「特殊」場合，那些用來做一個不是我們自己，比自己要「高出一個頭」的人，做那些我們不知道如何去做的事情的那些表演技能、能力並不是合宜的。表演被貶低為「潛意識的顯露」（acting out），或是少數人非同一般的「戲劇表演」天賦的表現。在社會治療中，我們在兒時那稀鬆平常的表演能力被喚醒並被澆灌了。

　　在這樣一種全然徹底的表演環境中，組員尤其是治療師自然都不是全能的知者。不僅僅是因為他們不知道一些甚至大多數答案，更是因為本來就沒有什麼答案是要被人知道的。但是共同展演可以促使人成長並發展。我們可以知道它們是不是在發生嗎？不行。我們也不需要知道它是不是發生了。團體以他們無限多的形式進行語言遊戲，進行自己的關係生活。實際上，它進行治療，並由此不斷地重新創建心理學。在這種環境中，描述（或你要是願意的話，可以說是看起來像描述的東西）就像一齣戲劇或一首詩中的字行，最重要的是，它們從頭到尾不指涉任何事情。很多時候，詩歌的意義來源於它本身，而不是來自它所指的那些東西。如果在一齣戲劇中（也許是週日午場），表演者要是說：「這是陰沉枯燥的一天」，本劇的其他演員或觀眾大概不會因為室外此時正是華氏75度，晴空萬里無雲而與說這話的表演者吵了起來。

　　對這種在情感性的事與物中徜徉——改變關係生活的形式，創建一種表演性的環境——來說，診斷本身是無害的，甚至它們有時還非常有價值。儘管我們戲說了DSM-IV裡那些更爲荒謬的診斷性描述，但它們其實一點也不好笑。爲什麼我們這樣說呢？這是因爲在日常的意象化、同一性－理論性的治療中，這些描述（診斷）通常被用在汙名化上，以限制和懲罰那些被汙名化了的人。我們並沒有透過任何分析改變這種情況，而只是透過改變異化的診斷形式——也就是將不具指涉性和評斷性的診斷持續地開放給每一個人——來進行改變。我們可以在一起將診斷表演出來。這並不是說要使它正確地進行，也不是說要給每個人一個這樣去做的機會。而是聯合起來創建／表演一個關係發展的區域（我們可以詩意地在其中實施維果茨基的構想），我們可以在這裡共同創建新的生活形式、新的意義和新的生命。因爲，社會治療的任務是撥雲見日，讓心理迷霧消失不見，以此創造一個不再需要神經症的場所。

　　究竟爲什麼我們必須將下定義的過程視爲治療或諮詢的基本特徵呢？爲什麼我們必須加入已有的框架呢？問題不在於診斷，而在於「加入已有的框架」，也就是對異化進行診斷、對描述下定義、對話語鑑別分類，以及對治療和情緒性對話進行分析的諸多形式。如果「診斷」是個問題（沒錯，它就是），那麼讓大家在完全民主的表演化的環境中做出診斷也就使它不再是問題。因爲不是診斷本身，而是這種疏離的、唯我獨尊的、家長式的私密「眞理」才會造成傷害。那些在歷史上曾共同展演他們的情緒生活的人們中也有案主或病人，這些人的數量至少跟將異化社會中的他或她包含在內的那些權威主義的

偽醫學、偽科學的診斷性描述一樣多。

▌生活的形式和異化的形式

廣義地說，科學心理學是人類主體性——認知的和情緒的——商品化。總的來說，商品化是經濟上被高估的西方本體論在哲學上最終的具體化形式，就像異化（和移情）是為了解一個商品化的世界的萬事萬物所必需，而到底浮出了水面的認識論一樣。在無生命的個體化的主體的理解中（據他們所知），商品化的世界是一個無進程的個體化社會（客體對象）。

科學模型將其完美的抽象和高科技作為它實用性最強的成就，擁有這一模型的現代主義範式當然不會在資本主義壓倒一切的政治、經濟和意識形態掌控一切的局面下長久地保持其原始狀態（要是它曾有過這種原始狀態的話）。商品化甚至在資本主義完勝之前就已在發展，並在十九世紀時變得無所不能。科學心理學可能是偽科學和偽經濟學的病態合成物生產出來的最昂貴（對人類社會而言）和影響最廣泛的產品。（經濟學這一如心理學一樣的神話和把戲，同樣致力將人類的活動加以理性化或對它進行闡釋，而不是對它做出解釋，因此仍然很少能對它做出改變。如果它的主要所有者——國家——不能完全控制實驗室——也就是承載經濟運作的社會，那麼，我們相信經濟學將像心理學這樣，一點也不會獲得「科學性」的效度。）

認為心理狀態是潛藏（或者沒藏那麼深）在個體內部，因此（就像分子結構和變形蟲）需要透過各種研究方法來發現的科學論斷，就

其本身來看，如使用硬科學的標準衡量，它在方法論上是薄弱的。但是，在資本主義文化中，將主體性的生活商品化會帶來大量的現金價值。於是，正如我們在第二部分中詳細說的那樣，骯髒的交易已經完成了。它們帶來的這個結果——科學心理學帶著假模假樣的測量工具和法則，如同資本主義的「魔法」，在現代主義的巫醫邊上扮演著符咒和布道詞的現代角色。在臨床領域，真人的在場和真實的關係（相反，在心理學的研究中人們變成了「實驗被試」）使得商品化的心理科學（現代主義的魔法）變得更為窒礙難行。

臨床心理學如何處理這些阻礙呢？臨床的心理治療所主張的科學方法試圖透過從概念上將他們轉變成一個生理物理化學的儲存器，或是一個行為主體，以此來抹掉他們作為人的屬性。在這些本體的把戲還沒開始時，愚蠢且明顯不科學的如同DSM-IV中那樣的概括性描述早就被用來追求純粹的現金價值（它們像極了亨普爾（Hemple, 1965）那簡單得驚人的「歷史法則」的構想，它的作用正如我們之前提到的，除了拿來證明有這樣的法則存在這一先驗論斷外，我們根本想不到它還有什麼別的功用）。而壓倒一切，促成這些發生的最重要的東西是什麼呢？是它們必須看起來像科學。在晚期資本市場，商品化的知識已經實現了買賣自由，而「科學的」或「客觀的」被愚蠢地建構成那些能夠交易的知識所必須擁有的特徵。於是乎，當人們因為情感上的痛苦來尋求幫助時，他們（直接或迂迴地）得到的一般是解釋、真理、闡釋、敘述、客觀評估等等——倒不是因為有很多（科學的或其他的什麼）證據表明這些幫助是有用的（所以人們對藥物的需求才急速上升），只是因為只有「科學的」回應能夠被商品化，因

此能得到足夠的本體論／經濟上的理解，從而帶來現金價值。

　　當然，異化不是資本主義社會生活的普遍同一特性，它會以各種各樣且不斷演變的知識形式（以及聞名的形式）出現，也就是非生活的形式，或認識異化的形式。傳統治療的那些名目繁多的方法，只是在我們這業已異化的文化裡，由那些異化的治療師給到那些被異化的案主一些介入他們情緒生活的異化手段的名稱或對它們的描述而已。它們當然看起來相當合理，因為生活的異化形式（異化的形式）正是晚期資本主義文化進行「意義建構」的設置。佛洛伊德主義在心理學裡的驚鴻片影及它的修正版在廣闊文化中長盛不衰的普遍影響力，與它到底有沒有用處，能不能對人有幫助一點關係也沒有，而只是因為它在多大的程度上巧妙地為心理生活「創造意義」。儘管不少人認為，它完全是用來進行精神分析以及分析文學小說這些虛構事物的一種了不起的套路或方法。

　　若我們要將維根斯坦所說的生活形式實際運用在社會治療中朝向社會的展演行動，我們必須也要把另一面異化的形式看成是生活形式的矛盾、辯證之一體兩面。在晚期資本主義文化中，我們「心靈的情感狀態」完全是異化的、個體化的和關涉真理的商品化。情緒的存在和對它們的理解透過商品化緊密地聯繫起來，這個過程並不是辯證的，而是靠著快乾的（僵化的）意識形態的黏合。與此同時，物理知識的真理（同樣是異化了的）運用了一種指涉性，最小限度地捕捉到了觀察者和被觀察的沒有生命的遙遠星球之間「真實」關係的火花，而將這樣一種物理主義的科學—認識論模型粗魯地應用在人與人關係的活動上，則根本地扭曲了活生生的生活中細微且自我—參照的、

（充滿矛盾的）關係性的行動主義的面向。正是由於存在著這些對所謂內部生活（心理的情緒的、認知的及態度的狀態）的固化、關涉真理、異化的個體化的所謂表達，我們才必須在對一個嶄新的、有著完整的社會性的情感關係生活的創造中四處徜徉。

　　生活的展演是以一種多樣的創造力，持續關注處於我們這個已然科學心理學化的文化裡的情感生活那變得僵化和疏離的事件（狀態）。分析和／或講故事都不行，因為它們中的任何一個都是在用它們自己的方式呼求一個有意義的他者，而不是成為與實踐性－批判性有關的東西。相反，我們所需要的是表演性的、以關係活動為基礎的方法實踐。在哲學化的表演中（實踐－批判地在已經固化的疏離的心理事件中游走），我們（在所有可定的社會情境中盡最大可能地）在實踐中——也就是在革命性的、實踐－批判的、有著完整社會性的活動中——描繪我們個體化的自我並重新建立我們的社會關聯性。

　　我們並不否認我們的業已異化的意識和情感，我們也不壓制它；我們不分析它，也不將它從存在中「故事化」。與此相反，我們革命性地參與其中，在其中表演（四處遊走）。於是，我們透過表演更超前的自我，重新激發了作為社會意義製造者的能力——說到底，不是預測，而是表演我們成為「超越我們」的人的能力。我們共同創建診斷，並實實在在地將治療整體作為一種新的、關係性的、實踐－批判的革命性的心理學，它是在最終的（並非分析，而是）方法的實踐中持續發展（雖然完全沒什麼意義）的關係活動。

　　什麼是治療師應該做的呢？是提醒組員小心辨識現實與真理的異化；支撐關係活動的持續組織和再組織；鼓勵一種用民主、非遊說非

強迫所產生的團體自決標準，並且鼓勵成員在此標準下用各種形式展演自我；去堅持使用生命形式，抵抗任何被動接受的異化形式。社會治療團體一般開始於組員對我們呈現各種資本主義文化中情感生活的異化形式（一週接一週地），然後我們必須透過創建新的意義、新的世界和新的關係活動開始在這些異化形式中移動。這有時也（在成文的、具體化的社會治療談話中）被稱爲「建立團體」。

我們的展演會成長、發展，而我們的疾病最終消失。我們一起將注意力放在別的事物上。我們正演出一種革新的活動。下一週我們還會繼續那麼做。（從哲學來看）森林中倒下一棵大樹，不管有沒有人聽到，它倒下時都會發出巨大的響聲；不管我們是否看到，天空中的星星照舊耀眼閃爍，我們所謂的情感生活 —— 維根斯坦告訴我們這是生活的異化形式 —— 並不像大樹和星星那樣簡單，一旦我們的注意力不在它們身上，那它們就會不復存在。不，儘管科學心理學做了很多努力，但我們異化的情感狀態並不是森林中的樹或天上的星星，它們跟這些東西一點也不像，而我們的心理病理學在很大程度上將它們視作這些東西。而社會治療是文化－展演、實踐－批判、革新性、哲學性及關係性的發展活動，它「將你的注意力轉移到別的事情」，形成一種不斷持續的革新生活，讓我們的關係性生活的每一刻都發生變革。

情感狀態是一種異化形式的情感狀態，它不似我們文化中其他異化的商品化過程。科學講述的東西和心理學講述的東西完全不同，前者講述的是有關我們這個種族與自然的關係的進展故事，後者太過簡化，可能是關於我們彼此之間關係最終的反動、無用的論述。透過展

演創建新的生活形式，這一舉動不會讓心靈的異化狀態消失不見，但是它會徹底改變我們與它們的關係，由此會改變我們與它們所處身的世界的關係。當它們越來越清晰地被辨識成「異化者」，那麼即使它們被當作真理，也會在我們的心靈狀態中漸漸消失，我們的心靈會越來越朝向無處不在的朝向意識的狀態。涉入這樣的關係活動以重新獲得「心理健康」實際上是一種政治行為，因為正如羅特林傑指出的那樣：「我們不是要治癒神經症，而是要改變那個沒有神經症就不行的社會」（Lotringer, 1977, p. 7）。在對新的生活形式的持續創造中，在我們於那些異化的心理狀態之中四處遊走時，我們嘗試做的正是這樣的事情。

那麼自我意識的抽象是什麼呢？傑恩斯認為以哲學和史詩的形式出現在《伊利亞德》和《奧德賽》之間，在思想上統治世界超過2500年之久的最引人注目的人類發展是什麼呢？它將我們從向前挺進的複雜過程中釋放出來。哲學讓位給哲學化，知識讓位給活動，異化的形成讓位給生命的形成。[3,4]

---

3 本部分的思想曾由弗雷德•紐曼和肯尼斯•格根在1995年8月召開的美國心理學會第103屆年會上以「診斷：狂怒的人為代價」(Diagnostics: The Human Cost of The Rage to Order)的發言發表過。

4 曾對這些問題有過思考的一些早期思想家包括吉爾伯特·賴爾，《思想的概念》（1949）；G. E. M. 安斯康姆的《目的》（1959）；斯圖亞特·漢普希爾的《思想和行動》（1959）；H. L. A. 哈特和A. M. Honore《法律中的因果》（1959）；威廉·德雷《歷史上的規律和解釋》（1957），以及這個系列中大多數R. F. 霍蘭德編輯的《哲學心理研究》，包括安東尼·肯尼《行動，情感和意志》（1963），以及A. I. 梅爾登《自由行動》（1961）。

國家圖書館出版品預行編目資料

非科學的心理學：理解人類生活的後現代路徑/弗雷德.紐曼(Fred Newman)，露易絲.賀茲蔓(Lois Holzman)著；祖霞譯.--初版.--臺北市：五南圖書出版股份有限公司,2022.11
面；　公分
譯自：Unscientific psychology : a cultural-performatory approach to understanding human life.
ISBN 978-626-343-488-2(平裝)
1.CST: 心理學 2.CST: 哲學
170　　　　　　　　　　111017232

1B2J

非科學的心理學：理解人類生活的後現代路徑

作　　　者 ― 弗雷德‧紐曼（Fred Newman）、露易絲‧賀茲蔓(Lois Holzman)

譯　　　者 ― 祖　霞

叢書策劃 ― 夏林清

校　　　訂 ― 魏瑄慧

發 行 人 ― 楊榮川

總 經 理 ― 楊士清

總 編 輯 ― 楊秀麗

副總編輯 ― 王俐文

責任編輯 ― 金明芬

封面設計 ― 王麗娟

出 版 者 ― 五南圖書出版股份有限公司

地　　　址：106台北市大安區和平東路二段339號4樓

電　　　話：(02)2705-5066　　傳　　真：(02)2706-6100

網　　　址：https://www.wunan.com.tw

電子郵件：wunan@wunan.com.tw

劃撥帳號：01068953

戶　　　名：五南圖書出版股份有限公司

法律顧問　林勝安律師事務所　林勝安律師

出版日期　2022年11月初版一刷

定　　　價　新臺幣450元

經典永恆・名著常在

五十週年的獻禮──經典名著文庫

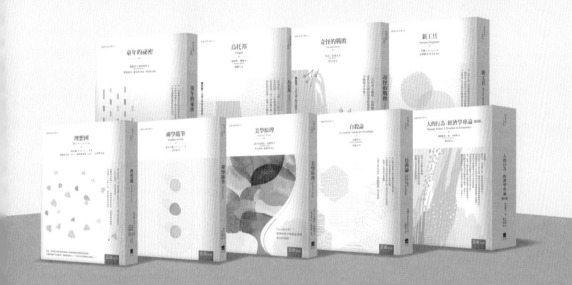

五南,五十年了,半個世紀,人生旅程的一大半,走過來了。
思索著,邁向百年的未來歷程,能為知識界、文化學術界作些什麼?
在速食文化的生態下,有什麼值得讓人雋永品味的?

歷代經典・當今名著,經過時間的洗禮,千錘百鍊,流傳至今,光芒耀人;
不僅使我們能領悟前人的智慧,同時也增深加廣我們思考的深度與視野。
我們決心投入巨資,有計畫的系統梳選,成立「經典名著文庫」,
希望收入古今中外思想性的、充滿睿智與獨見的經典、名著。
這是一項理想性的、永續性的巨大出版工程。
不在意讀者的眾寡,只考慮它的學術價值,力求完整展現先哲思想的軌跡;
為知識界開啟一片智慧之窗,營造一座百花綻放的世界文明公園,
任君遨遊、取菁吸蜜、嘉惠學子!